华中科技大学 2021 年研究生教材建设项目

21世纪国际商务专业硕士 (MIB) 规划教材

国际贸易政策与实务

International Trade Policy and Practice

李昭华　龚梦琪　编著

图书在版编目(CIP)数据

国际贸易政策与实务 / 李昭华,龚梦琪编著. —北京:北京大学出版社,2022.10
21世纪国际商务专业硕士(MIB)规划教材
ISBN 978-7-301-33489-8

Ⅰ.①国… Ⅱ.①李… ②龚… Ⅲ.①国际贸易政策—高等学校—教材 Ⅳ.①F741

中国版本图书馆CIP数据核字(2022)第193091号

书　　　名	国际贸易政策与实务
	GUOJI MAOYI ZHENGCE YU SHIWU
著作责任者	李昭华　龚梦琪　编著
责 任 编 辑	任京雪　徐　冰
标 准 书 号	ISBN 978-7-301-33489-8
出 版 发 行	北京大学出版社
地　　　址	北京市海淀区成府路205号　100871
网　　　址	http://www.pup.cn
微信公众号	北京大学经管书苑(pupembook)
电 子 信 箱	em@pup.cn
电　　　话	邮购部 010-62752015　发行部 010-62750672　编辑部 010-62752926
印 　刷 　者	河北文福旺印刷有限公司
经 　销 　者	新华书店
	787毫米×1092毫米　16开本　16.25印张　353千字
	2022年10月第1版　2022年10月第1次印刷
定　　　价	45.00元

未经许可,不得以任何方式复制或抄袭本书之部分或全部内容。
版权所有,侵权必究
举报电话：010-62752024　电子信箱：fd@pup.pku.edu.cn
图书如有印装质量问题,请与出版部联系,电话：010-62756370

前言

写作目的

2011年,我为华中科技大学经济学院首届国际商务硕士专业学位研究生讲授"国际贸易政策与实务"课程,迄今已满十届。十年来,这门课程的国际贸易政策如何界定,专业型硕士的国际贸易实务如何与本科生的国际贸易实务拉开距离,我自己一直未得正解。上学期期末,我有幸拜读张亚斌教授等人编写的"国际贸易政策与实务"课程指南①(以下简称"指南"),十年困惑迎刃而解,遂萌生按指南编写"国际贸易政策与实务"教材之意。

指南使国际商务硕士专业学位研究生核心课程之一"国际贸易政策与实务"结束了相关高校十余年授课内容无章可循、无教材出版的局面,为该课程的教材编写指出了方向、划定了边界。根据指南,结合自己对"国际贸易实务""国际贸易学""国际结算"等课程的多年授课心得,我编写了本书。

框架安排

本书在指南划定的边界内对指南设定的课程内容加以取舍。这是因为:其一,授课学时有限,本书作者所在学校限定学时无法涵盖指南十二章的课程内容。其二,课程内容应该尽量围绕和突出"国际贸易政策与实务"这个主题,把政府的国际贸易实践与企业的国际贸易实践统合起来,是国际商务硕士专业学位最为恰当的课程内容。故对指南设定的课程内容中与国际贸易政策、国际贸易实务没有直接关系的章节,我均忍痛舍弃。

本书的章节设计如下:第一章为"导论";第二章为"国际贸易政策概述",分为"国际贸易政策的内涵及分类""国际贸易政策的目标及手段""国际贸易政策的演变及特点"三节;第三章为"国际贸易政策理论",分为"国际贸易政策理论的演变""国际贸易政策的决定""国际贸易政策的政治经济学分析"三节;第四章为"国际贸易政策措施",分为"国际贸易政策措施的发展演进""国际贸易救济措施""国际贸易政策措施的效应分析"三节;第五章为"国际贸易风险防控与合同管理",分为"国际贸易业务中的风险分析""国际贸易合同条款的风险管理"两节;第六章为"价格条件与INCOTERMS® 2020",分为

---

① 张亚斌,黄建忠,高运胜,等.国际贸易政策与实务[G]//全国专业学位研究生教育指导委员会.专业学位研究生核心课程指南(一).北京:高等教育出版社,2020.

"价格条件、价格术语及相关国际贸易惯例""INCOTERMS® 2020 的价格术语""合同中的价格条款"三节;第七章为"国际货款收付与相关国际惯例",分为"支付工具""汇款""托收与 URC522""信用证与 UCP600""银行保函、备用信用证及相关国际惯例"五节。

指南提出课程内容设计的三项原则:一是要反映国际贸易实践的最新发展;二是要体现"理论—政策—实务"的内在统一;三是要体现与本科生相关课程的联系与差异。我特别赞同第一项和第三项原则,并将这两项原则贯彻到本书上述各章节内容的安排之中。以下是本书与指南在内容安排上的不同之处:

(1) 第四章"国际贸易政策措施"。指南将此章安排为"贸易保障措施""反倾销与反补贴措施""特殊贸易政策措施"三节,本书没有照搬这一安排。本书第四章第一节综述国际贸易政策措施的发展演进,第二节把指南提出的贸易保障措施、反倾销与反补贴措施(即两反一保)合并成为"国际贸易救济措施"进行阐述,突出并深入分析国际贸易救济措施所具有的二重性,即自由贸易政策属性和保护贸易政策属性。

(2) 第六章"价格条件与 INCOTERMS® 2020"及第七章"国际货款收付与相关国际惯例"。指南设有"国际贸易适用的贸易惯例与风险防控"一章,分为"国际贸易术语相关国际惯例与实践中的风险防控"及"国际贸易结算相关国际惯例与实践中的风险防控"两节,本书没有照搬这个章节安排。本书设立第六章"价格条件与 INCOTERMS® 2020",完整、深入地阐述 INCOTERMS® 2020 各个术语对买卖双方的风险界限划分。本书设立第七章"国际货款收付与相关国际惯例",从卖方风险递减、买方风险递增的角度阐述汇款、托收及信用证等支付方式,以及相应的国际惯例。同时,在第七章第四节"信用证与 UCP600"中,增加信用证欺诈与信用证软条款,以强化信用证风险的内容。

本书特点

(1) 在出版时效上,本书有幸成为以张亚斌教授等人编写的指南为依据第一批出版的"国际贸易政策与实务"教材之一,可以起到抛砖引玉的作用,为指南的下一步调整提供参考。

(2) 在整体内容上,本书突出"国际贸易政策与实务"这个主题,提出政府与企业的国际贸易实践这一逻辑线索,不再走过往"国际贸易原理、政策与实务"教材大而全的老路。

(3) 在政策部分,本书将保护贸易政策理论划分为防御型保护贸易理论和进攻型保护贸易理论两类,并在进攻型保护贸易理论中纳入战略性贸易政策理论和战略性环境政策理论。本书还提出国际贸易政策措施的如下演进路径:

(4) 在实务部分,本书聚焦国际贸易业务风险防控,比通常向本科生所讲授的国际贸易实务的内容层次更高。本科生的国际贸易实务属于外贸业务员的实务,本书所涉及

的风险管理则属于外贸高管的实务。

（5）本书设置"中国实践"专栏，以突出中华人民共和国在若干重要历史时期所取得的对外贸易成就。

致谢

感谢北京大学出版社经济与管理图书事业部林君秀主任、徐冰副主任及李娟老师、任京雪老师，接受拙稿成为以张亚斌教授等人编写的指南为依据第一批出版的"国际贸易政策与实务"教材之一。任京雪老师对本书体例、行文等方面提出了全面、深入、细致和建设性的修改建议，谨此致以衷心的感谢。

我有幸与武汉工程大学法商学院青年才俊龚梦琪副教授合作，她是华中科技大学经济学院2019届博士毕业生，对本书编写做出了十分有益的扩展和补充。

本书撰写分工如下：李昭华编写第一章至第七章PPT课件及第六章、第七章Word书稿，龚梦琪将第一章至第五章PPT课件扩充为Word书稿，再由李昭华改稿和定稿。

感谢华中科技大学经济学院张建华院长、戴则健书记、欧阳红兵副院长、宋德勇副院长、崔金涛副书记、钱雪松副院长、孔东民副院长、姚遂副院长，感谢国际经济与贸易系范红忠主任、钟熙维副主任、邢斐副主任、周记顺书记，多年来，他们对我的教学工作给予了全力支持和充分信任。感谢我的博士生导师刘海云教授为本书签发审读报告。

由于作者学识所限，本书缺点和谬误在所难免，敬请读者不吝赐教、批评指正。

李昭华

2022年9月

目 录

第一章　导论 …………………………………………………………………… 001

第二章　国际贸易政策概述 …………………………………………………… 009
 第一节　国际贸易政策的内涵及分类 ……………………………………… 012
 第二节　国际贸易政策的目标及手段 ……………………………………… 016
 第三节　国际贸易政策的演变及特点 ……………………………………… 018

第三章　国际贸易政策理论 …………………………………………………… 077
 第一节　国际贸易政策理论的演变 ………………………………………… 079
 第二节　国际贸易政策的决定 ……………………………………………… 093
 第三节　国际贸易政策的政治经济学分析 ………………………………… 094

第四章　国际贸易政策措施 …………………………………………………… 107
 第一节　国际贸易政策措施的发展演进 …………………………………… 109
 第二节　国际贸易救济措施 ………………………………………………… 118
 第三节　国际贸易政策措施的效应分析 …………………………………… 128

第五章　国际贸易风险防控与合同管理 ……………………………………… 137
 第一节　国际贸易业务中的风险分析 ……………………………………… 140
 第二节　国际贸易合同条款的风险管理 …………………………………… 147

第六章　价格条件与 INCOTERMS® 2020 …………………………………… 159
 第一节　价格条件、价格术语及相关国际贸易惯例 ……………………… 162
 第二节　INCOTERMS® 2020 的价格术语 ………………………………… 166
 第三节　合同中的价格条款 ………………………………………………… 196

第七章　国际货款收付与相关国际惯例 ……………………………… 201
第一节　支付工具 …………………………………………………… 204
第二节　汇款 ………………………………………………………… 217
第三节　托收与URC522 …………………………………………… 221
第四节　信用证与UCP600 ………………………………………… 226
第五节　银行保函、备用信用证及相关国际惯例 ………………… 247

第一章　导　论

[学习目标]

- 掌握国际贸易、国际贸易政策、国际贸易实务的概念
- 掌握国际贸易政策与实务的内在逻辑及关联性
- 了解本课程的研究对象、学习的逻辑线索和学习目标

[引导案例]

今天的全球国际贸易额有多少?近年来,受贸易摩擦以及新冠肺炎疫情的影响,各国国际贸易减缓。我们不妨通过2018年、2019年和2020年全球国际贸易的情况来了解目前的全球国际贸易格局,如表1-1所示。

表1-1 全球国际贸易概况　　　　　　　　　　　　　　　　　　　　单位:百万美元

地区	出口			进口		
	2018 年	2019 年	2020 年	2018 年	2019 年	2020 年
世界	19 660 517.0	19 014 756.0	17 582 989.0	19 835 734.0	19 283 377.0	17 811 238.0
北美	2 115 448.0	2 090 597.0	1 823 112.0	3 086 713.0	3 033 466.0	2 823 075.0
美国	1 663 982.0	1 643 161.0	1 431 638.0	2 614 221.0	2 567 445.0	2 407 545.0
加拿大	450 743.0	446 585.0	390 668.0	443 651.0	470 466.0	13 706.0
欧洲	7 484 106.0	7 260 593.0	6 718 751.0	7 207 114.0	7 028 166.0	6 535 649.0
德国	1 560 539.0	1 489 412.0	1 380 000.0	1 284 354.0	1 233 978.0	1 170 787.0
法国	582 221.9	570 950.8	488 344.8	676 441.3	654 658.3	582 351.4
荷兰	726 697.4	708 595.8	674 475.4	645 501.9	635 678.1	596 746.0
意大利	549 526.4	537 717.7	496 108.1	503 240.1	475 006.2	422 878.8
英国	486 439.5	469 683.9	403 319.4	672 267.0	695 798.0	634 710.0
亚洲	8 055 021.0	7 810 531.0	7 410 778.0	7 532 363.0	7 277 582.0	6 765 991.0
中国	2 486 695.0	2 499 457.0	2 591 121.0	2 135 748.0	2 078 386.0	2 055 752.0
日本	738 143.2	705 564.2	641 375.9	748 487.5	720 956.5	634 513.6
印度	324 778.4	324 339.6	276 227.4	514 464.1	486 058.6	371 920.0

资料来源:UNCTAD 数据库。

如表 1-1 所示,前三大商品出口国是中国、美国和德国。相应地,世界排名前三的商品进口国分别为美国、中国和德国。可以发现,现阶段,国际贸易的研究仍然十分活跃,这主要是因为现实经济发展的需要。当今商品、服务的竞争已超越国界,各国经济生活日益国际化,世界各国的经济贸易联系日益密切,世界经济的增长越来越依赖于国际贸易的增长,各国经济的发展亦越来越依赖于其对外贸易的发展。目前,发达国家的对外贸易依存度已达 20%,甚至更高。发展中国家的对外贸易依存度也在不断提高。2020 年中国的对外贸易依存度已达 36%,而且,中国有些产品对国际市场的依赖程度已到了非常高的地步,这说明中国经济与世界经济的关系十分密切。这就要求我们认真学习和研究国际贸易,了解和掌握国际贸易的基本政策和操作技巧,以便更好地为中国对外贸易和国民经济的发展服务,乃至为世界经济的增长和人类社会的进步做出贡献,这是我们编写本书的出发点。

一、本课程名称的相关概念

案例 1-1

交易属性判断

有以下三笔交易,请判断哪笔交易属于国际贸易:
A. 武汉居民吴先生在武汉 Walmart 购买中国产华为手机。
B. 武汉居民吴先生在武汉 Walmart 购买芬兰产 Nokia 手机。
C. 武汉居民吴先生在洛杉矶 Walmart 购买中国产华为手机。

分析此案例的关键问题是,什么是国际贸易?国际贸易是指不同国家或地区的自然人、法人或其他组织之间的货物、服务的交换。因此,案例 1-1 的答案为 C。

国际贸易政策是指一国政府管理与调节本国对外贸易的原则、方针和措施的总称。

国际贸易理论解释货物、服务、生产要素国际流动的原因、方向和结果,以及各国政府实行的国际贸易政策。**国际贸易实务**是相对于国际贸易理论而言的一个概念,指国际贸易主体的活动内容、操作步骤及商务运作规范。

可见,国际贸易政策是政府的国际贸易实践,而国际贸易实务是企业的国际贸易实践,企业的国际贸易实践是政府制定的国际贸易政策所管理和调节的对象之一,这就是国际贸易政策与国际贸易实务之间的关联性。

二、本课程的研究对象、学习的逻辑线索和学习目标

本课程的研究对象如图 1-1 所示。

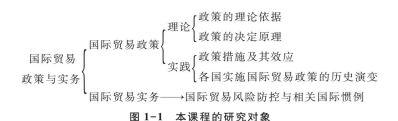

图 1-1 本课程的研究对象

本课程的研究对象为国际贸易政策与国际贸易实务。国际贸易政策涵盖理论和实践两个部分。理论部分阐述国际贸易政策的理论依据以及国际贸易政策的决定原理。实践部分阐述国际贸易政策措施及其效应以及各国实施国际贸易政策的历史演变。

国际贸易实务则研究国际贸易(主要是进出口业务)风险防控及相关国际惯例。

本课程学习的逻辑线索为:政府与企业的国际贸易实践。

本课程是国际商务硕士专业学位研究生核心课程之一[①]。本课程的目标如下(张亚斌等,2020)[②]:

(1)进一步加深学生对现代经济学与国际贸易学基础知识及基本原理的理解,了解国际贸易发展与世界市场格局演变的关联性,把握国际贸易发展的新情况、新特征与新趋势。

(2)使学生了解国际贸易政策演变的历史背景与理论基础,能够运用现代经济学方法分析国际贸易政策出台的复杂原因、作用机理及综合效应。

(3)使学生把握国际贸易所面临的新机遇与新挑战。

(4)强化学生对国际贸易实务基本知识及国际贸易方式创新发展的理解能力、集成能力及应用能力,特别是国际贸易实务各主要环节的风险识别与防范能力。

三、本课程的相关教材

国际商务硕士专业学位研究生自 2011 年起在全国范围招生,但迄今未能搜索到其核心课程"国际贸易政策与实务"的教材出版。下列三类教材与本课程直接相关:

(1)国际贸易理论教材,此类教材均涵盖国际贸易原理与国际贸易政策。海闻等(2012)、唐海燕和毕玉江(2011)、余淼杰(2013)等人编著的教材皆属此类。

(2)国际贸易实务教材,此类教材阐述国际货物买卖合同条款条件及术语、规范术语的国际贸易惯例以及合同的履行。黎孝先和王健(2020)、吴百福等(2020)、李昭华和潘小春(2012)等人编著的教材皆属此类。

---

① 根据全国专业学位研究生教育指导委员会 2020 年编写的《专业学位研究生核心课程指南(一)》,国际商务硕士专业学位研究生核心课程为:"经济学分析与应用""国际商务""国际贸易政策与实务""国际投资与跨国企业管理""国际金融理论与实务""国际商务谈判""国际商法"。

② 张亚斌等(2020)的第三项目标为:使学生了解国际贸易组织与治理的最新变化,把握国际贸易所面临的新机遇与新挑战。但本书不涉及国际贸易组织与治理。

（3）国际贸易原理、政策与实务教材，此类教材将上述两类教材的内容统合起来。陈宪等（2013）、张亚斌（2002）等人编著的教材皆属此类。

四、本课程的特点

"国际贸易政策与实务"的课程内容主要是研究如何在平等互利、公平合理的基础上达成交易并最终完成约定的进出口任务；让学生在了解国际贸易政策的前提下，根据国际贸易的特点及要求，从法律和实践的角度，分析、研究国际商品交换过程的各种实际操作和国际贸易适用的有关法律与惯例；借鉴国际贸易习惯性做法和结合国内外实践经验，让学生在以后的工作中既能正确贯彻中国对外贸易的方针政策，又能按照国际惯例办事，使其贸易行为能够被国际社会普遍接受。本课程主要有以下两个特点：

第一，新颖性。由于国际贸易活动中的一些规则总在不断地发生变化，有些是越来越有利于中国进行对外贸易，而有些却是朝着不利的方向发展。因此，在授课过程中，授课内容必须不断地更新，保持与时俱进，同时也要回顾过去的旧规则，进行新旧对比，从中发现变化的本质所在。这不仅能使学生更深层次地理解知识的本质，加深学生对知识的印象，而且能启发学生对实务操作的某些具有争议性问题的思考，提高学生的独立思考、自我创新的能力。因此，本课程针对国际贸易政策和实务的现状进行编写，反映国际贸易实践的最新进展。

第二，差异性。本课程是国际商务硕士专业学位研究生的核心课程之一，不同于本科生课程"大而全"，注重进出口业务所有流程分析的特点，本课程更注重"精而专"，重点关注国际贸易政策和国际贸易实务。国际贸易政策部分主要是揭示政府管理与控制国际贸易的方式和原理。国际贸易实务部分按照国际贸易活动完整的流程依次详细讲述国际贸易风险防控与合同管理、价格条件与INCOTERMS® 2020、国际货款收付与相关国际惯例。整个教学流程非常具有针对性，与本科生相关课程存在明显差异。

五、本课程的应用领域

"国际贸易政策与实务"课程是国际商务硕士专业学位研究生的核心课程之一，通过明确从事进出口业务人员的职业能力，确定本课程的培养目标。本课程以岗位能力要求为依据开放课程内容体系，以进出口业务流程为主线序化教学内容，在学习国际贸易政策的基础上，深入分析国际贸易具体运作过程及所涉及的风险防控与合同管理、价格条件与INCOTERMS® 2020、国际货款收付与相关国际惯例。基于本课程的实践性、系统性和高技能性，本课程可以应用于从事企业进出口业务、国际投标业务的高层管理和相关政府部门。

本章小结

1. 国际贸易是指不同国家或地区的自然人、法人或其他组织之间的货物、服务的交换。国际贸易政策是指一国政府管理与调节本国对外贸易的原则、方针和措施的总称。国际贸易实务是相对于国际贸易理论而言的一个概念,指国际贸易主体的活动内容、操作步骤及商务运作规范。

2. 本课程的研究对象为国际贸易政策与国际贸易实务;本课程学习的逻辑线索为政府与企业的国际贸易实践。

3. 本课程的特点包括:新颖性,即反映国际贸易实践的最新发展;差异性,即与本科生相关课程存在明显差异。

重要术语

国际贸易 international trade

对外贸易依存度 dependence degree of foreign trade

国际贸易政策 international trade policy

国际贸易实务 international trade practice

思考题

一、名词解释

国际贸易,国际贸易政策,国际贸易实务

二、简答题

简述"国际贸易政策与实务"课程的研究对象及学习的逻辑线索。

三、案例分析

2018—2020年世界主要国家和地区GDP(国内生产总值)概况如表1-2所示。请结合表1-1和表1-2计算各国和地区历年的对外贸易依存度。

表1-2 世界主要国家和地区GDP概况   单位:百万美元

国家和地区	2018年	2019年	2020年
世界	86 115 347	87 445 066	84 884 242
北美	22 445 061	23 290 096	22 693 313
美国	20 712 840	21 538 215	21 039 984
加拿大	1 721 906	1 741 497	1 643 385
欧洲	22 016 833	21 669 560	20 833 648
德国	3 963 768	3 861 124	3 790 206
法国	2 795 058	2 722 942	2 605 231

(单位:百万美元)(续表)

国家和地区	2018 年	2019 年	2020 年
荷兰	914 043	907 051	910 856
意大利	2 091 545	2 003 576	1 885 195
英国	2 857 317	2 826 442	2 706 163
亚洲	**32 088 013**	**33 057 256**	**32 812 506**
中国	13 894 907	14 342 934	14 736 249
日本	4 954 807	5 082 466	4 985 758
印度	2 773 660	2 891 582	2 679 578

资料来源:UNCTAD 数据库。

参考文献

[1] 陈宪,应诚敏,韦金鸾.国际贸易:原理·政策·实务[M].4 版.上海:立信会计出版社,2013.

[2] 程军,贾浩.UCP600 实务精讲[M].北京:中国民主法制出版社,2007.

[3] 海闻,林德特,王新奎.国际贸易[M].上海:格致出版社,2012.

[4] 黎孝先,王健.国际贸易实务[M].7 版.北京:对外经济贸易大学出版社,2020.

[5] 李昭华,潘小春.国际贸易实务[M].2 版.北京:北京大学出版社,2012.

[6] 唐海燕,毕玉江.国际贸易学[M].上海:立信会计出版社,2011.

[7] 吴百福,徐小薇,聂清.进出口贸易实务教程[M].8 版.上海:格致出版社,2020.

[8] 余淼杰.国际贸易学:理论、政策与实证[M].北京:北京大学出版社,2013.

[9] 张亚斌.国际贸易理论与实务[M].长沙:湖南人民出版社,2002.

[10] 张亚斌,黄建忠,高运胜,等.国际贸易政策与实务[G]∥全国专业学位研究生教育指导委员会.专业学位研究生核心课程指南(一).北京:高等教育出版社,2020.

[11] 中国国际商会.国际贸易术语解释通则 2020[M].北京:对外经济贸易大学出版社,2020.

[12] 中国银行国际结算部.UCP600 对进出口企业的影响[Z].中国银行培训课件,2007.

第二章　国际贸易政策概述

[学习目标]

- 理解国际贸易政策的内涵以及政策范畴所包含的基本因素
- 掌握自由贸易政策、保护贸易政策和管理贸易政策的内涵
- 掌握国际贸易政策的目标以及法律、行政和经济手段的内涵
- 了解国际贸易政策目标之间的关系
- 了解国际贸易政策目标与手段之间的关系
- 了解发达国家、发展中国家以及中国国际贸易政策的演变及特点

[引导案例]

"东亚奇迹"

世界银行将各个国家和地区的人均国民收入划分为低收入、中低收入、中高收入和高收入四个区间,其具体划分标准如表2-1所示。

表2-1 不同收入阶段的划分标准　　　　　　　　　　　　　　　单位:美元

收入类型	1990 年	1995 年	2000 年	2005 年	2010 年	2015 年
低收入	≤610	≤765	≤755	≤875	≤1 005	≤1 025
中低收入	611—2 465	766—3 035	756—2 995	876—3 465	1 006—3 975	1 026—4 035
中高收入	2 466—7 620	3 036—9 385	2 996—9 265	3 466—10 725	3 976—12 275	4 036—12 475
高收入	>7 620	>9 385	>9 265	>10 725	>12 275	>12 475

资料来源:世界银行数据库。

注:表中美元是按照汇率法衡量的当年美元。

按照这样一个动态的划分标准,Felipe et al.(2012)认为可以通过设定时间门槛来判断一个国家或地区是否落入了"中等收入陷阱",即如果一个国家或地区在跨入中等收入行列之后,未在规定的年限内从中等收入阶段迈向高收入阶段,则认为其落入了"中等收入陷阱"。迄今为止,成功跨越"中等收入陷阱"的典型国家和地区是"亚洲四小龙"和日本,而那些曾与欧洲经济发展水平相当的拉丁美洲国家和地区却一直未能成功跻身高收入行列。如图2-1所示,可以看出中国香港和中国台湾地区以及韩国的经济增长轨迹呈现明显的上升趋势,而拉丁美洲的一些国家以及亚洲的马来西亚虽然很早就已经跨入中

等收入行列,但其经济增长趋势十分平缓,甚至出现了负增长的现象,以至于在长达几十年的时间里都未能成功跨入高收入行列,进而落入"中等收入陷阱"。

而关于日本、"亚洲四小龙"何以能够成功地实现经济快速增长从而达到赶超发达国家和地区的目标,学术界存在种种不同的解释。有的学者试图从贸易政策的角度给出解释。那么,这些国家和地区都采用怎样的贸易政策呢?这些贸易政策对经济的影响如何呢?本章我们就来分析这些问题。

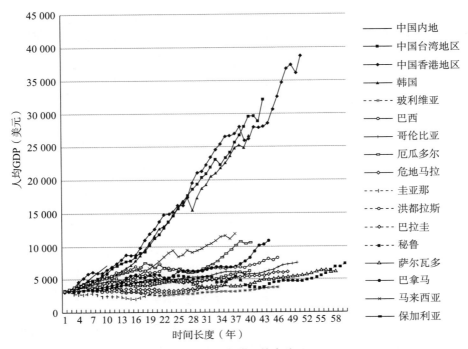

图 2-1 各国或地区的人均 GDP

资料来源:刘海云和龚梦琪(2019)。

国际贸易政策是一国总体经济政策的重要组成部分。作为政府推动国家经济发展和对外实行经济政策的重要工具,国际贸易政策在不同时期均有其不同特点。本章第一节阐述国际贸易政策的内涵及分类,第二节阐述国际贸易政策的目标及手段,第三节综述国际贸易政策的演变及特点。

第一节 国际贸易政策的内涵及分类

一、国际贸易政策的内涵

国际贸易政策是一国政府管理与调节本国对外贸易的原则、方针和措施的总称。它既是一国总体经济政策的重要组成部分,又是一国对外政策的重要组成部分。

对特定国家而言,国际贸易政策又称对外贸易政策。一国对外贸易活动总是在一定的对外贸易政策指导下进行的。国家通过对外贸易政策影响其对外贸易的规模、结构、流向和利益分割,既体现该国的政治外交原则,又维护本国的经济贸易利益。事实上,一国对外贸易政策是该国总体经济政策的重要组成部分,而且随着世界经济相互依赖关系的加强,这种重要性也越来越大。

国际贸易政策不仅直接影响一国的对外贸易活动,而且其效果会通过对外贸易渗透到国民经济的各个组成部分;同时,它也能在一定程度上影响贸易伙伴国的经济贸易发展。因此,对外贸易政策的制定不是独立的,必须在一国整个国民经济发展的大背景下研究,有时还需要在贸易伙伴国之间协调各国的对外贸易政策(唐海燕和毕玉江,2011:147—148)。

国际贸易政策范畴所包含的基本因素包括:

1. 政策主体

政策主体即政策行为者,包括政策的制定者和实施者。

政策的制定者是指国家立法机构及国家行政机关。

政策的实施者包括:①商务部,作为对外贸易行政管理机构;②海关,作为进出口商品通道,对商品进行监督查验、征收关税、查禁走私;③国家质量监督检验检疫总局,对进出口商品的质量、卫生和技术标准等方面加以把关。

按政策主体范围的不同,国际贸易政策可以分为单边贸易政策、双边贸易政策和多边贸易政策。其中,单边贸易政策是指一国单方面实施的有关商品和服务交换的贸易政策,例如美国政府为了施压某些国家改变其行为而单独实施的贸易制裁。双边贸易政策是两个国家或国家集团间在双边协议框架下实施的商品和服务交换的贸易政策。多边贸易政策包括区域多边贸易政策和全球多边贸易政策,前者是区域内国家间实施的区域经济一体化政策,以及世界贸易组织框架内成员方自愿加入的多边贸易协定,后者是在全球范围内实施的有关商品和服务交换的贸易政策,如世界贸易组织推行的一系列贸易自由化政策。

对外贸易政策是从一国角度出发的国际贸易政策,是一国政府在一定时期内为了实现一定的政策目标而对进出口贸易实行管理的原则、方针和措施。一国的对外贸易政策既可以是该国实行的单边贸易政策,又可以是该国根据所参与的区域经济协定或多边贸易协定,在与其他国家进行协调的基础上制定出的对外贸易政策。

2. 政策客体

政策客体或政策对象,即国际贸易政策规范、指导、调整的国际贸易活动和从事国际贸易活动的企业、机构和个人。

3. 政策内容

政策内容是指国际贸易政策的具体指向,它反映了国际贸易政策的倾向、性质、种类和结构等。一国国际贸易政策一般由对外贸易总政策、进出口商品政策以及对外贸易国别(或地区)政策构成。

(1) 对外贸易总政策。对外贸易总政策是各国从整个国民经济出发,根据本国国民经济的总体状况及发展战略,结合本国在世界经济格局中所处的地位而制定的、在较长时期内实行的政策。一国制定对外贸易总政策,不仅要考虑本国的整体经济情况,还要结合本国的资源禀赋、产业结构和经济发展水平,并合理地预测本国经济发展的潜力和远景。对外贸易总政策在决策层面上属于长期的、稳定的政策,需要由一国的最高权力机关或行政机关做出。在实践中,一国的对外贸易总政策通常反映该国内部各个集团之间的矛盾及其政治、经济实力对比的变化,同时也反映各国之间的矛盾,并展示各国在世界市场上实力与地位的变化。19世纪上半叶,英国积极倡导实行自由贸易政策,而当时的美国、德国表示反对,主张实行保护贸易政策。第二次世界大战后,英国失去了原先的霸主地位,改为主张实行保护贸易政策,美国则转而实行自由贸易政策。

(2) 进出口商品政策。进出口商品政策是一国在本国对外贸易总政策的基础上,根据本国经济结构、国内外市场供求状况和国内产业政策而制定的贸易政策。其基本原则是对不同的进出口商品实行不同的待遇。例如,国家对某类商品的进口,有时采用较高的关税税率和数量限制等手段来阻挡其进口;有时则对其采取较宽松的做法,允许较多的进口;或者国家为了扶植某个出口部门,对其实施补贴,以扩大该部门的出口,使其占领国外市场。一个国家选定了怎样的对外贸易总政策,就会有相应具体的进出口商品政策。例如,保护贸易政策就要求"奖出限入",自由贸易政策就是不干预商品的进出口。

(3) 对外贸易国别(或地区)政策。对外贸易国别(或地区)政策是各国根据本国对外贸易总政策,依据对外政治、经济关系的需要而制定的国别和地区政策。它在不违反国际规范的前提下,对不同国家或地区采取不同的对外贸易政策。

当然,在现实生活中,上述三个方面是相互交织在一起的,比如进出口商品政策总是离不开对外贸易总政策的指导,而对外贸易总政策又不是纯粹抽象的东西,通常通过具体的进出口商品政策来体现。

4. 政策措施

政策措施即为实现既定的政策目标、实施政策内容所采用的各种措施,如关税措施、非关税措施等。

二、国际贸易政策的分类

各国政府制定的国际贸易政策,一般会根据不同历史时期国内和国际政治、经济形势的变化而调整。从一国国际贸易政策的内容、结果和实施情况来看,各国国际贸易政策可以分为三种类型,即自由贸易政策、保护贸易政策和管理贸易政策。

1. 自由贸易政策

自由贸易政策(free trade policy)主要是指国家对国际贸易活动采取不干预或尽可能不干预的基本立场,政府取消对进出口贸易的限制和障碍,取消对本国商品和服务以及进出口商的各种特权与优待,让商品和服务自由进出本国,在国内外市场上形成自由竞争局面的一种贸易政策体制。第二次世界大战后,《联合国宪章》规定了自由贸易原则,关税及贸易总协定和世界贸易组织积极推行自由贸易,要求降低关税和消除非关税壁垒,自由贸易现已成为各国对外贸易政策的主流。

2. 保护贸易政策

保护贸易政策(protective trade policy)与自由贸易政策相对立,是指政府利用其权力,通过各种法规与措施对本国的贸易活动进行干预和管制,通过高额关税或非关税措施来限制外国商品和服务的进入,以此来保护本国产业免遭外国商品和服务的竞争,同时采用各种优惠措施,鼓励本国商品和服务的出口,刺激本国工业发展的一种贸易政策体制。

自由贸易政策和保护贸易政策虽然在内容、措施上是截然相反的,但二者绝不是对立的。事实上,一个国家实行自由贸易政策,并不意味着完全放任自流,或国家完全不干预;同样,实行保护贸易政策,也不是完全禁止进口。在现实经济生活中,二者的主要区别在于政策中自由的成分多一些还是保护的成分多一些。

3. 管理贸易政策

管理贸易政策(managed trade policy)又称协调贸易政策,是指国家制定一系列的对外贸易政策,加强对外贸易的管理,实现一国对外贸易的有秩序、健康的发展;对外通过谈判签订双边、区域及多边贸易条约或协定,协调与其他贸易伙伴在经济贸易方面的权利与义务。在实践中,管理贸易政策是政府在协调的基础上,以政府干预为主导,以磋商谈判为手段,对本国进出口贸易关系进行干预、协调和管理的贸易政策体制。

管理贸易政策是介于自由贸易政策和保护贸易政策之间的一种新型贸易政策,其实质是通过各国间的协调,既达到保护本国利益的目的,又遵从不断开放自由的原则,实施"协调性的保护"和"管理性的自由"。

管理贸易政策与前两种贸易政策的主要区别在于:第一,自由贸易政策是国家对进出口不进行干预,企业凭借自身的竞争优势在国内外市场上与他国商品和服务展开自由竞争;而管理贸易政策是在考虑贸易各方利益、通过协商达成协议的基础上,进行自由竞争。第二,保护贸易政策是国家通过立法干预进出口贸易,阻碍商品和服务的进口与出口,保护本国市场;而管理贸易政策是通过贸易各方的协商,允许贸易各方采取必要的保护措施,允许例外,保护措施生效后,仍要向自由贸易原则靠拢与回归。第三,自由贸易政策和保护贸易政策制定的主要依据是本国企业竞争力的强弱;而管理贸易政策则是贸易各方在透明的基础上,通过谈判,在权利与义务平衡的原则下制定的,受到双边或多边贸易利益的约束。

第二节 国际贸易政策的目标及手段

一、国际贸易政策的目标

政策目标是贸易政策所要达到的目的。各国的国际贸易政策会因各自政治经济体制、经济发展水平及其商品和服务在国际市场上竞争力的差异而不同,并且随其经济实力的变化而不断调整,但各国制定国际贸易政策的目标大体上是一致的。

(1) 保护本国市场。一国通过实施合适的国际贸易政策并实施恰当的关税措施和非关税措施,能够削弱他国商品和服务的竞争力,达到保护本国市场的目的。

(2) 扩大本国商品和服务的国外市场。一国通过实施有效的国际贸易政策与合理的其他经济政策,能够促进本国商品和服务在国际市场上的销售,提高本国商品和服务的国际市场竞争力。

(3) 优化产业结构。一国通过实施合理的进出口商品政策与外商投资政策,能够起到优化产业结构的作用。

(4) 通过实施国际贸易政策,还可以积累发展资本。

(5) 维护与发展同其他国家的政治、经济关系,争取比较有利的国际发展空间。

二、国际贸易政策的手段

国际贸易政策的手段是指产生国际贸易政策的方式或途径,包括法律手段、行政手段和经济手段三种(佚名1,2021)。

1. 法律手段

法律手段是指政府依靠特有的法权力量,通过经济立法和经济司法,运用经济法规来调节经济关系和经济活动,以实现宏观调控目标的一种手段;是一国运用经济法规管理本国国际贸易的一种管理方式,是市场经济背景下,一国管理国际贸易的主要方式,也是当前世界贸易组织所倡导的国际贸易管理方式。例如,维护对外贸易的法律手段就包括反倾销立法、反补贴立法、保障措施立法、双边条约、知识产权保护等。

法律手段的内容包括经济立法和经济司法两个方面。经济立法主要是由立法机关制定各种经济法规,保护市场主体权益;经济司法主要是由司法机关按照法律规定的制度、程序,对经济案件进行检察和审理的活动,维护市场秩序,惩罚和制裁经济犯罪。以法律手段调节经济运行,主要是通过经济法律体系的形式实现的。经济法律体系包括工农业经济、财政金融、交通运输、自然资源与环境保护等方面的法规,如计划法、企业法、银行法、环保法等。

法律手段同其他手段相比,具有以下显著特点:第一,法律手段运用的经济法规具有国家意志的属性,是国际贸易活动的行为准则,因而具有普遍的约束性。第二,法律手段是通过对外经济法规的严格贯彻而实现其对经济的调控作用的,因而具有严格的强制性。第三,法律手段所调节的只是国际贸易活动中最稳定的经济关系,法律中所涉及的重大问题往往保持长久的效力,同时法律的制定或修订都非常慎重,要遵守严格的立法程序,因而法律手段具有相对的稳定性。第四,法律手段是通过经济法规而对国际贸易活动主体规定出大致的活动准则及方向,因而具有较强的事前调节性质。

2. 行政手段

行政手段是指国家行政管理机构凭借国家政权力量,采取发布命令、指示、规定、条例等形式,按照行政系统、行政层次、行政区划,直接引导和控制国际贸易活动,以实现宏观调控目标的一种手段。

与经济手段相比,行政手段一般具有强制性、直接性、纵向性,强调经济利益一致性等特点。宏观经济调控不能放弃必要的行政手段。因为经济手段的调控功能带有一定的局限性,经济手段具有短期性、滞后性和调节后果的不确定性等特点。当经济手段的调控无效时,就只能采取必要的行政手段。尤其是当国民经济重大比例关系失调或社会经济某一领域失控时,运用行政手段进行调控将能更迅速地扭转失控,更快地恢复正常的经济秩序。当然,行政手段是短期的、非常规的手段,不可滥用,必须在尊重客观经济规律的基础上,从实际出发加以运用。

在国际贸易中发挥行政手段的有效调控作用,必须做到:第一,把行政手段的运用建立在市场经济基础上,使其充分反映市场经济规律的要求。第二,明确国家的经济职能和经济管理权限,使行政手段的运用保持在合理的限度内。第三,精简行政管理机构,消除人浮于事的弊端,建立合理的行政调控决策程序、决策责任制度和决策审批制度,不断提高行政调控的决策水平。

中国在国际贸易中运用的行政手段主要包括进出口经营权管理、进出口配额管理、进出口许可证管理、海关管理、进出口外汇管理、进出口商品检验管理、进出口商品原产地管理等。

3. 经济手段

经济手段是指政府在自觉依据和运用客观经济规律的基础上,通过经济机制,按照经济利益原则作用于经济活动,并对国民经济运行进行调节和控制的手段。它是保证国民经济正常运行的内在因素,对调节社会各方面的经济利益,协调经济发展,具有十分重要的作用。

中国在国际贸易中运用的经济手段主要包括汇率调节、税收调节、信贷调节、价格调节等经济杠杆,间接影响和约束企业的国际贸易行为。

综上所述,虽然国际贸易政策法律手段、行政手段、经济手段的含义不同、内容不同、目的不同、调控范围不同、特点不同、执行主体不同、地位不同以及发展趋势不同,但是这三种手段相互联系、相互补充,共同组成了国际贸易政策手段体系,发挥着宏观调控手段的整体功能。也就是说,国际贸易政策的法律手段、行政手段、经济手段各具特点、各有所长,它们相互联系、相互补充,共同组成国际贸易政策手段体系。在这一体系中,由于经济手段较符合市场经济原则,因此要以经济手段为主,综合运用其他手段,发挥各种调节手段的总体功能,以便对国际贸易活动进行有效的调控,更好地管理国际贸易活动。

第三节　国际贸易政策的演变及特点

一国的国际贸易政策随着世界政治、经济形势与国际关系的变化,本国在国际分工体系中地位的变化,以及本国商品和服务在国际市场上竞争能力的变化而不断变化。因此,在不同时期,一个国家往往实行不同的国际贸易政策;在同一时期的不同国家,也往往实行不同的国际贸易政策。

一、发达国家国际贸易政策的演变及特点[①]

(一)资本主义生产方式准备时期(16世纪到18世纪)

16世纪到18世纪,在欧洲封建社会内部产生了资本主义生产关系,且资本主义经济基础不断发展。为了增加货币财富和促进资本的原始积累,西欧中央集权国家实行了重商主义下的强制性的保护贸易政策,采取种种措施(如管制金银货币、垄断对外贸易、奖出限入及扶持本国工业发展),设法从国外吸收大量货币,再努力把它保持在国内,甚至限制其流出。

英国是实行严格的重商主义保护贸易政策的典型国家。对其最重要的工业——纺织业,英国一方面禁止纺织品进口,另一方面禁止纺织机器和工业出口;对其他商品,除原料外,都征收禁止性的高额关税限制进口;为了保证本国的生产,对原料如羊毛、棉、麻、原皮、铁以及造船用品则奖励进口,并制定严酷的法令禁止出口;对竞争力弱的工业品和谷物给予津贴。

法国也实行重商主义保护贸易政策。17世纪,柯尔培尔主义是最著名的保护贸易政策。为了扶持本国工业的发展,法国大幅提高关税,限制工业品进口,对羊毛、铁、铅等则鼓励进口;同时,努力发展民营工业,奖励地毯、花边、镜子等优势产品出口。

[①] 本部分主要参考陈宪等(2013:129—134)。

此外,意大利、西班牙、葡萄牙、荷兰、德国和俄国等也先后实行重商主义政策。

(二) 资本主义自由竞争时期(18世纪中叶到19世纪末)

18世纪中叶到19世纪末,资本主义经济基础已经形成,资本主义生产方式占据了统治地位。产业革命在世界范围内的进展使世界市场上商品的供应大增。世界经济进入商品资本国际化阶段。这一时期国际贸易政策的基调是以比较利益论为依据的自由贸易政策。但由于各国工业发展水平不同,一些经济起步较晚的国家则采取了以保护幼稚工业论为根据的保护贸易政策。

产业革命后,英国的工业迅速发展,"世界工厂"的地位得到确立并巩固,其产品具有强大的国际竞争力;同时,英国需要以工业制成品的出口换取原料和粮食的进口。为此,英国资产阶级迫切要求国内政府放松对外贸活动的管制。经过长期的斗争之后,19世纪前期,英国逐步取得了自由贸易政策的胜利。当时的自由贸易政策是国家对进出口贸易不设立任何障碍,不进行干预,让商品在国内外市场自由竞争,所以是一种开放性的贸易政策。

与英国形成鲜明对照的是,美国和西欧的一些国家如德国、法国推行保护贸易政策。其基本原因在于这些国家工业发展水平不高,经济实力和商品竞争能力都无法与英国相抗衡,需要采取强有力的政策措施(主要是保护关税措施)以保护本国的幼稚工业,避免遭受英国的商品竞争,因而逐步实行了一系列鼓励出口和限制进口的措施。这时的保护贸易政策就是国家广泛利用各种限制进口的措施,保护本国市场免受外国商品的竞争,并对本国商品给予优待和补贴,以鼓励商品出口。

(三) 垄断资本主义时期(19世纪末到第二次世界大战)

19世纪末到第二次世界大战,垄断代替了自由竞争,成为资本主义社会经济生活的基础。此时,欧洲各国普遍完成了产业革命,工业得到迅速发展,世界市场的竞争开始变得激烈。尤其是1929—1933年的世界经济危机,使市场矛盾进一步尖锐化。于是,各国垄断资产阶级为了垄断国内市场和争夺国外市场,纷纷要求实行超保护贸易政策。

超保护贸易政策是一种侵略性的保护贸易政策,与自由竞争时期的保护贸易政策相比有着明显的区别:它不是防御性地保护国内幼稚工业,以增强其自由竞争能力,而是保护国内高度发达或出现衰落的垄断工业,以巩固对国内外市场的垄断;保护的对象不是一般的工业资产阶级,而是垄断资产阶级;保护的手法也趋于多样化,不仅仅是高关税,还有其他各种奖出限入的措施。

英国从19世纪70年代中期起经济优势地位逐渐丧失。进入20世纪之后30年,其经济江河日下,从20年代起对许多商品规定了高额保护税率,30年代的大危机使英国完全抛弃自由贸易政策,彻底走上保护贸易政策的道路。

美国在这一时期仍实行保护贸易政策,在内战以后的19世纪下半叶里,一直采取关税税率高达40%~50%的保护贸易政策,成为美国工业迅速发展的原因之一。进入20世纪后,美国逐渐取代英国成为世界头号强国,自1934年起推行自由贸易政策。30年代大危机以后,美国比较成功地实行了国家干预政策,经济恢复与发展较快,实力进一步增强。

德国是实行超保护贸易政策最早的国家,19世纪70年代末开始恢复60年代前的关税水平,80年代末又大幅提高关税,20世纪30年代为备战需要,在普遍提高工业品关税的同时一再提高农产品关税。

法国继德国之后也实行超保护贸易政策,从19世纪80年代开始不断调整税则,工农业产品关税不断提高。

(四)第二次世界大战后发达国家贸易自由化时期(1945—1975年)

1945—1975年,世界政治经济力量重新分化组合。美国的实力空前提高,强大的经济实力和膨胀的经济,使其既有需要又有能力冲破当时发达国家所流行的高关税政策。日本和西欧国家为了战后经济的恢复与发展,也愿意彼此放松贸易壁垒,扩大出口。此外,国际分工进一步深化,推动生产国际化、资本国际化,跨国公司迅速兴起,迫切需要一个自由贸易环境以推动商品和资本流动。于是,这一时期发达资本主义国家的国际贸易政策先后出现了自由化倾向。这种倾向主要表现在大幅削减关税和降低或撤销非关税壁垒。其中,关税及贸易总协定缔约方的平均进口最惠国税率下降至5%左右。欧共体(现为欧洲联盟)实行关税同盟,对内取消关税,对外减让关税,使关税大幅下降。此外,在发展中国家的努力下,发达国家给予来自发展中国家的制成品和半制成品的进口以普遍优惠制待遇。在非关税减让方面,发达国家不同程度地放宽了进口数量限制,扩大进口自由化,增加自由进口的商品;放宽或取消外汇管制,实行货币自由兑换,促进了贸易自由化的发展。

值得一提的是,第二次世界大战以后出现的贸易自由化倾向和资本主义自由竞争时期由英国等少数国家倡导的自由贸易不同。资本主义自由竞争时期的自由贸易反映了英国工业资产阶级资本自由扩张的利益与要求,代表了资本主义上升阶段工业资产阶级的利益与要求。而第二次世界大战后的贸易自由化倾向是在国家垄断资本主义日益加强的条件下发展起来的,它主要反映了垄断资本的利益,是世界经济和生产力发展的内在要求,它在一定程度上和保护贸易政策相结合,是一种有选择的贸易自由化。在具体实行中,这种自由化政策形成了这样的趋势:工业制成品的贸易自由化程度超过农产品;机器设备一类资本品的贸易自由化程度超过工业消费品;区域性经济集团内部的贸易自由化程度超过其外部;发达国家之间的贸易自由化程度超过发展中国家。因此,这种贸易自由化倾向发展并不平衡,甚至是不稳定的。当本国的经济利益受到威胁时,保护贸易倾向必然重新抬头。

(五)发达国家经济滞胀时期(1975—1990年)

新贸易保护主义是相对于资本主义自由竞争时期的贸易保护主义而言的,1975—1990年,资本主义国家经历了两次经济危机,经济出现衰退,陷入滞胀的困境,就业压力增大,市场问题日趋严重。因此,以国内市场为主的产业垄断资产阶级和劳工团体纷纷要求政府采取保护贸易措施。此外,由于工业化国家发展不平衡,美国的贸易逆差迅速上升,其主要工业产品如钢铁、汽车、电器等不仅受到日本、西欧国家的激烈竞争,甚至面临一些新兴工业化国家以及其他出口国的竞争威胁。在这种情况下,美国一方面迫使拥有巨额贸易顺差的国家开放市场,另一方面则加强对进口的限制。因此,美国成为新贸易保护主义的重要策源地。美国率先采取贸易保护措施,引起了各国贸易政策的连锁反应,各国纷纷效尤,致使新贸易保护主义得以蔓延和扩张。

新贸易保护主义不同于20世纪30年代的旧贸易保护主义。第一,贸易保护措施由过去以关税壁垒和直接贸易限制为主逐渐被间接贸易限制取代。发达国家求助于关税及贸易总协定的免责条款,即为了保护本国暂时性的国际收支平衡或为了避免进口国国内工业受到大量进口的严重损害等,从本国的需要和目的出发,重新进行贸易立法的解释,设置进口限制;并且越来越倾向于滥用反补贴、反倾销这些所谓的维持"公平"贸易的武器,来削弱新兴工业化国家及其他出口国在劳动密集型产品成本方面的优势,阻挡发展中国家新的进口竞争。第二,保护贸易政策朝制度化、系统化和综合化的方向发展。保护贸易政策越来越转向管理贸易政策,不少发达国家越来越把贸易领域的问题与其他经济领域的问题甚至包括某些非经济领域的问题联系起来,进而推动许多国家的贸易政策明显朝综合化方向发展。第三,其重点从限制进口转向鼓励出口,双边和多边谈判与协调成为扩展贸易的重要手段。第四,从国家贸易壁垒转向区域性贸易壁垒,实行区域内的共同开放和区域外的共同保护。

(六)全球经济一体化时期(1990—2016年)

1993年11月1日,欧盟诞生。1995年1月1日,世界贸易组织正式成立。1996年1月1日,世界贸易组织取代关税及贸易总协定。中国于2001年12月加入世界贸易组织。1999年1月1日,欧元启动,2002年7月1日进入流通。这一时期西方发达国家逐渐走出经济低谷,其贸易政策呈现一些新的特点和趋势。

(1)管理贸易日益成为贸易政策的主导内容。美国先后于1974年、1978年和1988年制定了综合贸易法案,开始了其从自由贸易政策向管理贸易政策的转变。克林顿上台后,随着其经济振兴计划的提出,国际贸易政策成为美国新经济政策的重要组成部分,这表明美国已进入一个政府全面干预对外贸易活动的新时期。在美国的示范和推动下,管理贸易已逐渐成为西方发达国家基本的对外贸易政策。各国政府更加强调政府积极介入对外贸易活动的作用。由于贸易结构不断升级,管理贸易所包括的商品种类逐渐增多,20世纪90年代以后,不仅包括劳动密集型产品和农产品,而且包括劳务产品、高科技产品和知识产品等。

(2)国际贸易政策与对外关系相结合的趋势加强。各国把国际贸易看成处理国家关系越来越重要的手段。美国是这方面的典型代表。克林顿政府执政后很快把对外贸易提升到"美国安全的首要因素"的高度,并通过调整贸易政策的方式来调节对外关系。如美国利用人权、民主、军事控制等问题干扰贸易的举措时有发生,对非市场经济国家不授予普遍优惠制待遇,对华最惠国待遇需年度审核等。这些做法都把贸易政策与其政治目标相结合。可以肯定,西方国家未来的贸易政策势必与其他经济政策和非经济领域的政策更大程度地融合,朝着综合化方向发展。

(3)"公平贸易"和"互惠主义"代替发达国家的"自由贸易"和"多边主义"。第二次世界大战以来,以自由贸易为主旨的关税及贸易总协定/世界贸易组织一直主宰着世界贸易体制。尽管其间各国贸易摩擦不断,但还是以自由贸易为主要原则。近年来,西方发达国家一方面反对贸易保护主义,另一方面又强调贸易的公平性。与高筑壁垒抑制外国竞争的保护主义政策或放任自流的自由主义政策都有所不同,公平贸易是指在支持开放性的同时,以寻求"公平"的贸易机会为主旨,主张贸易互惠的"对等"与"公平"原则。具体表现为:①进入市场机会均等,判定的标准为双边贸易平衡,而不仅仅以是否满足双方进入要求为标准;②贸易限制对等,即以优惠对优惠,以限制对限制;③竞赛规则公平。可以预计,西方发达国家在未来的贸易政策中将继续沿着"公平贸易"的路子走下去。

(4)以非关税壁垒为主要保护手段。由于经过关税及贸易总协定的多轮谈判,发达国家的关税总体水平已降至较低水平,正常关税已起不到保护的作用。因此,非关税壁垒在西方各国贸易政策中的作用日益明显。例如,西方发达国家为抵制发展中国家劳动密集型产品的进口,主要应对措施是数量限制和"反倾销"手段。不容置疑,西方发达国家未来的贸易政策中,单纯的关税措施和直接的非关税措施都会相应减少,但各种新型的更灵活和更隐蔽的非关税壁垒会不断被高筑,并成为贸易政策工具的主体。

(5)政府推动高科技产业发展和鼓励出口成为推动对外贸易活动的主导措施。第二次世界大战后,随着国际分工的加深和自由贸易的发展,西方各国对国外市场的依赖不断加强,许多国家把奖出限入的重点从限制进口转到鼓励出口。20世纪90年代以后,这种政策的发展步伐正在加快。日本历来重视高科技产业的发展与应用,致使欧美在该领域的优势逐步丧失,从而激发了欧美的竞争意识。出于经济利益的驱使,西方各国纷纷制定了促进高科技产业发展的政策。各国政府都在竞相资助研究开发活动,大力鼓励发展高技术部门。因此,西方各国的产品竞争优势仍将继续保持。可以预计,未来西方发达国家可能采取更积极的贸易政策,为企业创造"公平"的竞争环境。

(6)建立经济一体化,实行共同的对外贸易政策。20世纪90年代以来,区域经济集团化发展迅猛,发达国家通过建立各种一体化形式,加强成员之间的贸易自由化,并以联合的经济实力和共同的对外贸易政策来应对外界的贸易攻势。随着区域经济集团化的发展,这种区域内采取更加统一的对外贸易政策的趋势将有增无减。

美国是奉行管理贸易最为突出的国家,是管理贸易的一个典型范式。美国的管理贸易具有以下特点(佚名2,2021):

(1)管理贸易法律化、制度化。这一特点集中体现在《1974年贸易法》和《1988年综合贸易和竞争法》。前者标志着美国管理贸易正式运转,后者标志着美国管理贸易走向成熟。另外,美国管理贸易的法律化与制度化体现在美国的反倾销法中,美国的这些法案一方面强化了其贸易立法的作用,另一方面扩大了美国贸易立法的域外管辖范围,这充分显示了美国单边协调管理贸易的加强。

(2)管理贸易手段采取单边、双边、多边协调管理齐头并举的方式。美国管理贸易的手段具有多样性,除采取单边协调管理的措施外,还积极采取多边及双边的形式。

(3)管理贸易措施以非关税为主。由于关税及贸易总协定多年的不懈努力,关税在国际贸易中限制进口的作用已明显降低。美国在限制进口方面已经转入隐蔽性较强的非关税壁垒,出现了绕过关税及贸易总协定的"灰色区域"措施,其中"自动出口限制"是"灰色区域"措施中最重要的方式。

(4)突出对服务贸易及知识产权的管理。美国管理贸易涉及三个行业的对外贸易,即劳动密集型的制造业、农业及服务业。美国是世界上最大的服务贸易国,其以智力服务为主的服务出口使美国的服务贸易存在大量顺差。而其他国家也竭力发展其服务出口。因此,服务贸易领域的摩擦与争端激增。另外,随着国际技术贸易的迅猛发展,知识产权成为当今国际贸易的重要方面,作为世界上最大的知识产权贸易国,美国不断加强其对知识产权的保护和管理。因此,美国的贸易政策中对服务贸易与知识产权的管理更为突出。

(5)美国政府对贸易的强有力干预。国际经济地位的下降及竞争力的削弱促使美国改变其贸易政策,主要通过政府干预的手段来实现。克林顿上台后,美国国内出现了一种"战略性贸易理论"。该理论认为:一国政府能运用产业政策发展该国经济的动态比较优势,一旦比较优势被确立就必须继续掌握并随经济的发展随时调整拥有比较优势的产业结构,从而提高其国际竞争力和国际地位。美国政府在此理论的影响下,制定了一个产业政策与对外贸易相结合的贸易政策,即在公平贸易的思想指导下,"积极保护"与"主动出击"并举,在政府强有力的干预下增强经济竞争力,开拓国外市场。具体做法是:选择一些高科技产业予以保护和资助;不靠多边贸易谈判,而是采取单方面的行动来惩罚损害美国产业的外国竞争者。

综上可见,美国管理贸易的实质是"穿自由贸易外衣,行保护贸易之实"。

日本经济在第二次世界大战后几近崩溃的边缘,为迅速恢复经济,日本政府确立了"贸易立国"的思想,通过政府政策的培育、扶持来发展其出口产业,参与国际分工与国际贸易。因此,日本的贸易政策从战后初期即体现出政府干预的特色,其最显著的特点就是将贸易政策与整个国家的产业政策结合起来,通过扶持本国的产业,提高国际竞争力以振兴出口,使对外贸易的扩大能动地促进本国经济的发展和产业结构的优化(佚名2,2021)。

第二次世界大战后,日本在很长时期内采取了广泛的进口限制政策,同时也积极鼓励出口。这主要体现在日本1949年12月制定的《外汇及外贸管理法》和《进口贸易管理令》以及1959年12月制定的《出口贸易管理令》中(佚名2,2021)。

20世纪60年代以后,随着日本经济的迅速恢复和高速发展,以及受外部力量所迫,日本政府着手推进贸易自由化。在这一自由化过程中,日本具有鲜明的特点,即根据产业和国际竞争力的状况,精心地、有步骤地制订各种计划和选择实行自由化的商品,即所谓有选择、有节制、渐进式的贸易自由化。这一方式促进了日本产业的合理化和劳动生产率的提高。

20世纪70年代以后,日本为缓和因大量顺差而引起的贸易摩擦,又采取了进一步政策,主要包括:进一步开放日本市场;"自动限制出口";扩大内需,增加制成品进口;同其他发达国家进行合作,扩大对外直接投资和加强与发展中国家的经济合作。

日本管理贸易的特点是(佚名2,2021):

(1) 政府干预的色彩极为浓厚,程度较强且周密。

(2) 管理贸易法律化和制度化,但其性质是防御性的。

(3) 贸易自由化具有选择性,是以实行贸易自由化的产业为掩护来保护需扶持的产业。

(4) 更多地采取单边、双边协调管理的方式。

发达国家国际贸易政策的演变及特点可以归纳为表2-2。

表2-2 发达国家国际贸易政策的演变及特点

时期	时间	时代背景	政策及特点	典型国家
资本主义生产方式准备时期	16世纪到18世纪	欧洲封建社会内部产生了资本主义生产关系,且资本主义经济基础不断发展	西欧中央集权国家实行重商主义下的强制性的保护贸易政策。管制金银货币、垄断对外贸易、奖出限入并扶持本国工业发展	英国、法国、意大利、西班牙、葡萄牙、荷兰、德国和俄国
资本主义自由竞争时期	18世纪中叶到19世纪末	18世纪60年代英国发生第一次产业革命,蒸汽机广泛使用,机器生产代替手工劳动。资本主义经济基础已经形成,资本主义生产方式占据统治地位	自由贸易政策兴起,保护贸易政策减弱。国际贸易政策的基调是以比较利益论为依据的自由贸易政策。但由于各国工业发展水平不同,一些经济起步较晚的国家则采取了以保护幼稚工业论为根据的保护贸易政策	自由贸易政策:英国 保护贸易政策:美国、德国、法国
垄断资本主义时期	19世纪末到第二次世界大战	欧洲各国普遍完成产业革命,工业得到迅速发展。垄断代替自由竞争,成为资本主义社会经济生活的基础	超保护贸易政策兴起。保护国内高度发达或出现衰落的垄断工业,以巩固对国内外市场的垄断;保护的对象是垄断资产阶级;保护的手法也趋于多样化,不仅仅是高关税,还有其他各种奖出限入的措施	英国、美国、德国、法国

(续表)

时期	时间	时代背景	政策及特点	典型国家
第二次世界大战后发达国家贸易自由化时期	1945—1975年	世界政治经济力量重新分化组合。国际分工进一步深化,推动生产国际化、资本国际化,跨国公司迅速兴起,迫切需要一个自由贸易环境以推动商品和资本流动	**有选择的自由贸易政策**。在国家垄断资本主义日益加强的条件下发展起来,它主要反映了垄断资本的利益,是世界经济和生产力发展的内在要求,它在一定程度上和保护贸易政策相结合	美国、日本
发达国家经济滞胀时期	1975—1990年	资本主义国家经历了两次经济危机,经济出现衰退,陷入滞胀的困境,就业压力增大,市场问题日趋严重	**新贸易保护主义政策**。贸易保护措施由过去以关税壁垒和直接贸易限制为主逐渐被间接贸易限制取代;保护贸易政策朝制度化、系统化和综合化的方向发展;从限制进口转向鼓励出口,双边和多边谈判与协调成为扩展贸易的重要手段;从国家贸易壁垒转向区域性贸易壁垒,实行区域内的共同开放和区域外的共同保护	美国
全球经济一体化时期	1990—2016年	1993年11月1日,欧盟诞生。1995年1月1日,世界贸易组织正式成立。1996年1月1日,世界贸易组织取代关税及贸易总协定。中国于2001年12月加入世界贸易组织。1999年1月1日,欧元启动,2002年7月1日进入流通	以**管理贸易政策为主导**。管理贸易日益成为贸易政策的主导内容;国际贸易政策与对外关系相结合的趋势加强;"公平贸易"和"互惠主义"代替发达国家的"自由贸易"和"多边主义";以非关税壁垒为主要保护手段;政府推动高科技产业发展和鼓励出口成为推动对外贸易活动的主导措施;建立经济一体化,实行共同的对外贸易政策	美国、日本

资料来源:笔者根据陈宪等(2013)整理。

二、美国国际贸易政策的演变

(一)美国国际贸易政策的三个历史时期[①]

1. 以保护贸易为主要特征的时期(1789—1933年)

这一时期以美国1789年第一部关税法出台到1934年《互惠贸易协定法》出台之前

---

① 本部分主要参考刘振环(2010:20—23)。

为标志,关税是美国贸易保护的主要手段。以关税税率的高低来划分,这一时期又分为三个阶段:①从 1789 年美国第一部关税法的出台到 1815 年,贸易保护程度比较低,征收的关税主要是为了增加政府收入,关税税率较低;②从 1816 年关税法的出台到 1860 年,保护贸易开始在美国确立,贸易保护的程度有所上升,主张保护贸易的北部和主张自由贸易的南部在关税问题上激烈交锋,关税税率起伏较大;③从 1861 年莫里尔关税法的出台到 1933 年,这是美国历史上贸易的高保护时期,关税税率很高。

美国国际贸易政策的第一个时期同美国近代历史基本同步,1776 年到 1789 年之前美国尚未形成统一的国家对外贸易政策,1789 年美国第一部关税法是美国第一次以统一的政策对外交往,在贸易政策史上具有划时代的意义。建国初期,美国还处于农业占主导地位的经济形态,尚未形成相对完整的制造业体系,工业生产不仅总量较小,而且竞争实力相对较弱。面对欧洲工业强国的竞争和对美国商品的歧视政策,美国自然会追求贸易上的平等互惠。美国在这一时期的贸易政策是服务于独立战争的需要和实现并扩大财政收入的任务,幼稚产业保护论下的美国贸易政策展现了贸易保护的特点,但这种贸易保护正是为了获得同欧洲工业强国竞争时的竞争优势,是一种特定形式下的互惠,其根本目的也是扩大对外贸易,只不过这种贸易是要实现美国竞争优势的互惠状态,这对后期美国贸易政策的演变产生了某种潜在的"规定性"作用。

在近代工业化过程中,美国的贸易政策不断丰富互惠思想的内涵,增加互惠思想的政策表现,并优化着互惠贸易的实践。同前一个阶段的贸易政策表现不同,这一阶段的贸易政策在自由贸易与保护贸易思想和政策的激烈交锋中,形成了贸易政策的"高关税"特征。这一时期高关税的形成既是美国近代工业化发展的内在要求,也离不开国际政治经济环境的影响。在这一阶段,各主要工业化国家的关税税率都比较高,以互惠思想来解释美国的关税保护也符合逻辑。这一时期的例外是英国 19 世纪中后期主导的自由贸易运动,而作为回应,美国也恰恰在这一时期大幅降低了关税水平,这又是美国坚持互惠思想的一个很好的注解。这一时期的互惠思想已经发展为一种讨价还价的手段,其政策措施也逐渐灵活多样,并成为两党之间和利益集团之间博弈的工具。

1898 年美西战争以后到罗斯福新政前的贸易政策是长期以来美国贸易政策的惯性延续,更是美国从自由资本主义走向垄断阶段的极端贸易保护的体现。虽然美国的工业化是在南北战争与第一次世界大战之间完成的,但美国早期工业的发展为工业化做了准备,而第一次世界大战到罗斯福新政的一段时间的垄断资本主义的发展可以看作工业化的延续和结果。从历史的角度来看,将这一时期具有共性的贸易政策作为一个整体进行研究,有助于理清美国贸易政策发展的轨迹。这一时期美国贸易政策演变的背景是美国工业化发展的历程和美国不断扩张的历史,是美国自由资本主义的充分发展时期,也是美国逐步确立工业资产阶级的统治地位,成为世界工业大国的时期。这一时期的贸易政策虽有数次降低关税的自由贸易的倾向,但基本表现出贸易保护不断加强的政策特征。这一时期也是以关税政策为主的传统贸易政策时期。

2. 推行全球自由贸易的时期(1934—1973年)

1934年美国国会通过《互惠贸易协定法》标志着自由贸易政策开始了在美国四十多年的主导地位,该法案对美国贸易政策决策产生了重要影响。1974年《贸易改革法》的出台标志着美国自由贸易时期的结束。在这一时期,美国大力推动建立全球多边自由贸易体制,在美国的倡导之下,先后建立了关税及贸易总协定(1995年以后发展成为世界贸易组织)、世界银行和国际货币基金组织三大国际经济与贸易发展的支柱,进行了七轮全球多边贸易谈判,世界贸易的自由化程度显著提高。也正是在这一时期,美国开始从经济层面介入世界政治事务,开始了对由其主导的世界经济秩序的探索。自由贸易的背景是美国在世界经济中的强大竞争优势和独一无二的综合国力,自由贸易对国家安全和国际秩序的作用也促使美国推动全球的自由贸易。不仅如此,世界贸易组织的建立和发展极大地改变了传统贸易政策,也改变了各国协调和解决贸易争端的方式。以自由贸易协定为平台的美国自由贸易战略使得贸易政策发生了历史性的变革,贸易更加紧密地同国际政治联系在一起。第二次世界大战以后的互惠思想首先是一种战略互惠,是在美国具有主导优势的条件下,为打开外国市场而采取的一系列措施,其政策表现为推行自由贸易政策。在这一时期,美国互惠思想和相关政策措施得到了充分的发展,而贸易保护的手段也从以关税为主转变为以非关税壁垒为主的新阶段。

3. 以公平贸易为旗帜的时期(1974—2009年)

从1974年开始,美国贸易政策进入了新的发展阶段,互惠思想被美国以"公平贸易"政策的名义加以实施,形成了一次贸易政策的全面历史性变革。1974年美国国会通过的《贸易改革法》标志着美国贸易政策进入公平贸易政策时期。美国逐渐从多边自由贸易政策转变为多轨并进的自由贸易政策,表现出对全球多边自由贸易体制的不信任和无奈,在对外贸易政策方面广泛推行单边的贸易保护主义、双边的贸易开放协定和区域性的自由贸易组织,同时也不放弃建立和维护全球多边"自由"贸易体制。在这一时期,美国实行的公平贸易政策是以美国利益为中心的,其核心是要求各国相互开放市场,目的是维护美国国际收支的基本平衡。在这一过程中,从贸易内容到贸易手段,从国内利益的平衡到国际贸易的互动过程,都被深深地赋予了互惠的思想内涵。与此同时,互惠思想还被提升为世界贸易的基本原则,成为美国贸易战略的一个重要组成部分,维护着美国的战略优势。随着公平贸易政策被滥用,当非关税壁垒形成的保护主义在全球泛起可能影响到美国整体的贸易利益时,相对缓和的"平衡贸易"思想便应运而生,这也是美国互惠思想的进一步调整和完善。公平贸易政策的制定与实施使美国和世界贸易政策进入了一个全新的规则经济时代。公平贸易政策深刻地影响了各国的对外贸易战略和相关制度选择,深刻地影响了世界贸易政策的取向,也深刻地影响了世界的秩序规则和体系结构,并给国际争端带来了新的内容和新的解决途径。

(二) 奥巴马政府的国际贸易政策(2009—2016年)①

1. 奥巴马政府国际贸易政策的内容

巴拉克·奥巴马在全球金融危机的背景下临危受命,于2009年1月20日正式宣誓就职美国总统。他是美国历史上首位非洲裔总统,在巨额"双赤字"、制造业转移等历史沉积问题的背景下就任美国总统,迫切需要刺激美国经济复苏和提振公众经济信心。以"我们需要改变"(The Change We Need)为竞选口号的奥巴马,围绕着振兴美国经济和美国国际地位这两个问题推行了大刀阔斧的变革:在对外贸易方面,奥巴马强调贸易的"公平"而非"自由",主张维护"经济正义",让每一个美国人都从国际贸易中获益是奥巴马一直以来持有的观点;在促进增长方面,扭转过去金融业过度发展的局面,以出口带动制造业复苏;在国际竞争力方面,积极推动美国在全球经济市场的领先地位,其核心目标归结为一句话,即奥巴马所说的"确保21世纪仍然是美国的世纪"。

奥巴马执政期间的政策指向主要是为了将美国从"大衰退"中拯救出来,由此贸易是他重点关注的对象。《2009年贸易政策议程和2008年年度报告》(2009 Trade Policy Agenda and 2008 Annual Report)是奥巴马政府执政后的第一份关于贸易政策的官方报告。这一报告的主题被定为"让贸易为美国家庭服务",由此奠定了奥巴马政府贸易政策走向的基调。由此可见,奥巴马政府贸易政策的目标在于用出口带动就业,以恢复国内经济增长和提高国民生活水平。其中,出口倍增计划、加入TPP谈判以及"再工业化"战略是奥巴马执政期间实施的最具代表性的贸易政策。

(1) 出口倍增计划。2010年1月27日,奥巴马在其入主白宫后的第二份国情咨文中提出五年内"出口翻一番"并由此增加200万个就业岗位的目标,还签署了"国家出口倡议"(National Export Initiative, NEI)。奥巴马认为,出口每增加10亿美元,在美国国内就能够创造约6 000~10 000个高薪就业机会。根据这一"出口驱动"战略,奥巴马政府还设立了美国"出口促进内阁"(Export Promotion Cabinet, EPC)。奥巴马政府举全国之力推动美国企业走出国门,扩大商品贸易;与此同时,要求相关部门制定相关贸易政策,不遗余力地打开服务业市场出口的大门。加入TPP谈判和美韩自由贸易协定的生效也是奥巴马为实现这一目标做出的努力。

虽然奥巴马政府出口倍增计划的出口规模翻倍目标最终未能实现,但却卓有成效地改善了就业,实现了新增200万个就业岗位的目标,对2008年全球金融危机后美国经济的复苏也起到了积极的作用。

(2) 加入TPP谈判。TPP全称为《跨太平洋伙伴关系协定》(Trans-Pacific Partnership Agreement),也被称作"经济北约",是由亚太经济合作组织成员中的新西兰、新加坡、智利和文莱四国为促进亚太地区的贸易自由化,在2002年共同发起的一组多边关系自由贸易协定(原名为"亚太自由贸易协定")。TPP突破了传统的自由贸易协定模式,致力

---

① 本部分主要参考董莹(2018:12—17)。

于最大化地实现成员之间的贸易与投资自由,素有跨度大、高标准、全覆盖、宽领域的特点。除经济元素以外,TPP还包含许多非经济元素;它不仅涵盖国际贸易领域,而且对劳工和环境、知识产权、国有企业等敏感议题进行了规范。面对新兴经济体的不断崛起,美国在全球贸易中的主导地位遭到挑战。为了维持其对国际规则制定的把控权,2009年11月14日,奥巴马宣布美国将参与TPP谈判,旨在扩大美国出口,增加国内就业,并强调这将促进美国的就业和经济繁荣,为美国设定21世纪贸易协定标准做出重要贡献。推动和完成TPP谈判是奥巴马第二任期内的政策重点,是美国恢复对亚太地区控制的重要对外贸易政策,也是对小布什总统"重返亚太"政治遗产的继承;同时,亚太地区也为奥巴马政府实现"出口翻一番"的目标提供了广阔的市场。

然而,加入TPP的想法从诞生之日起在美国国内就面临两种声音。一方面,有学者认为,奥巴马带领美国加入TPP是在美国霸权衰落的情况下在亚太地区开展的一次经济秩序重塑,美国希望迅速打开外国市场,摆脱经济困境;加入TPP有利于美国对亚太地区进行产品输出,由此可以在国内以提供高工资的方式吸引更多的劳动力,提升就业率。美国贸易代表办公室发布的《2016年美国贸易评估报告》(2016 National Trade Estimate Report)梳理了奥巴马政府为美国消除的贸易壁垒,其认为TPP谈判的成功可以消除针对美国出口的18 000种外国税,因此能够促进美国出口。同时,美国彼得森国际经济研究所(Peterson Institute for International Economics,PIIE)的研究认为,TPP每年对美国出口的贡献可达3 570亿美元,并预计将在2030年为美国带来1 310亿美元的国家收入。另一方面,也有学者持不同观点,认为TPP在促进美国出口的同时会扩大美国的进口,从而加速美国工人失业,甚至会迫使一些失业人员自此退出劳动力市场。美国经济学家保罗·克鲁格曼(Paul Krugman)也曾在《纽约时报》撰文表达其认为TPP不会达到奥巴马政府预期效果的担忧,并表示即使TPP不通过也"没有什么所谓"。

(3)"再工业化"战略。自20世纪80年代以来,由于国际贸易的专业化分工和金融业的蓬勃发展,美国制造业中的低端产业链逐渐向低成本国家转移,由此导致美国国内的制造业企业数量持续减少,呈现明显的"去工业化"特征;而金融业则过度发展,并最终导致实体经济与虚拟经济的失衡,以至于引发了严重的金融危机。制造业的萎缩增加了美国国内的就业压力。作为民主党人的奥巴马,在一定程度上继承了威廉·杰斐逊·克林顿总统的经济理念,主张政府在经济中发挥更大的作用。因此,"再工业化"即重振美国制造业,构成了奥巴马执政后实施的经济振兴战略的内容之一。在领跑全球先进制造业的同时提振国内就业,是奥巴马政府希望通过"再工业化"战略达成的两大政策目标。

长期以来,制造业在国民经济中始终占据至关重要的地位,是维系经济长期稳定的重要因素,也是保证实体经济与虚拟经济平衡发展的重要因素。因此,奥巴马在两个任期内都将重振制造业作为施政重点。2010年8月11日,奥巴马总统签署了《美国制造业振兴法案》(United States Manufacturing Enhancement Act of 2010),该法案也被视为美国施行"再工业化"战略的核心。虽然美国的经济重心已从制造业转移至服务业,但其制造业产值仍旧占据全球制造业产值的较大比重,且处于全球制造业产业链的上游。美国"再工业化"战略的重点并非简单地将制造业引回,而是大力发展高技术和高附加值的先进制造业,是整个产业结构的调整与转型升级。2011年6月和2012年2月,美国相继推出了《先进制造业伙伴计划》(Advanced Manufacturing Partnership,AMP)和《先进制造业国家战略计划》(National Strategic Plan for Advanced Manufacturing),以弥合美国创新体系的巨大缺口。2012年奥巴马连任后,"再工业化"战略更是得到了延续和升级。奥巴马总统在2013年召开"选择美国投资峰会",吸引更多的外国直接投资(Foreign Direct Investment,FDI),以期重振美国的制造业,提供新的就业机会。2014年10月,美国发布了《加速美国先进制造业》总统报告(Report to The President Accelerating US Advanced Manufacturing)。奥巴马总统还在国内制定了一系列配套的工业、税收、能源经济政策,同时注重国际战略的维持,以配合"再工业化"战略的实施。

2. 奥巴马政府国际贸易政策的特点

第一,奥巴马政府致力于建设以规则为基础的国际贸易体系。奥巴马政府的国际贸易政策重点在于建立高标准的贸易和投资规则,并通过尽力消除关税及非关税壁垒来促进出口。为此,奥巴马政府强调国际贸易政策的社会责任和政策透明度,赋予公众更多的政策参与权,并确保新的贸易协定涉及那些尚未涵盖的引起贸易摩擦的领域。奥巴马政府的几项主要国际贸易政策互相联系、相辅相成:加入TPP谈判是为了增加出口、拓展美国产品市场;而"再工业化"战略则是为"出口翻一番"的目标服务的。

第二,奥巴马政府的国际贸易政策以改善美国经济为核心。一国国际贸易政策的偏好是国内经济状况的一种映射或结果,因此,美国国内经济状况是奥巴马政府制定国际贸易政策的主要着眼点。《2009年贸易政策议程和2008年年度报告》显示,奥巴马政府致力于追求使每一个美国的企业、家庭都从中获益的贸易框架,并以此为美国乃至全球经济复苏的有力工具。由此可见,奥巴马政府国际贸易政策的重心,是以国际贸易政策为工具来促进其国内政策优先目标的实现;奥巴马执政期间,美国国内保守主义升温、贸易保护主义抬头,也是由当时美国的次贷危机和经济走低所影响甚至决定的。有观点认为,奥巴马在任期间甚至有意削弱总统的"贸易促进权",目的就是让国会更多地参与国际贸易政策决策,使国际贸易政策更多地惠及美国民众。归根结底,奥巴马政府的基本立场是要求国际贸易政策与美国民众的利益相符。

第三,奥巴马政府的国际贸易政策体现出"双轨并行"的特点。在奥巴马政府软硬兼施的外交政策框架下,美国的国际贸易政策也是"战略性"的,是"合作+遏制"战略下的一步棋。国际贸易政策不仅服务于经济,而且是奥巴马政府维持美国国际霸主地位的手段。为此,奥巴马政府一方面通过出台各种国际贸易政策,努力实现"出口倍增计划",帮助美国实现经济复苏;另一方面试图确立国际经济新规则,以继续维护美国在主导国际经济事务上的长袖善舞。"公平贸易"是奥巴马在两个任期内都提倡的国际贸易政策主张。奥巴马政府的"公平贸易"实质上是披着公平贸易的外衣,借助美国的超强经济地位强制制定以美国利益为根本的全球贸易规则,并将其作为一种全球贸易标准进行推广。

第四,奥巴马政府国际贸易政策的倾向性并不明晰。从理论上讲,民主党人倾向于保护贸易,而共和党人相对来说更支持自由贸易。而对于民主党人的奥巴马总统,其国际贸易政策一贯的定位既不是自由贸易派又不是保护贸易派,而是所谓"实用主义的自由贸易政策",即自由贸易必须为美国民众服务:开放的外国市场不仅要为美国的工人和企业家提供机遇,同时要给美国的消费者提供更多的消费选择。

(三)特朗普政府的国际贸易政策(2017—2020年)[①]

1. 特朗普政府国际贸易政策的内容

在对外贸易领域秉持"美国利益第一"原则的特朗普为兑现竞选承诺,赢得大选后就迫不及待开始了一系列贸易保护行动。从对邻国加拿大进口软木的"双反"审查开始,到对中国价值500亿美元的进口商品加征25%的关税;从退出TPP,到胁迫墨西哥和加拿大就《北美自由贸易协定》(North American Free Trade Agreement, NAFTA)重新谈判,都是特朗普政府在对外贸易领域的大动作。按照惯例,美国总统需在每年年初向国会提交下一年的国际贸易政策议程。2017年3月,美国贸易代表办公室公布《2017年贸易政策议程和2016年年度报告》(2017 Trade Policy Agenda and 2016 Annual Report),将国际贸易政策的优先议程定为四大方面:一是积极捍卫美国贸易政策主权;二是严格执行美国贸易法;三是努力打开国外市场;四是商谈好新的更好的贸易协定。特朗普政府"美国优先"的国际贸易政策都是以这些贸易政策议程为指导性文件展开实行的。

(1)退出或威胁退出以TPP为代表的多边贸易协定。首先,2017年1月23日,特朗普在白宫签署第一份行政命令,正式宣布美国退出TPP。TPP是奥巴马政府的政治遗产,它旨在加强美国与太平洋沿岸相关国家的经济贸易关系。但在特朗普看来,TPP对于美国弊大于利。早在竞选美国总统期间,他就多次抨击TPP,称其是"对美国制造业的致命威胁","会把美国汽车制造业的岗位拱手让给日本"。其次,2017年5月18日,特朗普通知国会将要对NAFTA展开重新谈判,以使美国商品获得更加优惠的关税待遇。同年8月16日,特朗普政府撕毁NAFTA协议,胁迫墨西哥和加拿大与其就北美自由贸易问题展开重新谈判。两国迫于美国的强大压力,最终同意与美国商议新的北美自由贸易协议。经过几个月几轮谈判之后,12月1日,特朗普在"空军一号"总统专机上对外宣称,他将很快通知国会尽早结束NAFTA,这也就预示着NAFTA即将寿终正寝。此外,特朗普扬言如果世界贸易组织不能通过改革实现公平贸易,那么美国退出世界贸易组织也是有可能的。就现实而言,虽然美国退出世界贸易组织的可能性不大,但其立场显示出特朗普政府将会倾向于从较为狭隘的角度来界定该多边机制,认为世界贸易组织是各成员集体

[①] 本部分主要参考周亚鹏(2019:24—30)。

意志的反映,而不是独立的全球经济治理机构。美国是世界贸易组织这一当今世界规模最大的多边贸易组织的创始国,而如今在特朗普政府"美国优先"利益观的主导下竟然受到退出威胁。可见,只要是被美国认定为不符合"美国利益第一"原则的贸易协定,特朗普政府都可视其为实现自身利益的绊脚石。

（2）启动一系列有针对性的贸易调查。对贸易往来国展开反倾销、反补贴贸易调查是美国政府对外实行经济制裁的惯用伎俩。美国通常会在贸易制裁政策出台之前,对其接下来的制裁行为冠以合情合理的名号。特朗普上台后,指示美国商务部以"双反"、维护国家经济安全为名对特定国家和特定商品进行一系列审查。具有代表性的事件有:2016年11月,对从加拿大进口的软木进行"双反"调查;2017年4月,根据《贸易扩展法》的"232条款"规定,以国家安全为名对所有进口的钢材、铝制品进行审查;同年8月,依据"301条款"启动对美中贸易关系的调查;2018年5月,第二次就进口的汽车和零部件等工业产品进行国家安全调查等。就特朗普政府对华贸易争端而言,其制裁中国的重点无疑是高精尖技术产业。特朗普政府十分担心中国制造业的崛起会侵害美国的利益。因此,在对华贸易争端中,传统商品贸易摩擦是表象,遏制中国高新技术产业发展壮大是内里。此外,与以往相比,特朗普政府对外开展贸易调查的次数和范围都成倍增长、扩大。可以说在特朗普政府时期,美国动用贸易调查进行经济制裁显得越来越"随意"和"任性",制裁标准的"门槛"越来越低。另外,值得注意的是,在调查程序上,特朗普政府一改之前主要由国内企业或劳工组织提交申请的方式,转为更为主动地启动国际贸易救济程序。显然,特朗普政府即使没有国内企业和民众的申请,也可以堂而皇之地对特定贸易往来国冠以"莫须有"的罪名。

（3）征收或威胁征收惩罚性关税。在国际贸易中,国家间因不同时期对利益得失界定的不同而采取有针对性的关税制裁事件屡见不鲜。而美国政府根据其单边性的利益得失界定标准,动辄对其他国家加征关税的霸道行径,在特朗普政府时期有增无减。以"双反"、维护国家经济安全等名号为掩护,特朗普政府不断对外挥起关税制裁大棒,其政策发布与落实主要由美国商务部承担。在此方面,影响比较大的事件有:2017年4月,美国商务部对从加拿大进口的软木征收24%的反补贴税;2018年3月,美国商务部根据总统授权,以中国对美贸易违反知识产权、技术转让、科技创新为由,宣布对价值500亿美元的中国进口商品加征25%的关税;同月,美国还就钢铁和铝制品对欧盟等传统贸易伙伴加征国家安全税;同年7月,特朗普甚至威胁计划对价值2 000亿美元的中国进口商品加征25%的惩罚性关税等。在美国贸易制裁的名单中,中国无疑尤其引得世人关注。其实早在竞选之初,特朗普就利用美中贸易逆差大做文章,以捞取政治资本。在特朗普看来,中国是经济全球化过程中最大的受益者,美国与中国签订的贸易协定是"傻瓜式"交易,因此中国经济长期占美国的便宜。按照特朗普的说法,美中贸易争端发生的原因是为维护美国的利益。

2. 特朗普政府国际贸易政策的特点

在美国对外贸易史上，贸易保护政策屡见不鲜，加征关税是其普遍性特征。与美国历届政府的贸易政策相比，特朗普政府贸易政策的特点在于，不仅有加征关税，还有任性"退群"和"另起炉灶"。纵观特朗普上台后推行的一系列贸易保护主义行径，不难发现"美国优先"是其根本遵循，坚持"美国利益第一"是其核心原则。可以说，在特朗普时期的对外贸易中，美国鲜明地坚持两个"凡是"，即凡是不符合"美国利益第一"原则的贸易协定，美国一概退出或重订；凡是让美国认为自己吃亏的贸易往来国要受到加征关税的惩罚。此外，特朗普还倡导美国与其他国家一对一地签订双边贸易协定，以图实现美国经济利益最大化。

（1）以"美国利益第一"为标杆。在国际经贸领域，一国为了促进本国经济发展而与另一国或多国签订具有互惠性质的贸易协定已是普遍行为，美国自然也不例外。多年来，美国与其他国家签订了数目众多的双边和多边贸易协定。应该说，这些贸易协定都是基于美国国家利益而做出的理性决策。第二次世界大战后，美国长期奉行自由主义国际路线，注重把国际利益的实现当作美国国家利益重要的组成部分。这一路线思想反映在经贸领域就是美国宽容接受绝对获益的不足，而欣然接受相对获益。

特朗普显然转变了传统做法，用他的话说，"美国经济投降的时代已经结束"。在国际经贸领域，特朗普追求美国的绝对获益，以"美国利益第一"为标杆，通过全面审查以往美国签订的对外贸易协定，退出或威胁退出凡是不符合"美国利益第一"原则的多边贸易协定。也就是说，关于多边贸易协定的命运，特朗普可以毫不犹豫地置国际利益于不顾，而偏爱国内利益的实现。特朗普热衷维护美国国内利益与他兑现竞选承诺密不可分。竞选期间，创造更多的就业机会是特朗普的竞选承诺之一。根据特朗普及其团队的判定，过去美国签订的多边贸易协定没有给美国企业和工人带来更好的福利，反而让外国抢走了很多属于美国人的饭碗。对于多边贸易协定，他曾表示："我们不再签订束缚我们手脚、放弃主权、不能采取有效执法措施的大范围协议。"为了给美国传统产业下岗工人创造更多的就业岗位，特朗普试图以美国海外制造业的回归拉动就业。特朗普甚至支持美国贸易代表罗伯特·莱特希泽等鹰派人物提出的一种极端主张，即不惜对美国跨国公司在海外生产的产品施加惩罚性关税，以便迫使它们增加对美投资，扩大美国就业和重整美国制造业。显然，为增加国内就业，特朗普政府的产业重心更偏向于钢铁、汽车、纺织等传统优势产业。从这个意义上讲，特朗普政府的"美国优先"可谓"就业优先"。换句话说，美国传统产业新增岗位的数额已成为"美国利益第一"标杆的刻度。特朗普经常会对美国新开建的工厂项目沾沾自喜。譬如，2018年6月28日，特朗普出席富士康在威斯康星州的开工仪式，竟盛赞富士康新工厂为"世界第八大奇迹"。这种夸张的称赞，无疑是企图呼唤更多的投资注入美国本土的制造业。

（2）将贸易保护上升到维护国家安全高度。2017年12月18日，美国政府公布特朗普上任后首份《国家安全战略报告》,美发言人说这是美国新时代的新安全战略。这份报告之所以引人注目,不仅在于特朗普政府明确将中国定义为"修正主义国家"[①]和"战略竞争对手",还在于将美国经济安全列为美国国家安全的重要组成部分。报告指出,美国将不再容忍"经济侵略"或不公平的贸易行为,要改变过去七十多年来的对外贸易战略,对内重塑经济实力,对外维持"公平和互惠"的经济秩序。在非传统安全领域,美国认为像中国这样的竞争者盗取了美国价值数千亿美元的知识产权。在经济领域,认为中国通过不公平的贸易获得了利益[②],并通过投资、贷款等方式扩大了经济影响力,获得了"战略据点"。因此,除借美国经贸利益受损为由进行贸易调查之外,特朗普政府还频繁借国家安全名号为推行贸易保护"打前站",如2018年3月,特朗普政府借口美国国家安全受到威胁,对从中国进口的钢铁和铝制品启动"232调查";同年4月3日,美国贸易代表办公室根据"301条款"调查结果,认为中国制造战略危及美国经济安全。此外,在维护美国经济安全层面上,特朗普在这份报告中突出强调了美国国内经济安全的重要性。从内容上看,该报告直指美国经济面临的"投资与创业精神被风险规避和规章制度替代""工人实际收入增长缓慢"以及"贸易赤字增长"等问题,着重强调重建美国经济和重振对美国经济发展模式的信心是美国实现国内层次经济安全的首要内容。实际上,无论特朗普政府如何定义中美经贸关系都掩盖不了其以此为噱头,行贸易保护之实的行径。从交易手段上看,这是特朗普善于通过渲染、夸大威胁而制造有利于己方形势的惯用伎俩,他企图为推行贸易保护造势以及寻求合理性。

(3)以"一对一"方式构建双边贸易协定。美国以往构建的贸易协定以多边形式为主。然而,特朗普政府并不认同这种形式。2017年3月1日,美国贸易代表办公室向国会提交的《2017年贸易政策议程和2016年年度报告》,开篇即明确表明不信任多边贸易协定而更相信双边贸易协定,而且不会严格遵守世界贸易组织争端解决程序。此外,特朗普曾在退出TPP的备忘录中这样写道:"我的政府的政策就是在所有谈判中代表美国人民及其福祉,特别是美国工人,并为他们的利益创造公平和经济上有利的贸易协定。此外,为了确保这些成果,政府打算在未来的贸易谈判中以一对一(或双边)的方式直接与各个国家打交道。"2017年4月底,特朗普签署专门的行政命令,指示美国商务部和贸易代表办公室就美国所签署的贸易协定以及美国与存在巨额贸易逆差的世界贸易组织成员之间的双边贸易关系进行全面评估;4月24日,美国商务部长威尔伯·罗斯与欧盟贸易专员塞西莉亚·马尔姆斯特伦举行会晤,美欧正式就《跨大西洋贸易与投资伙伴关系协定》(TTIP)进行双边磋商;7月,美国政府通知韩国准备重新谈判和修订美韩自由贸易协定;8月,美国发起修订NAFTA规则的首轮谈判。显然,在签订贸易协定上,以双边

---

① 特朗普政府《国家安全战略报告》将中国定义为"修正主义国家",纯属偏见和错误观点,本书作者对此持批判态度。

② 特朗普政府《国家安全战略报告》认为像中国这样的竞争者盗取了美国价值数千亿美元的知识产权,中国通过不公平的贸易获得了利益,这些说法纯属对中国的抹黑,本书作者对此持批判态度。

替代多边俨然是特朗普政府的主打方式。关于贸易协定的签订形式,特朗普及其团队有一套"优势对比差"的利益衡量公式:美国的综合经济实力最强大,与其和其他国家一起"吃大锅饭",不如由美国和单独一个国家"开小灶"。这样既可以最大限度地施展美国的力量,又可以避免其他国家联合起来对美国发难,从而使美国充分占据比较优势并最终获得最大的绝对收益。应该看到,特朗普政府以一对一方式建立新双边贸易协定的目的就是,通过国际贸易政策改革降低国外产品的竞争力,打开全球市场,为美国新一轮经济振兴开拓空间。

新闻摘录

美国拟对中国商品加征关税含约 1 300 个项目

当地时间 3 日,美国贸易代表办公室公布依据"301 调查"结果拟加征关税的中国商品清单。清单涉及航空航天、信息和通信技术、机器人和机械等行业,包含大约 1 300 个独立关税项目。美国贸易代表办公室建议对清单上中国商品征收额外 25% 的关税,称此举旨在弥补美国在科技领域所遭遇的损失。

美国贸易代表办公室公布的清单显示,大多数商品并不直接面向日常消费者,包括化学制品、药品、橡胶制品、金属制品、不锈钢产品、铝合金产品、涡轮喷气产品、发光二极管、摩托车和牙医设备等。但是,由于清单涉及范围广泛,势必影响美国企业的生产供应链。根据美国贸易代表办公室的时间表,此份清单稍后还将经过多个听证环节。

资料来源:《人民日报》2018 年 4 月 4 日。

三、欧盟国际贸易政策的演变[①]

长期以来,"欧洲共同体"在实践中形成了广义和狭义两种不同的含义。广义的欧洲共同体(European Communities)是欧洲煤钢共同体、欧洲经济共同体和欧洲原子能共同体的通称,而狭义的欧洲共同体(European Community)则仅指欧洲经济共同体。1993 年 11 月 1 日,《欧洲联盟条约》(又称《马斯特里赫特条约》)生效。根据该条约,欧洲经济共同体更名为欧洲共同体(EC)。《欧洲联盟条约》生效之后,欧洲共同体以"欧洲联盟"的新称谓出现在世界舞台上。然而,《欧洲联盟条约》并没有把欧洲各大共同体"吞并",而仅仅为它们提供了一个框架而已。各大共同体保留了独立的法律人格,可以与第三国以

---

① 本部分主要参考李计广(2007:26—40,56—64,68—70)。

及其他国际组织签署条约,甚至可以加入其他国际组织。值得注意的是,《合并条约》[①]生效之后,各大共同体虽然有共同的机构(理事会、委员会、法院、议会以及审计院),但并没有合并,用简单的一句话来说,就是"一套班子,三块牌子"。2002年,由于《欧洲煤钢共同体条约》到期,其涵盖的领域被并入欧洲共同体的框架。《欧洲联盟条约》之后,欧洲共同体在法律上正式诞生,并以经济与货币联盟的新形式进入欧洲联盟而继续存在。相应地,该共同体的所有法律文件均标以"欧洲共同体"(EC)的名称,既不再使用"欧洲经济共同体"(EEC),但也没有使用"欧洲联盟"(EU)的称谓。2004年签署《建立欧洲宪法条约》(以下简称《宪法条约》)正式赋予欧洲联盟(以下简称"欧盟")国际法人的地位,并由欧盟合并欧洲共同体(以下简称"欧共体"),取消欧共体的独立法人地位。但在《宪法条约》生效之前,严格地讲,使用"欧共体"的称谓更为确切。

对于欧共体/欧盟而言,贸易是一个统一的概念,它可以分为三个层次:一是成员内部的贸易活动,二是各成员之间的"内部贸易",三是各成员与第三国之间的"对外贸易"。因此,欧共体/欧盟的贸易政策体系涵盖对内和对外两个部分。对内贸易政策体现为欧共体/欧盟各个成员之间及成员内部的贸易政策,对外贸易政策则体现为对欧共体/欧盟之外第三国的贸易政策。

(一)欧共体/欧盟对内贸易政策的演变

对内贸易政策是指欧共体/欧盟为建成内部市场而采取的各种政策措施,不仅包括各成员之间的贸易政策,还包括成员内的贸易政策。欧共体内部市场建设始自欧洲煤钢共同体在煤钢部门的一体化,《罗马条约》将其扩展到农业和工业部门。1960年欧共体通过了共同农业政策的基本原则,1968年完成关税同盟,1969年在海牙达成有关走向经济与货币联盟的协议,1986年欧共体十二国签署了《单一欧洲法令》,1987年欧共体委员会通过了实施"单一欧洲法令:欧洲新疆界"的行动方案。1993年生效的《欧洲联盟条约》宣布建立包括单一货币在内的经济与货币联盟,1999年欧元问世,统一的货币使自部门一体化开始的经济一体化达到了顶点。目前,内部市场的一体化仍在建设当中,最主要的任务是完成服务的市场一体化。在此过程中,欧共体/欧盟也由六国扩大到九国、十二国、十五国、二十五国和二十七国,并有继续扩大的趋势,内部市场的地理疆界也在不断地延伸之中。其间,1992年5月,欧共体与欧洲自由贸易联盟成员建立了欧洲经济区,从而为欧洲自由贸易联盟与欧共体十二国相互靠拢提供了制度框架。欧洲经济区实行产品的自由流动,但并没有建立关税同盟。虽然瑞士加入欧洲经济区的决定被全民公决否决,但除瑞士外,欧洲经济区已覆盖了西欧的所有国家。

---

① 《布鲁塞尔条约》(Treaty of Brussels)又称《合并条约》(Merger Treaty),它将欧洲煤钢共同体、欧洲经济共同体和欧洲原子能共同体的执行机构合并成单一的机构框架,三个共同体也合称"欧洲共同体"(European Communities),但它们各自拥有独立的法律人格("一套班子,三块牌子")。该条约于1965年签署,1967年7月1日生效,后为《阿姆斯特丹条约》所废,主要内容并入《欧洲共同体条约》。

1.《欧洲煤钢共同体条约》:自部门一体化起步

为了保证对恢复政治地位的联邦德国的重工业实行国际管制,把萨尔问题纳入一项更广泛的计划之中以消除对联邦德国的刺激性,1950年5月9日,法国提出了新的解决方案:"舒曼计划"。该计划旨在建立一个共同机构,实现法国和联邦德国煤炭、钢铁工业的联合。之所以选择煤炭和钢铁两个部门,是因为:鉴于煤炭当时仍是最主要的能源,法国希望在对战败国联邦德国的歧视取消之后,仍然能够维持获取鲁尔煤炭的自由;钢铁则是军备生产和工业生产的基本原料。用法国外交部长罗贝尔·舒曼的话说,这将创造一个"实际的联合",最终使法国和联邦德国之间的战争"极不可能进行"。"舒曼计划"引起了强烈的反响,美国几乎是全面赞成,与法国声明直接相关的欧洲国家基本上做出了积极的反应,联邦德国、意大利等尤其热烈,但英国予以拒绝,苏联则做出了完全敌对的反应。对于采纳法国建议的整个欧洲大陆国家而言,舆论是支持的,虽然也存在对本国工业的担心,但政治意愿压倒了技术性的反对意见。1950年6月3日,法国、联邦德国、意大利、比利时、荷兰和卢森堡六国发表公报同意组建共同体。1951年4月18日,六国在巴黎签订了有效期为50年的《欧洲煤钢共同体条约》。《欧洲煤钢共同体条约》旨在为煤炭和钢铁业建立一个共同市场。

欧洲煤钢共同体作为局部一体化的尝试,促使其成员考虑把共同市场扩大到其他部门乃至整个经济部门,从而为其他共同体的建立做出了重大贡献。而且,在煤炭和钢铁需求旺盛的一段时间内,欧洲煤钢共同体在增加贸易、降低成本、发展生产、执行社会政策并监督集中化等方面发挥了重要的作用。然而,分部门的共同体的不便之处在于它仅涵盖一个过于专业化的领域,难以在各国所做出的让步中找到平衡,因而也无法像经济共同体那样得到发展。欧洲煤钢共同体要实行共同政策的话,就需要加强超国家的权力,这是大多数成员所不愿意的。而且,到了20世纪50年代末,能源市场行情突变,生产过剩成为难以解决的问题。越来越多的石油的使用产生了结构性危机,而大量便宜的美国煤炭的进入更是雪上加霜。从1950年到1968年,煤炭在共同体能源的消费中所占的比重从74%猛跌至28%,石油的比重却从10%上升到56%。这些都使得煤炭生产过剩,销路不旺。欧洲煤钢共同体的领导机构曾试图限制煤炭的供应,但是在1959年5月15日的特别部长会议上,法国、联邦德国和意大利否定了共同体的煤炭生产配额,而比利时、荷兰和卢森堡则表示支持。此后,欧洲煤钢共同体不再是用来促进生产而是用来限产的组织了,它无法推动共同体计划,各成员都试图在国家范围内寻求应对危机的办法。在钢铁问题上,也出现了类似于煤炭的困难。由于从英国、美国、日本和苏联进口的钢铁不断增加,而欧洲煤钢共同体又没有设定对外税率,因此共同体的钢铁业很不景气。1963年,欧洲煤钢共同体的领导机构提出了一项共同商业政策的建议,但由于各国存在分歧而无法采取任何措施。最后,欧洲煤钢共同体的领导机构动用了超国家的权力,要求建立对第三国钢铁进口的最低保护水平。总之,欧洲煤钢共同体领导机构的作用逐步削弱了,但仍保留了干预的权力。只是由于其在职能和财政上的独立性,这个机构被保留了下来。2002,由于《欧洲煤钢共同体条约》到期,欧洲煤钢共同体连同其所调整的产业领域均被纳入《欧洲共同体条约》的框架。

2.《罗马条约》:转向全面的共同市场建设

"舒曼计划"之后,人们一度认为以分部门实现一体化的模式是最好的方法。继煤炭和钢铁之后,在其他部门(如运输、农业、公共卫生等)建立类似方案的计划也被陆续提了出来。然而,这些不同的计划遭到了强烈的反对,并最终被束之高阁。同时,军事与政治上的统一行动提上了议事日程。美国关于重新武装联邦德国的要求使法国提出了欧洲防务共同体的建议(1952年),并制定了一项成立政治共同体的草案(1953年)。但是,1954年8月30日,法国国民议会否定了成立欧洲防务共同体的条约,欧洲政治共同体也不了了之。只有欧洲煤钢共同体在岌岌可危地支撑着。欧洲防务共同体的失败关上了西欧国家在政治和防务领域实现一体化的大门,1954年后,只有"通往经济欧洲的大门还仍然敞开着"。

为了促进一体化进程,扩大欧洲煤钢共同体的范围被提了出来。运输业(平衡煤钢市场竞争条件)和其他能源(煤气、电力、原子能)被视为优先考虑对象。尤其是原子能和平利用的前景已经显现,而且被视为能够解决欧洲将来必然会发生的能源危机的重要能源。由于核能非常重要,法国认为有必要成立一个专门的共同体,而非通过欧洲煤钢共同体职能扩展的方式。法国认为,建立欧洲原子能共同体既能发挥法国的核优势,又能监督其他国家。然而,比利时不希望受到共同体的支配,联邦德国则更希望与技术更先进的英国和美国合作。与此同时,全面的共同市场的思想于1955年年初已在联邦德国、比利时、荷兰、卢森堡酝酿着,这些国家都具有强大的出口能力,希望取消贸易壁垒。然而,法国因存在根深蒂固的贸易保护主义传统而对全面的共同市场的主张持诸多保留意见。但是,形势在发生着变化。1956年7月20日苏伊士运河被收归国有和随之引起的国际危机使欧洲认识到能源供应的不可靠性,远征苏伊士的失败也说明了欧洲联合的必要性。而法国由于经济的增长,为了弥补越来越多的能源和原材料的进口,需要扩大出口并提升竞争力,从而必须更多地参与国际贸易。另外,一个强大、繁荣、统一的欧洲也符合美国的利益,不仅可以约束联邦德国,还可以应对苏联的挑战。在谈判中,六国对共同市场的原则达成了协议,但对于方式则存在很大的分歧,尤其是法国提出了大量的要求并要求在以下三个问题上得到保证:社会负担的协调,农业政策,吸收海外领地参加。在总的有利形势下,六国迅速达成共识,成立欧洲经济共同体和欧洲原子能共同体,并于1957年3月25日在罗马签署条约。两个条约的前言都反映出欧洲大陆实现和平的强烈愿望,但此时统一欧洲的动机也从强调和平微妙地转向实现经济的繁荣。欧洲领导人虽然没有忘记可能出现暴力冲突的危险,但对和平欧洲的物质生活的改善越来越关注。

3. 1985年《完成内部市场白皮书》与《单一欧洲法令》:停滞之后的重新启动

进入20世纪70年代,欧共体得到扩大,1973年丹麦、荷兰、英国加入,1981年希腊加入,1986年葡萄牙、西班牙加入。这多少表明了欧共体的吸引力。尽管如此,欧共体在

60年代中期至80年代中期这二十年只能被视为一个长期的停滞阶段。同时,共同市场的建设也遭遇挫折,非关税壁垒的存在使得欧洲共同市场已名不副实,在80年代初期这些壁垒给欧共体成员造成的损失每年高达520亿埃居(欧洲货币单位)。1987年,欧洲议会把各种因市场分割而造成的损失称为"非欧洲化的代价",估计在此方面每年要损失1 370亿欧洲货币单位,约占12个成员国民生产总值的4%。这也使得欧共体的国际竞争力落后于美、日,在科技发展方面也落在后面,欧共体国民生产总值占世界的比重也由1980年的23.4%下降到1986年的18.6%。

从政治方面来看,一致通过的表决程序使得每个成员都享有否决权。由于法国不愿放弃控制自己事务的权力,因此导致了1965年欧共体的"空椅危机"和1966年的"卢森堡妥协",从而在实际中每个成员都有权否定欧共体的决定。六个成员被迫接受了戴高乐关于欧洲的政府间主义的观点。虽然各成员采取了一些措施使得欧共体得到加强,但在一些主要问题上,欧共体表现得十分软弱。特别是,欧共体扩大也带来了因利益不均而产生的问题,农业预算消耗了欧共体财政收入的2/3到3/4,这加剧了英国和联邦德国的不满。许多观察家认为,欧共体在经过初步的飞跃阶段之后,已经变成一个停滞不前而复杂的政府间合作组织。

但是,80年代中期后,形势发生了变化。1985年3月12日,法国财政部长,时任欧共体委员会主席的雅各·德洛尔(Jacques Delors)正式向欧洲议会提出了有关1992年单一市场的设想。3月底,部长理事会宣布欧共体的工作重点应着眼于在1992年以前实现一个单一的大市场的行动。欧共体委员会因而受命起草一个具有完成该单一市场的具体时间表的详细计划。1985年春天,欧共体委员会内部市场专员英国人科克菲尔爵士主持完成了《完成内部市场白皮书》(以下简称《白皮书》)的起草工作。1985年6月14日,欧共体委员会正式发布了《白皮书》,并随即得到了部长理事会的批准。自此,1992年以前实现一个统一欧洲大市场正式成为欧共体的战略目标。为了与《白皮书》设定的目标保持一致,部长理事会于1985年12月2日到3日的卢森堡会议上就修改《罗马条约》和草拟《单一欧洲法令》达成一致。1986年2月,欧共体十二国就签署《单一欧洲法令》达成一致。1987年2月15日,欧共体委员会通过了实施"单一欧洲法令:欧洲新疆界"的行动方案。1987年7月1日,《单一欧洲法令》正式生效。《单一欧洲法令》首次对《罗马条约》进行了重大的修改,它将欧共体为推动单一市场的形成而在外交、制度(如增加特定多数表决)和程序改革中进行的合作内容,集中写在一个"单一"的法令中,是重启欧洲一体化的重要标志。从《单一欧洲法令》的产生动机和基本内容来看,它是实现单一市场的工具,是单一市场的法律保障。在欧洲一体化建设进程中,单一市场被认为是呆滞与活力、"旧式"政治与"新式"政治的关键转折点。无论是《白皮书》还是《单一欧洲法令》,其目的都是要在欧洲实现一个统一大市场。

4. 经济与货币联盟:单一货币使一体化再上新台阶

《欧洲经济共同体条约》的主要目标是创立共同市场,规定了"各成员的经济政策逐步接近"的目标,这与当时相对稳定的国际货币体系是紧密相关的。虽然1958年6月建立了咨询性的货币委员会,1960年3月建立了短期经济政策委员会,但这些机构除收集信息外影响有限。然而,之后形势出现了变化。1969年2月,欧共体委员会副主席雷蒙·巴尔(Raymond Barre)提出了建立经济与货币联盟的最初建议。1969年12月,欧共体六国在海牙举行的政府首脑会议上,正式决定把建立一个完整的经济与货币联盟作为欧共体的重要目标之一。1970年10月8日,维尔纳小组向部长理事会正式提出"关于在欧共体内分阶段实现经济与货币联盟的报告"。1971年2月,欧共体六国宣布建立欧洲经济与货币联盟的时机已经成熟。决定建立经济与货币联盟的原因主要有三个:一是发展欧共体内部贸易和巩固关税同盟及共同农业政策的需要。1964年的意大利里拉危机、1968—1969年的法国法郎危机、1969年10月的联邦德国马克危机都使得内部贸易和农产品价格管理遭遇了很大的麻烦。二是为了摆脱对美元的依赖以及美元危机的不利影响。60年代中期起,美元危机频繁爆发,尤其是1968年爆发的美元危机(也称黄金危机)使得法郎贬值而马克升值,引起了金融货币市场的大混乱,这使得欧共体成员感到有必要稳定货币,并摆脱对美元的严重依赖,抵制美国向欧洲转嫁美元危机。三是欧共体六国已经拥有雄厚的外汇储备,从而为建立地区货币基金提供了基础。

经济与货币联盟自1971年开始执行,第一阶段的最大进展是于1973年4月建立了欧洲货币合作基金组织,另外还建立了货币汇率联合浮动制并确定了欧洲计算单位,协调了各国的经济政策并采取了共同的政策措施,以保证实现货物、人员、服务和资本的自由流动。然而,在第一阶段结束之后,经济与货币联盟实际上已经停顿下来。1974年,虽然名义上宣布向第二阶段过渡,但在协调经济政策方面的措施已同原来的计划大相径庭。实际情况表明,原来的经济与货币联盟计划已经不再适应西欧经济情况变化的需要了。如果1978年再重拾经济与货币联盟计划也不会得到九国[1]的一致同意,因为九国在国内执行的经济政策比70年代初期更为不一致。因此,法国和联邦德国在1978年7月决定首先从稳定货币入手,向其他成员提出了建立欧洲货币体系的建议,而不是重拾原来的经济与货币联盟计划。欧洲货币体系的建立有如下几点原因:一是应对美元危机对欧洲货币稳定性的影响,二是稳定货币从而改善九国间相互贸易比重下降的局面,三是1976年以来欧共体经济状况的好转提供了有利的宏观环境,四是1972—1973年形成的货币汇率联合浮动制为建立欧洲货币体系提供了必要的经验。

在几经周折之后,欧洲货币体系终于在1979年3月13日宣布正式生效,九国中只有英国暂不参加货币共同干预的制度,但同意实行保证英镑对其他欧共体成员货币保持稳定汇率的政策。欧洲货币体系创建了"欧洲货币单位",扩大了原先的西欧货币汇率联合浮动体系,并逐步设立了"欧洲货币基金"。欧洲货币体系并非欧共体在走向经济与货币联盟方面另起炉灶,而是在原有的基础上依据实际情况所采取的更为求实的做法,因而

---

[1] 截至1978年,欧共体共有九个成员,分别是法国、意大利、联邦德国、荷兰、比利时、卢森堡、丹麦、英国、爱尔兰。

它仍然是向经济与货币联盟目标前进的一个重要步骤。就其具体规定和措施而言,它是经济与货币联盟中有关货币一体化的改进和继续。《单一欧洲法令》对此进行了确认,并肯定了欧共体建设经济与货币联盟的努力,指出在经济和货币政策合作(经济与货币联盟)中,"各成员应重视在欧洲货币体系框架内合作所取得的和在发展欧洲货币单位的过程中已经取得的经验,并且尊重在这一领域内的现有职能部门"。

欧洲货币体系在成立近十年后遇到了严重困难,许多国家开始对它的运作表示不满。在对欧共体委员会主席雅克·德洛尔领导的一个委员会提交的一份报告(又称《德洛尔报告》)进行充分讨论后,1989年6月,马德里首脑会议就建立单一货币的原则达成一致。1989—1991年,经过反复的讨价还价,《欧洲联盟条约》于1991年12月11日在第46届欧共体首脑会议上通过,并于1992年2月7日正式签署。事实上,《欧洲联盟条约》的最终签署以及建设经济与货币联盟的目标是与当时的形势紧密相关的。80年代末90年代初,从东欧剧变到德国统一,欧洲的国际政治环境发生了翻天覆地的变化,从而为一体化提供了新的动力。此时,绝大多数欧共体成员,尤其是法国对德国统一之顺利及之后发展之迅猛疑虑重重,担心德国可能偏离欧洲一体化的轨道,更害怕统一后的德国难以驾驭,从而认为必须制定一个把德国牢牢拴在欧共体一体化范畴内的方案。这就是法国等提出尽快建立欧洲货币联盟的主要原因。而德国为了减少统一的外部障碍,消除人们对德国统一的疑虑,也竭力高举欧洲联合大旗。而且,从经济上看,建立统一的货币联盟对德国也有好处,可以避免汇率波动所造成的损失。正是在这样的内外形势下,在"法德轴心"的带头下,欧洲一体化再上一个新台阶。《欧洲联盟条约》被认为是欧洲一体化的又一个里程碑,标志着欧洲一体化从经济和贸易领域,向外交、安全、防务和司法、民政等政治领域转变。

经济与货币联盟的建设经历了三个阶段。第一阶段始自1990年7月,甚至早于《欧洲联盟条约》的缔结,这主要是因为它不需要转变制度秩序。在该阶段,成员之间实现了资本的自由流动,加强经济政策协调,并强化中央银行之间的合作。第二阶段自1994年1月至1998年12月,成员之间实现了经济与货币政策的趋同。1997年6月16—18日,阿姆斯特丹首脑会议通过了新的《欧洲联盟条约》草案,并批准了《预算稳定和增长公约》《欧元的法律地位》和《新的货币汇率机制》三个条约,从而为1999年1月1日经济与货币联盟的如期启动和未来单一货币(欧元)的稳定起了重要保障作用,并且各国首脑重申单一货币将如期实现。第三阶段始自1999年1月,《欧洲联盟条约》为此制定了五个标准。是否遵守趋同标准的考核以欧盟委员会和欧洲中央银行(ECB)的报告为基础。1999年1月1日,欧盟11个成员正式启用单一货币,2001年1月希腊也加入进来。在这一阶段,欧洲中央银行开始运作,同时在加入经济与货币联盟的国家间锁定汇率,各国的利率和汇率政策上交欧洲中央银行。1999年1月1日到2002年1月1日,欧元和欧元区国家货币同时存在。至2002年7月1日,欧元开始在市面上流通,成为欧元区唯一法定货币,各国货币退出流通。

(二) 欧共体/欧盟对外贸易政策的演变

欧共体/欧盟并没有一部统一的对外贸易法,其管理对外贸易的大量法律法规分散于众多的单行法规中,包括基本性法规和实施性法规。一般而言,欧共体的对外贸易政策可以分为四个层次:一是国际协定,需要转化为欧共体法律;二是基础性条约,规定了对外贸易政策的原则和基本制度;三是欧共体自主性立法,如进出口条例、反倾销与反补贴条例等;四是欧共体采取的行政性措施,如贸易保护措施、市场准入战略、监督第三国贸易防卫行为等。

欧共体对其对外贸易政策使用多种表述,例如"共同商业政策"(Common Commercial Policy)、"对外贸易政策"(External Trade Policy or Foreign Trade Policy)、"对外经济政策"(Foreign Economic Policy)等。欧共体常用的表述是"对外关系"(External Relations),一般是指欧共体与非成员经济体或国际组织在经济贸易领域中的关系,其主要组成部分是共同商业政策(Common Commercial Policy)、联系政策(Association Policy)和发展政策(Development Policy),这三项都含有贸易政策的内容。其中,最主要的是共同商业政策,是指调整欧共体与第三国和国际组织之间贸易、商务和经济往来关系的法律、原则及政策,其内容"不仅包括纯贸易事项如关税、配额、贸易协定、出口控制、贸易保护措施,还包括对第三国的出口援助、出口信贷,甚至包括因国际政治问题而采取的经济制裁措施"以及其他针对非法商业行为采取的措施。

一般认为,欧共体共同商业政策尚无明确的界定,它是一个动态的概念,其范围会随欧洲一体化的演进而扩展,内容也会随国际经济关系的变化而更新,在其建立和发展的过程中主要受一体化进程和多边贸易体制演进两方面的影响。

1.《罗马条约》:共同商业政策基本原则的缘起

(1)《罗马条约》规定了共同商业政策的基本原则和框架。《欧洲煤钢共同体条约》并未规定在煤炭、钢铁领域建立关税同盟和共同的贸易政策,各成员保留其对外贸易政策的管辖权。共同商业政策源于《罗马条约》第 3 条而成为欧洲经济共同体的主要政策之一,是欧洲一体化过程中最古老和一体化程度最高的领域之一。各成员由于建立了关税同盟而紧密地联系在一起,这也使得建立与世界其他地方商业关系的共同政策成为必需。《罗马条约》的缔结者意识到规定共同对外关系的条款是必需的,这是共同体尤其是共同市场的必然要求。《罗马条约》创造性地授权超国家机构负责起草、谈判并执行与世界其他地方的所有贸易关系。共同商业政策基于共同的对外税率、共同的贸易协定以及统一的贸易工具。尽管历经之后各大条约的修订,但其主要原则至今未变。

《欧洲原子能共同体条约》规定在缔约国之间建立核产品的共同市场与关税同盟,并规定共同体在对外关系方面的权力:"共同体可在其权限范围内与第三国、国际组织或第三国国民缔结协议或公约并保证承担其义务。此项协议或公约由欧委会根据部长理事会的指令进行谈判,并由欧共体委员会根据部长理事会以特定多数同意所通过的批准予以缔结。"但是,如果缔约参加者除共同体以外还包括共同体成员,则该协议或公约"应首先得到该一个或几个成员的本国法律的批准"。

（2）共同商业政策的范围之争初起。许多学者指出共同商业政策起草的非常拙劣，尤其是在定义和范围方面。因为《罗马条约》仅仅列举了属于共同商业政策的非穷尽的内容清单，但没有对该政策的边界给出明确的界定。这引发了欧共体委员会、部长理事会、共同体成员以及议会之间长时期的争论。

共同商业政策的范围之争是与20世纪70年代发生的一些不同的事件紧密相连的。当时，一些西欧国家希望在出口信贷政策方面引入更多的纪律和规则。这些政策有可能使不同的西欧国家陷于竞争，从而提供低于市场水平的信贷。欧共体委员会抓住机会申请法院就该问题属于欧共体还是单个成员做出裁决。与服务贸易有关的措施也被纳入共同商业政策，如将不涉及自然人流动的跨境服务提供视为货物贸易。然而，在《阿姆斯特丹条约》之前，如果将世界贸易组织所涵盖的所有政策都视为贸易政策，那么《罗马条约》和《建立欧洲宪法条约》都明确规定欧共体成员保留某些权力，尤其是在服务和知识产权方面。服务和知识产权这两个领域在《罗马条约》其他章节另有规定，不属于共同商业政策的范畴，属于共有权力，必须以混合协定的形式缔结。

2.《单一欧洲法令》和《欧洲联盟条约》：非常有限的修订

《单一欧洲法令》并没有对共同商业政策做出大的改动，涉及对外贸易政策方面的修改主要体现在两个方面：一是将《欧洲经济共同体条约》第28条增加一款："任何单独修改或中止共同海关税则所定的关税的行动都必须由部长理事会根据委员会的提案以特定多数同意做出决定。"二是将《欧洲经济共同体条约》第238条第2款改为"此项协定由部长理事会在征得欧洲议会的同意后以全体一致同意缔结。欧洲议会以其组成人员的绝对多数对上述协定做出表决"，从而加强了欧洲议会在国际协定方面的权力。

《欧洲联盟条约》在欧洲一体化历史上具有里程碑式的意义，但在共同商业政策方面的修改十分有限，主要体现在以下两个方面：一是签订国际协定的程序条款，二是欧共体与国际组织的关系。《欧洲经济共同体条约》规定了共同体与第三国或国际组织缔结国际协定的程序，但较为分散，也存在重叠的情况。这些程序主要有两种：一是原则性的程序（第228条），二是缔结贸易协定和联系协定的专门程序（第113条、第114条、第238条）。《欧洲联盟条约》对此进行了较大的修订：将第228条的原则性规定具体化，取消第114条和第238条的程序性规定并使相关协定的缔结适用第228条的规定。至此，第228条成为欧共体缔结包括贸易协定在内的一切对外协定均适用的程序规则。对于国际经济组织，《欧洲经济共同体条约》第116条规定了共同体与各成员"共同行动"的权力。各成员仍旧保留在国际经济组织中的地位，但要求"各成员在国际经济组织的框架内对关系到共同市场特殊利益的一切问题只采取共同行动"。《欧洲联盟条约》删除了该条规定，这表明：欧共体成员在此类组织中的行动应该服从欧共体基础条约关于共同商业政策的一般规定，即欧共体享有排他性的权力。

3.《阿姆斯特丹条约》:仅取得"最小限度的进展",争论悬而未决

在1997年阿姆斯特丹首脑会议之前,《罗马条约》关于第113条的措辞基本保持不变。通过案例法,欧洲法院极为广泛地解释了欧共体的对外贸易权力。然而,欧洲法院未能解决欧盟委员会与部长理事会之间的制度性争论。《罗马条约》之后二十年间,欧盟委员会成功地代表了欧共体成员参与关税及贸易总协定的两轮贸易谈判,并签订了一系列双边贸易协定。但是在80年代和90年代,一些新问题的出现使得欧共体对外贸易权力的基础受到了挑战。

第一,所谓的"新问题"(首先是服务)在80年代中期进入国际贸易议程。在1979年东京回合谈判结束时,诸如航空和产品标准问题已经开始进入讨论,但欧共体大多数成员认为这些问题太过具有国内敏感性而不能完全交由欧盟委员会来处理。作为妥协的结果,欧共体缔结了该回合的所有协议,但与欧洲煤钢共同体产品相关的部分关税议定书、《技术性贸易壁垒协议》、《民用航空器贸易协议》由欧共体与其成员共同缔结。国际贸易议程将政策范围从传统的边境措施(如关税和配额)延伸到内部措施(如国内法和规制),这引发了关于欧共体权力分配的争论。一些成员不愿意放弃在这些"新问题"上的权力,从而坚称这些问题不属于《罗马条约》的范畴。

第二,世界贸易组织成立后,由于其贸易议程较之关税及贸易总协定更为广泛,从而将欧共体的对外贸易权力问题提上了台面。欧盟委员会寻求扩大其在第113条项下的权力,明显是受到了多边贸易谈判的推动,因为乌拉圭回合谈判即包括服务、知识产权和投资等问题。另外,世界贸易组织成员问题成为欧共体不可避免的挑战。由于关税及贸易总协定成立时间较早,欧共体从未正式替代其成员在关税及贸易总协定中的地位。由于关税及贸易总协定只有缔约方而没有成员,欧共体的成员地位问题并没有凸现。在实践中,欧共体及其代表委员会被其他关税及贸易总协定缔约方接受。

第三,在服务和知识产权方面,一些世界贸易组织成员针对单个成员而非欧共体提起了一些诉讼案。例如,美国就提起了针对丹麦、瑞典和爱尔兰的各种TRIPS(《与贸易有关的知识产权协定》)案件。因此,欧盟委员会认为扩大欧共体在服务和知识产权方面的权力是为了更加有效地参与国际谈判。但是,欧共体成员并没有被说服,因为乌拉圭回合谈判的成功使得各成员考虑欧共体与成员在国际事务上各自角色的平衡。

对于这些新问题,欧盟委员会与一些欧共体成员就谁该拥有权力未能达成一致。为了解决权力危机,欧盟委员会申请欧洲法院就此问题提供咨询意见。1994年11月,法院确认:第一,欧共体具有排他性的权力缔结货物贸易方面的国家协定,并且在跨境服务及禁止冒牌商品自由流通的措施方面,欧共体也拥有排他性的权力。第二,在"新问题"包括GATS(《服务贸易总协定》)和TRIPS方面,欧共体及其成员共享权力。从欧洲法院第1/94号意见可知:第一,世界贸易组织协定中的许多内容都不属于第133条的范畴。第二,欧共体成员可以自由地通过集体行使国家权力而非通过欧共体来缔结世界贸易组织一揽子协定中的部分协定。

欧洲法院也留下了一系列没有解决的问题,例如它再一次重申共同商业政策的开放特征。而且,欧洲法院要求欧共体与其成员在共有权力领域进行合作并一致行动,但并未具体描述如何一致行动。因此,欧盟委员会与欧共体成员在行动规则方面的谈判无果而终。可见,欧洲法院事实上将皮球踢回给了政治家。

为了避免将来更多的争端,它们需要修订条约,或者按照法院的意见使欧共体与其成员共有权力,或者明确地将"新问题"纳入欧共体的排他性权力范畴。鉴于此,欧盟委员会决定在阿姆斯特丹首脑会议期间提交议案以扩大第113条的范围。

在马斯特里赫特首脑会议期间,欧盟委员会试图结束这场围绕第113条范围的长期争论。欧盟委员会雄心勃勃地提出了一项议案,旨在在对外经济关系领域实行排他性的共同政策,不仅包括货物贸易政策,还包括与服务、知识产权、投资、开业权以及竞争有关的贸易措施。然而,欧盟委员会的努力失败了。1996年7月,欧盟委员会又一次提出了雄心勃勃的议案,这被视为一种谈判策略,其真正目标是在服务、知识产权和投资方面。

但从《阿姆斯特丹条约》来看,结果并不令人满意,除将原有条约文本的编号进行变动之外,也只是将第133条(《欧洲经济共同体条约》第113条)延伸至服务和知识产权领域,部长理事会以一致同意的方式进行表决。但是,对于这种延伸是永久性和一般性的,还是与特定的国际机构相联系,或者仅仅是个案,观察家们持不同的意见。总之,观察家们一致认为《阿姆斯特丹条约》只是取得了最小限度的进展。

4.《尼斯条约》:有限的进步[①]

在《尼斯条约》出台前的政府间谈判过程中,欧盟委员会再次提出扩张贸易权限的问题。在世纪之交,欧盟成员对贸易权限"共同体化"的态度也不同于阿姆斯特丹首脑会议之前。尽管法国和西班牙仍然持基本否定态度,但两国也并非完全不愿意做出一定妥协。欧盟成员开始意识到,随着贸易谈判议程的日益复杂化和政治化,贸易问题的重要性在日益增强,欧共体加强在该问题上的国际行动能力符合自身利益。鉴于这一形势,经过数轮艰难的磋商,各方终于在尼斯达成一致。作为妥协的结果,《尼斯条约》原则上将服务贸易归入欧共体权限,但由于法国的"关切",文化和音像、教育以及卫生服务的贸易活动仍属"共享权限";与贸易有关的知识产权保护也仅将商业部分归入欧共体权限。在欧共体尚未完成内部融合的政策领域,其所涉及的对外贸易部分不属于欧共体权限,部长理事会不能批准完成谈判。从《尼斯条约》第133条的解读中还可以推导出,服务贸易的一个重要组成部分,即设立商务代表处问题,也尚未包括在欧共体权限之内。此外,交通和对外投资仍不属于共同商业政策范畴。

因此,《尼斯条约》就共同商业政策所做的修订并非欧盟委员会期待的最佳结果,但却是超国家利益与民族国家利益博弈的现实结果。这一结果确实标志着共同商业政策

---

① 本部分主要参考仲舒甲(2009:65—66)。

向前迈进了一步,至少它"明确了贸易权限分享的态势",但是"西西弗斯可以做得更好"。从欧盟委员会角度来看,这一不完全胜利未能消除其在国际谈判中面临的障碍,因为委员会与成员之间的协调始终是个问题。当欧盟委员会代表成员进行对外谈判时,必须时时与部长理事会下属的所谓"133条款委员会"保持磋商,并在该委员会形成一致意见后才能对外采取行动。尽管这一原则在过去的实践中一直被遵循,但是《尼斯条约》以清晰的法律条文表明欧共体成员加强对贸易谈判的监督与控制的决心。

5.《建立欧洲宪法条约》:共同商业政策的实质性改革

关于对外贸易权力和代表权的问题并没有随着《尼斯条约》的达成而结束。召开制宪大会的想法首先由欧洲议会提起,后来得到了轮值主席国比利时和欧盟委员会的支持。制宪大会最早只是把共同商业政策作为需要进一步讨论的问题之一。在制宪大会对外行动工作组中,共同商业政策的重要性也次于共同外交与安全政策。2002年春天,当制宪大会准备起草宪法草案时,要求欧洲议会在贸易领域发挥更大作用的声音渐起。实际上,当贸易政策更多地涉及具有政治敏锐性的国内规制问题(如食品安全和文化)时,要求欧洲议会发挥更大作用的呼声就更为强烈。这种呼声得到了欧洲议会和欧盟委员会的支持。

《建立欧洲宪法条约》(以下简称《宪法条约》)关于共同商业政策的规定在范围和深度上都取得了实质性的进展:

第一,外国直接投资以及服务和知识产权被纳入共同商业政策的范畴,并属于欧盟的排他性权力。然而,《宪法条约》排除了部长理事会将联盟的对外贸易权力延伸至知识产权的非商业方面的可能。欧洲法院第1/75号意见曾经否决了成员缔结国际协定及在商业政策有关问题上立法的权力,即使欧盟尚未采取行动。《宪法条约》第Ⅰ-13条确认了该案例法,明确规定共同商业政策属于联盟的排他性权力。《宪法条约》第Ⅰ-12条还界定了排他性权力的含义,指出成员只有在被联盟授权或执行联盟法令时才能够立法。根据《宪法条约》第Ⅲ-315(4)条,当协定涉及欧盟还未行使权力的领域时,并未要求一致同意表决。因此可以认为,服务、知识产权的商业方面已经属于欧盟的排他性权力,不论欧盟是否决定在相关领域行使内部权力。

第二,欧洲议会获得了在共同商业政策方面的共同决策权力,而且大多数国际协定都需要得到欧洲议会的批准。《宪法条约》为欧洲议会控制贸易政策开辟了许多途径。与贸易相关的立法,如反倾销规则,需要根据共同决策程序通过。欧洲议会将被通知贸易谈判的进程,并批准缔结贸易协定,这与部长理事会的权力相当。当然,由于部长理事会可以持续地监督欧盟委员会的行动,这使得部长理事会的权力仍比欧洲议会要大。

第三,涵盖服务、知识产权和投资的水平协定(如多边贸易协定)以特定多数投票决定,但也规定了例外。特定多数投票的适用范围得到了拓展。然而,法国代表强硬地坚持在文化和音像服务上的例外条款,并得到了大多数成员的支持,包括德国和波兰。最终的结果是,在这些领域的协定谈判和缔结需要部长理事会以一致同意的方式表决,前提条件是这些协定会损害欧盟文化和语言的多样性,否则将适用特定多数投票表决。

第四,例外(需要一致同意表决)进一步缩减了。在服务、知识产权和投资的对外贸易方面,一致同意的表决方式仍然存在,条件是对应的内部规则的通过需要一致同意表决。在文化和音像服务方面的例外越来越有限,而且援引例外的引证工作属于各成员。

第五,不再需要各成员议会批准将来的世界贸易组织协定。对此,评论家一致认为此次的共同商业政策改革取得了巨大的进步。

然而,值得注意的是,《宪法条约》生效之后,成员可以像上述的德国一样采取背离共同商业政策的措施。在欧盟的排他性权力范围内,成员仍有可能采取必要的保护措施并采取自己的贸易政策。另外,根据《宪法条约》第Ⅲ-315(1)条的规定,共同商业政策应该在联盟对外行动的原则和目标下实施。最起码从理论上说,这意味着共同商业政策不仅仅包含贸易自由化以及经济活动的发展。

欧共体/欧盟国际贸易政策的演变可以划分为以下三个时期(王展鹏和夏添,2018):

(1) 经济全球化发展时期(1957—1991年),欧共体建立至冷战结束。欧洲一体化进程与战后重建全球经济一体化的努力同步展开,欧共体推行经济全球化的对外贸易政策。

(2) 后冷战时代与经济全球化成熟时期(1991—2016年),冷战结束至奥巴马执政。欧盟认为,世界已进入后霸权模式,欧盟可以将自身的规范性力量与市场性力量有机地结合起来,与美国优势互补,共同引领全球化发展。这一时期,欧盟实行"管理全球化"的对外贸易政策,积极推进传统贸易政策与社会、气候环境等议程的融合,拓展了经济全球化的内涵。管理全球化在政策层面主要体现在以下四个方面:①强化全球性国际制度(特别是世界贸易组织、国际货币基金组织等贸易、金融领域的国际组织)在管理全球化中的核心地位。②扩大政策涵盖的范围,以贸易政策为基础推动贸易与非贸易目标的实现,为全球化书写规则。③扩大欧盟影响的地域范围,输出欧盟模式。欧盟输出自身模式不仅借助世界贸易组织等国际组织的政策、标准和规则,还倚重将其他国家直接纳入欧盟的入盟政策和邻国战略。④重新分配全球化的利益与成本。在全球化面对的深层次问题上,欧盟主要借助上述机制在成员、地区和超国家层面,通过欧盟社会政策以及"欧洲全球化调整基金"等安排协调应对。

(3) 逆经济全球化思潮高涨时期(2017年至今)。在英国脱欧、特朗普当选的背景下,欧盟委员会于2017年5月发布了"驾驭全球化反思报告",对欧盟此前管理全球化的对外贸易政策加以反思和调整。①欧盟重申将继续扮演驾驭全球化的领导者角色的意愿和决心。②欧盟强调继续推进更为平衡且以规则为基础的贸易与投资议程,在市场开放和贸易互惠的同时加强全球治理,关注人权、劳工标准、食品安全、公共健康、环境保护等议题;同时提出建立更为有效的全球性机制来监管全球化发展面临的新问题,如调控宏观经济政策,打击避税,确保金融稳定,消除过剩产能,促进电子商务并推进共同技术标准以消除不必要的贸易壁垒。③欧盟特别提出要利用现有规则,塑造公平、平等的竞争环境。④欧盟指出欧盟自身实践对于驾驭全球化的重要性,这是欧盟发挥引导作用、驾驭全球化的基础,需要不同层面的分工、协调与合作。

(三) 欧盟2021年对外贸易政策①

1. 欧盟所面临的世界形势

第一,全球化、技术演变及全球价值链的建立对经济和社会产生了两方面的影响。一方面,它们创造了巨大的效率,推动了世界许多地区持续的和以贸易为主导的经济增长。这使数以百万计的人口摆脱贫困。另一方面,这些发展有时会产生强烈的破坏性影响,导致不平等现象加剧,使某些个人和社会跟不上发展。

第二,中国的迅速崛起,已从根本上改变了全球经济和政治秩序。

第三,气候变化加速,以及生物多样性丧失和环境退化,伴随着可见的破坏性影响,使人们认识到绿色转型是我们这个时代的决定性目标。

第四,数字化转型是可持续发展的另一个重要推动力,也是竞争和多边治理不足的领域。

第五,需要将全球的经济前景纳入考虑。欧盟仍将是全球性的经济力量,是可持续增长的重要推动者。

2. 欧盟中期贸易政策的三个核心目标

欧盟中期贸易政策应关注以下三个核心目标:

第一,支持以绿色与数字化为目标的欧盟经济复苏和根本转型。在努力复苏的背景下,欧盟的贸易政策应继续发挥其核心作用,以创造机会与经济福利的方式促进商品和服务的交换;其中,必须关注公民、工人和企业的福利。与此同时,欧盟的贸易政策应该帮助欧盟经济实现绿色与数字化转型。它应该在各个方面旗帜鲜明地支持"绿色新政",包括在2050年前实现气候碳中和的雄心。

第二,为更加可持续和公平的全球化制定规则。全球贸易规则迫切需要更新,以反映当今的经济环境和全球社会面临的挑战。让全球化更加可持续和公平,应该成为欧盟贸易政策的根本动力,以实现欧洲和世界各国人民的期望。欧盟的贸易政策应该利用一切可以利用的工具来支持社会公平和环境的可持续性。

第三,加大欧盟维护自身利益和实现权利的能力,包括在必要时独立自主地维护自身利益和实现权利的能力。贸易协定谈判是创造经济机会和促进可持续发展的重要手段,但执行这些贸易协定将更为重要。这将包括确保欧盟拥有可以使用的正当工具,以保护工人和企业免受不公平做法的损害。这也意味着欧盟要加大努力,确保贸易协定中可持续发展章节的有效执行,以提升全球的社会、劳工和环境标准。

---

① 本部分主要参考章凯琪等(2021)、European Commission(2021)。

3. 实现欧盟中期贸易政策目标的六个关键领域

为了实现上述三个目标,欧盟委员会将专注于以下六个领域:

第一,改革世界贸易组织。自 1995 年成立以来,世界贸易组织为其成员带来了巨大的利益。它提供了一个稳定和可预期的贸易环境,促进了全球贸易的迅猛发展,并提供了一个通过裁判解决贸易争端的框架。然而,世界贸易组织目前正面临一场危机,并且未能达成应对全球贸易挑战的谈判结果。它解决贸易争端的能力没有发挥出来。此外,它的监督体系需要改进,以确保透明度或防止贸易壁垒。

第二,支持绿色转型,促进构建负责任和可持续的价值链。正如欧洲"绿色新政"所反映的那样,应对气候变化和环境恶化是欧盟的首要议题。欧盟的所有政策都应为此做出贡献,但是有关的进展将取决于全球合作伙伴、大碳排放国和污染者是否准备好加大减排力度。这其中贸易政策将发挥重要的支持作用。

第三,支持数字化转型和服务贸易。欧盟的贸易政策必须有助于创造一个使欧盟的服务提供者能够创新和成长的环境。作为一项优先事项,国际规则的全球框架需要更新。

第四,加强欧盟的监管影响力。有能力影响具有全球意义的监管机制的发展,是一项重要的竞争优势。

第五,加强欧盟与邻国、未来入盟国家和非洲国家的伙伴关系。对欧盟而言,最重要的关系是与地理上距离较近的国家之间的关系。欧盟邻国和非洲国家的稳定与繁荣符合欧盟的政治及经济利益。欧盟将致力于支持合作伙伴努力从新冠肺炎疫情的影响中恢复过来,实现可持续发展。欧盟与这些国家之间密切的贸易协定网为更紧密的经济一体化、生产一体化和服务一体化提供了前景。这将是旨在促进可持续发展的投资和提高欧盟经济韧性的更广泛战略的一部分,该战略通过构建多元化的价值链和推动可持续商品贸易的发展,包括支持气候改善和能源转型来实施。作为对全面伙伴关系更为广泛贡献的一部分,按照《移民和庇护新条约》,贸易政策还将有助于从根源上解决非法移民问题。

第六,加强欧盟对贸易协定实施和执行的重视,确保建立公平的竞争环境。随着近年来新协定签署浪潮的兴起,欧盟委员会将专注于释放欧盟贸易协定的好处,同时坚定执行其市场准入和可持续发展承诺。欧洲的利益攸关方需要意识到欧盟贸易协定提供的机遇,并相信它们可以从欧盟谈判中获益。

四、当代发展中国家的国际贸易政策[①]

第二次世界大战以前,亚非拉地区的大多数国家是帝国主义的殖民地、半殖民地或

---

① 本部分主要参考陈宪等(2013:34—136)。

附属国。它们没有独立自主的对外贸易政策。第二次世界大战以后,这些国家纷纷取得了政治独立地位,开始致力于工业化和民族经济的发展。在对外贸易方面,大多数发展中国家实行保护贸易政策。由于各发展中国家在不同时期的经济发展水平相差悬殊,它们推行的具体政策措施各不相同。综观第二次世界大战以后多数发展中国家所实施的对外贸易政策,大致有进口替代战略下的对外贸易政策(以下简称"进口替代政策")和出口导向战略下的对外贸易政策(以下简称"出口导向政策")两种基本形式。

(一) 进口替代政策下的对外贸易政策

进口替代政策的出台与第二次世界大战后发展中国家的贸易条件恶化有关。在殖民时期,由于殖民政策的影响,殖民地国家严重地依赖宗主国的工业产品。第二次世界大战以后,初级产品对制成品的比价下降,这就迫使发展中国家必须以更多的出口产品(初级产品)来换取进口产品(制成品),国际收支逆差持续增加。于是,广大发展中国家改变单一经济、发展民族工业、利用国内的工业制成品来替代同类的进口产品的进口替代政策应运而生。

战后初期,拉丁美洲的一些国家率先实施了进口替代政策,随后亚洲一些国家也纷纷实行了这种政策形式。至20世纪60年代,进口替代已成为发展中国家占主导地位的一种对外贸易政策形式。

进口替代政策的相关措施包括:对进口产品,尤其是最终消费品征收高关税,以减少进口,但对国内生产必需的中间品和资本品则征收低关税或免税,以降低进口替代部门的生产成本;实施进口配额,限制非必需品(尤其是奢侈品)的进口;采取外汇管制,将外汇主要用于进口替代部门必需投入品的进口,并通过本币升值减轻必需品进口所造成的外汇压力。在实行上述对外贸易政策措施的同时,有些国家还辅以相应的内部保护措施,如在资本、劳动力、技术、价格以及收益等方面给予进口替代工业各种优惠,以增强其在国内市场的竞争力。

进口替代政策对于一些发展中国家进口替代工业部门的发展起到了一定的作用。但随着进口替代工业的发展,进口替代政策存在的问题不断暴露,使发展中国家不得不考虑重新调整对外贸易政策。

(二) 出口导向政策下的对外贸易政策

随着进口替代工业的发展,进口替代政策的缺陷日益显露,一些发展中国家,尤其是新兴工业化国家的政府及其经济学者日益感到扩大工业制成品出口的必要性。因此,从20世纪60年代起,许多发展中国家开始从实行进口替代政策转向实施鼓励加工工业产品出口的出口导向政策。

20世纪60年代中期前后,东亚与东南亚的一些国家最先转向出口导向政策。在它们的示范影响下,其他国家也相继仿效。由于各国具体条件不同,实施这一政策的措施和策略也不尽相同。

出口导向政策的工具主要是出口补贴,既有针对出口进行的补贴,又有针对出口品生产提供的补贴,还有出口退税、出口信贷以及对出口工业投入品实行优惠供给价格等扶持措施。而且,出口导向政策下的平均关税水平较低,以利于出口行业低价进口所需的中间投入品,降低生产成本,同时也使低效率的进口替代工业不能在过高的保护下发展。

出口导向政策对一些发展中国家,特别是新兴工业化国家的工业化和工业制成品的出口起到了一定的积极作用。但是,出口导向政策也导致了发展中国家出现过度依赖国际市场、国内产业结构失衡以及资源流失和环境恶化等问题。

(三)横向联合政策

发展中国家除实施进口替代政策和出口导向政策外,还采取了经济集团化和加强横向联合的政策。

面对实力雄厚的发达国家,广大发展中国家深感仅凭自身力量难以维护其民族经济的发展,更难以在竞争中立足。实行经济集团化政策,可以运用共同的力量同发达国家相抗衡,以维护和扩大本国的正当经济利益,甚至可以通过集体力量来提高整个发展中国家在世界经济中的地位。为此,20世纪60年代和70年代,发展中国家采取了一系列重大联合行动。

第一,成立77国集团。1963年,发展中国家在联合国大会上组成77国集团,商讨贸易、金融、关税、援助、开发等问题,彼此协调力量,争取共同行动。1967年,77国集团通过了《阿尔及尔宪章》,决定联合行动以结束旧的国际经济秩序。此后,该集团定期召开全体成员大会,就一系列重大经济问题进行磋商和协调,以期联合行动。截至2022年3月28日,该集团共有134个成员,但仍沿用"77国集团"名称。

第二,提出建立国际经济新秩序的战略目标。在1974年召开的第六届特别联合国大会上,发展中国家正式提出并系统阐述了建立国际经济新秩序的要求,这为它们联合斗争进一步指明了方向。

第三,在国际性经济机构里联合行动。联合国贸易和发展会议与关税及贸易总协定等组织机构在维护与争取发展中国家正当权益、冲击国际经济旧秩序的根本问题上,起着一定的推动作用。这些正是广大发展中国家团结一致、联合斗争的结果。

总体来说,发展中国家联合行动已初见成效。但由于发达国家占有明显的优势,这种联合行动的实际成果还不尽如人意。值得注意的是,20世纪90年代以来,发展中国家内部两极分化愈益显著,差距急剧拉大。这势必削弱发展中国家整体的凝聚力,使得横向联合政策陷于停顿甚至倒退的境地。因此,如何加强广大发展中国家的团结和联合,争取其在国际经济贸易活动中的正当权益,是这些国家对外贸易政策的一大问题。

五、中国国际贸易政策的演变[①]

（一）国民经济恢复和社会主义改造时期（1949—1956年）的对外贸易政策

1. 国民经济恢复和社会主义改造时期对外贸易政策的制定

在此期间，解放战争结束，中华人民共和国成立，抗美援朝战争爆发，中、朝、美签订停战协议，国内经济形势严峻，以美国为首的西方国家对中国实行全面封锁禁运。采取怎样的经济政策来恢复和发展国民经济，直接关系着新生政权的生存，而如何开展对外贸易又对经济起着关键作用。面对复杂的国际国内形势，以毛泽东同志为核心的党的第一代中央领导集体规划了对外开展经济贸易往来的基本政策，成功开拓了中国的对外贸易事业。

1949年2月16日，中共中央做出《中共中央关于对外贸易的决定》，发出《中共中央关于对外贸易方针的指示》。这两个文件系统阐述了国家管制对外贸易的原则与政策，明确提出了中国将实行以苏联和东欧国家为重点，兼顾其他资本主义国家的对外贸易基本方针。

周恩来对中国如何开展对外贸易问题也有过认真的思考，并且在中华人民共和国成立后亲自领导了对外贸易事业，根据《中国人民政治协商会议共同纲领》提出的原则，周恩来主张中国应在平等互利、互通有无的基础上，与各外国政府和人民恢复并发展通商贸易关系。在中华人民共和国刚刚成立的特殊情况下，对外贸易工作要由国家集中统一领导，要结合实际，有计划、有轻重缓急地进口物资和技术；同时，为了防止被西方国家冻结外汇，减少国家的损失，要多采用以货易货的贸易方式，尽量减少使用外汇。

中华人民共和国成立伊始，周恩来亲自主持了国家对外贸易领导机构的设立和对外贸易方针的制定工作。为加强国家对对外贸易的领导，政务院成立时就设立了对外贸易部和海关总署。

1950年抗美援朝战争爆发后，美国加紧了对中国的封锁、遏制，国际局势严峻。周恩来主持政务院第4次会议，他指出：对外贸易要逐渐减少盲目性，加强计划性，不能盲目地出口和进口，明年要减少对美国的贸易，逐步摆脱美国的影响。他还进一步阐明了国家对外贸易的目的是发展生产，要求大家做好一切准备，努力拓展其他贸易渠道，大力发展对苏联、东欧各社会主义国家的贸易。周恩来的这些主张为50年代中国的对外贸易政策奠定了基调。

为了促进中国对外贸易事业的开展，为国民经济的恢复和大规模建设创造有利条件，政务院制定了如下具体政策：

（1）积极同苏联及其他人民民主国家建立和发展经济贸易关系，打破以美国为首的

[①] 本部分主要参考金泽虎（2016：7—23）。

西方资本主义国家对中国实行的全面封锁禁运。

（2）在出口贸易方面,重要物资首先向苏联和东欧各社会主义国家出口。

（3）在平等互利的基础上同西方资本主义国家做生意,既不强求,也不拒绝;同时要充分利用香港的特殊地位,把内地同港澳地区的转口贸易作为对外贸易的一个重要方面和反禁运斗争的一条重要战线。

（4）实行对外贸易统制政策,中央和各级政府每年要制订详细的对外贸易计划。

（5）积极开展同第三世界国家的经济贸易往来。

总体看来,中华人民共和国成立初期对外贸易事业的拓展对于新生的中华人民共和国有着极其重要的意义。特别是与苏联的经济贸易往来,对中国的经济发展起到了巨大的促进作用,虽然其中也有一些消极影响,但与其对中国经济建设的帮助相比显然居于次要地位。

中华人民共和国成立初期,随着中国工农业的恢复发展以及市场的繁荣,中国的对外贸易也开展起来,对外贸易政策随之进行相应调整。1950 年,中国进出口贸易总额为 41.5 亿元,1952 年增长为 64.6 亿元,随着贸易额的增长,进出口贸易构成也发生了变化。进口贸易构成中,生产资料和消费资料所占的比重为:1950 年,生产资料占 87.7%,消费资料占 12.3%;1952 年,生产资料占 90.6%,消费资料占 9.4%。从这可以看出,在国民经济恢复时期,进口的主要是生产资料。

2. 国民经济恢复和社会主义改造时期对外贸易政策的特点

这一时期,中国的对外贸易政策属于内向型、计划经济体制下的贸易保护政策,即国家管制（权力高度集中于中央政府）、内向型的贸易保护政策。这一政策具有对外贸易国家垄断制的基本特征:

（1）国家通过被授权的专门机构对整个国家的对外贸易活动进行管制;

（2）国家通过法规限定从事对外贸易的组织的经营活动范围;

（3）国家通过制订进出口货物的品种和总量计划进行控制,国家对外贸易计划是集中调节对外贸易经营的单一杠杆,也是代行进出口许可证等职能的集中进行对外贸易管理的主要手段;

（4）国家运用进出口许可证对对外贸易组织的经营活动进行调控;

（5）少数十几家公司控制了几乎全部的对外贸易活动,处于垄断和寡头垄断的地位。

这一时期,中国的对外贸易经营管理体制沿袭苏联的模式,对外贸易的管理和经营实行国家垄断,其重要标志就是对对外贸易经营的高度管制,这种模式是建立在产品经济和单一计划经济基础上的统一经营模式。在这一制度下,企业是否有权经营对外贸易,以及企业经营的商品品种、范围和交易市场,与投资有关的贸易领域,都需经政府行政主管部门审批。对外贸易经营的审批制造成了少数外贸公司的垄断经营,限制了各地方、各部门和各类企业发展对外贸易的积极性。同时,国家各类指令性计划以及行政手段的限制,导致企业自主权很小,企业经营对外贸易的主动性难以得到发挥。企业不讲求效益、低效率经营导致成本越来越高。

在当时国内国际特殊环境下形成的高度集中的对外贸易经营管理体制是同当时的对外贸易政策相适应的,是带有鲜明产品经济特色的内向型贸易保护政策。尽管这一阶段对外贸易政策的保护色彩浓厚,政策体系不完备,但比较统一、规范。这一时期对外贸易的目的是满足国家经济发展的需要,体现为国家意志在对外贸易政策中的强制实现。

3. 国民经济恢复和社会主义改造时期对外贸易政策的具体成就

这一时期,中国对外贸易政策的具体成就是引进了156个项目。1950年,中国同苏联签订了第一批苏联供应成套设备建设项目中苏协议书。根据国民经济恢复和建设的需要,第一批苏联供应成套设备的建设项目,主要是煤炭、电力等能源工业,钢铁、有色金属、化工等基础工业和国防工业的项目,共50项。

抗美援朝战争爆发后,为了巩固国防、取得战争的胜利,1953年5月,中国以国防军事工业及其有关的配套项目为重点,与苏联签订了第二批苏联供应成套设备建设项目中苏协议书,共91个项目,即2个钢铁联合厂,16个动力机器及电力机器制造厂,8个有色冶金企业,8个矿井,1个煤炭联合厂,3个洗煤厂,1个石油炼油厂,32个机器制造厂,7个化学厂,10个火力电站,2个生产磺胺、盘尼西林和链霉素的医药工业企业和1个食品工业企业。

1954年10月,中国又与苏联签订了第三批苏联供应成套设备建设项目中苏协议书,引进能源工业和原材料工业等项目共15项,并决定扩大原定141个建设项目的成套设备供应范围。

(二)"大跃进"及国民经济调整时期(1956—1965年)的对外贸易政策

这一时期,中国的对外贸易政策是在不断的改革和调整中进行的。1956年三大改造完成,中国进入社会主义建设阶段,对对外贸易政策也进行了一些调整。因此,自1956年开始,中国的对外贸易政策处于不断的调整之中。此后,虽然"大跃进"给正在进行的对外贸易政策改革带来了很多的负面影响,使得对外贸易政策出现的一些问题严重化,但1961年国家对对外贸易政策进行了全面的调整,对国家整个的经济恢复产生了积极的影响。

1. 进口贸易政策的调整

(1)经济建设初期健康的进口贸易政策。随着三大改造的完成,中国的对外贸易出现了"冒进"的势头。1956年5月,中共中央对经济工作提出了既反保守又反冒进、在综合平衡中稳步前进的方针。根据这一方针,1957年进出口贸易总额为104.5亿元,相当于1956年的91.6%;进口贸易构成中,生产资料占92%,消费资料占8%。这充分说明,在这一时期,中国主要进口经济建设所需的生产资料,以加快经济的发展。总体来说,1956—1957年的对外贸易政策是健康的,是中华人民共和国成立以来对外贸易发展的最好时期之一。

（2）"大跃进"时期进口贸易政策的盲目调整。1958年的"大跃进"，在影响工农业等发展的同时也影响了对外贸易部门的工作。对外贸易部在"左"倾思想的指导下，提出了对外贸易"大进大出"的方针。虽然这个方针的提出与对整个经济形势的估计有直接关系，但它所依赖的根据是工农业生产的高指标，所以说它是盲目追求高速度的产物。在1958年2月第一届全国人民代表大会第五次会议通过的《关于1958年度国民经济计划草案的报告》中，进出口贸易总额安排为110.0亿元，比上年增长8.6%。在"大进大出"方针的指导下，1958年春，对外贸易部在反浪费反保守运动的基础上，通过大鸣大放、大字报、大辩论，定出了1958年的跃进目标。这一年进出口贸易总额达128.8亿元，比1957年陡增24.8%。其中，出口增长24.0%，进口增长25.5%。这个增长速度与工农业生产的实际增长速度是脱钩的。1958年，中国农业总产值为566.0亿元，比1957年仅增长3.4%。1959年，中国进出口贸易总额比1958年增长15.9%，总额达149.3亿元，其中出口增长14.1%，进口增长12.2%。这个增长速度进一步脱离了国内工农业生产增长的实际。这一时期的"大跃进"，加上自然灾害、粮食减产，大幅进口工业生产资料，使国内的粮食短缺，加重了社会危机。

（3）进口贸易政策的全面调整时期。由于1958—1959年中国对外贸易连续两年猛增，与国内经济发展实际严重脱节，从1959年下半年起，中国对外贸易工作陷入极其困难的局面。1959年庐山会议后，进口贸易中增加了重工业的机械设备和原材料的比重，到1960年，对外贸易工作更加受到"大跃进"的严重影响，最终导致进出口贸易总额连续三年大幅下降，下降情况如表2-3所示。

表2-3 1960—1963年对外贸易情况　　　　　　　　　　　　　　单位：亿元

年份	按人民币计算		
	进出口贸易总额	出口额	进口额
1960	128.5	63.3	65.2
1961	90.8	47.8	43.0
1962	80.9	47.1	33.8
1963	85.7	50.0	35.7

资料来源：《1982中国经济年鉴》。

从表2-3中可以看出，1960—1963年中国对外贸易水平呈下降趋势。其根本原因在于"大跃进"使国民经济的比例全面失调，造成农业、轻工业的大幅减产，出口货源大大减少，导致外汇储备减少，以至于进口减少；此外，1960年下半年中苏两国间经济贸易出现转折，也是一个重要的原因。

针对对外贸易存在的严重问题，国家开始调整对外贸易政策。1961年召开的中共八届九中全会提出了"吃饭第一，建设第二"的口号，在粮食、棉花都要进口的条件下，要优先保证粮食。为此，1961年，国家对对外贸易进出口商品结构做了大幅调整。

在进口方面,为了缓和粮食供应紧张的局面,确定大幅增加粮食进口;为了稳定国内市场,支援农业生产,确定进口市场需要的原料和化肥。按照轻重缓急确定的进口次序为:第一为粮食,第二为化肥、农药、油脂,第三为加工后可换外汇的物资和化工原料,第四为工业原料。由于对外贸易工作的调整,粮食进口由 1960 年的 6.64 万吨增加到 1961 年的 580.97 万吨。进口商品结构也发生了很大变化:50 年代进口生产资料达 95%,消费资料仅占 5%;而 1961 年生产资料下降为 61.9%,消费资料上升为 38.1%。

从 1962 年开始,随着农业生产的恢复,在工业生产初步恢复的基础上,为了提高科技水平,1962—1963 年中央批准进口 20 个成套设备项目(后改为 14 个);1963—1964 年,又批准了冶金、精密仪器、电子工业等 100 多个项目,开始由"吃饭第一"转为"巩固、充实、提高"。

对外贸易工作在经过 1961—1962 年连续两年的调整后,于 1963 年开始回升。这一年进出口贸易总额达 85.7 亿元,比上年增长 5.9%。1964 年进出口贸易总额达 97.5 亿元,比上年增长 13.8%;1965 年进出口贸易总额达 118.4 亿元,比上年增长 21.4%;1966 年在对外贸易全面恢复的基础上进一步发展,进出口贸易总额达 127.1 亿元,比上年增长 7.3%。

1964 年,中国已经同 125 个国家建立经济贸易关系,与西方发达资本主义国家、发展中国家的贸易都有显著的增长。1966 年,中国同这些国家的贸易总额达 89.1 亿元,占中国进出口贸易总额的 70.1%。

2. 出口贸易政策的调整

在 10 年的社会主义建设中,中国的出口贸易同进口贸易一样是曲折发展的。

(1) 经济建设初期健康的出口贸易政策。在国民经济恢复时期,中国出口贸易的构成中,工矿产品的比重逐渐提高。工矿产品出口额在出口总额中所占的比重,1952 年为 17.9%,1957 年提高为 28.4%。工矿产品在出口总额中所占比重的提高说明中国工业水平的提高。在这一时期,对粮食等各方面生活用品出口的比重也较高。

在 1957 年调整对外贸易计划指标的基础上,国家对出口计划也进行了调整。为了照顾国内需求,对粮食、猪肉、食用油等产品的出口数量进行调整。其中,粮食出口数量调整为 190 万吨,比 1956 年减少 54 万吨;猪肉出口数量调整为 7.7 万吨,比 1956 年减少 8.5 万吨。在这一时期,中国的出口贸易政策是比较健康的。

(2) "大跃进"时期出口贸易政策的盲目调整。在"大进大出"方针的指导下,1958 年中国进出口贸易总额大增,达 128.8 亿元,比 1957 年陡增 24.8%。其中,出口增长 24.0%,进口增长 25.5%。1958 年,中国农业总产值为 566.0 亿元,比 1957 年仅增长 3.4%,但出口的农副产品和农副产品加工品却从 39.02 亿元增长至 48.65 亿元,增长了 24.7%。其中,粮食、猪肉等主要消费资料出口增幅更大。1958 年,全国粮食仅增产 2.5%,由于这一时期城市职工的增加,到 1958 年冬,口粮已经处于短缺状态,但这一年的粮食出口却由 1957 年的 209.26 万吨增长至 288.34 万吨,增长了 37.8%;活猪、冻猪肉、罐头出口分别增长56%、119%、125%。1959年,出口增长14.1%,这个速度进一步脱离了工农业增长的实际。1959年,中国粮食实际减产600万吨,但出口却由1958年的288.34万吨增长至415.75万吨,增长了44.2%。这更加剧了国内粮食短缺的程度。

由于1958—1959年中国对外贸易连续两年猛增,与国内经济发展实际严重脱节,从1959年下半年起,出口工作就出现了极其困难的局面。首先,出口的货源非常紧张。由于人民公社把劳动力都用来大办钢铁等,家庭副业受到严重的限制,农副产品的出口普遍短缺。1959年5月16日,因食用油供应紧张,出口计划面临落空,国家就停止了农村食用油供应的措施。在12月中旬,为了保证出口任务的完成,国家提出狠抓出口,但仍然有很多合同没有办法完成。其次,由于产品质量过不了关,残次品较多,产品积压现象严重。最后,这一时期为重工业生产而进口的设备和原材料居多,出口少,出现外汇紧张的局面。其结果导致出口连续三年大幅下降。

(3) 出口贸易政策的全面调整时期。1961年召开的中共八届九中全会提出了"吃饭第一,建设第二"的口号。为此,1961年对外贸易在进出口商品结构和国别地区方面做了大幅调整:因农业连续两年减产,一方面大大减少主要农副产品的出口数量,另一方面努力扩大工矿产品的出口,特别是增加"以进养出"产品的出口。1961年,粮食出口比1960年减少50.2%,活猪出口比1960年减少51.9%。

1962年,对外贸易继续坚持"吃饭第一,建设第二"的口号,在出口方面积极拓宽出口货源,努力扩大工矿产品出口。在主要农副产品出口减少、侨汇收入减少、苏联逼债的情况下,中国克服重重困难,保持了外汇的收支平衡。

对外贸易工作在经过1961—1962年连续两年的调整后,1963年开始由"吃饭第一,建设第二"转为"巩固、充实、提高",1964年在国民经济调整任务基本完成后,出口总额又大幅上升。

(三)"文化大革命"时期(1966—1976年)的对外贸易政策

1981年6月,中共十一届六中全会通过的《关于建国以来党的若干历史问题的决议》指出:"文化大革命"是一场由领导者错误发动,被反革命集团利用,给党、国家和各族人民带来严重灾难的内乱。

1971年7月,美国总统国家安全事务助理基辛格秘密访华。1972年2月,美国总统尼克松访华,签署中美上海联合公报,宣布中美两国关系走向正常化。

"文化大革命"时期,中国执行的是国家统制型的封闭式保护贸易政策。具体而言,在对外贸易经营管理体制上建立了传统的"高度集中、独家经营、政企合一"的形式,完全由政府取代市场进行资源配置。政府在对外贸易管理手段上,基本以行政计划为主,主要靠计划和数量限制来直接干预进出口,不参与世界性的贸易组织,很少进行双边经济贸易合作(除了早期与苏联、东欧社会主义国家之间的经济来往),同时对外贸易的目的主要是创汇,为了满足必需的进口对外汇的需求,采取人民币币值高估以及外汇管制的汇率政策。

这一时期,进口替代政策的具体成就为引进了"四三方案"。1972年1月,国家计划委员会提出《关于进口成套化纤、化肥技术设备的报告》,建议引进中国急需的化纤新技术成套设备4套、化肥设备2套,以及部分关键设备和材料,进口总额约4亿美元。8月,国家计划委员会正式提出《关于进口一米七连续式轧板机问题的报告》。11月,国家计划委员会再次提出《关于进口成套化工设备的请示报告》,建议进口6亿美元的23套化工设备。

1973年1月5日,国家计划委员会向国务院提交《关于增加设备进口、扩大经济交流的请示报告》,建议在今后三五年内引进43亿美元的成套设备,其中包括13套大化肥设备、4套大化纤设备、3套石油化工设备、10个烷基苯工厂、43套综合采煤机组、3个大电站、武钢一米七轧板机,以及透平压缩机、燃气轮机、工业汽轮机工厂等项目。这就是后来被称作"四三方案"的技术设备引进工程,是继50年代156项引进项目后的第二次大规模引进计划,也是打破"文化大革命"时期经济贸易领域被封锁局面的一个重大步骤。以后,在此方案的基础上,国家又陆续追加了一批项目,计划进口总额达到51.4亿美元。

除"四三方案"的主要项目外,重要的引进项目还有:从美国引进彩色显像管成套生产技术;利用外汇贷款购买新旧船舶,组建远洋船队;购买英国三叉戟飞机,增强民航运输力量等。

(四)有计划的商品经济时期(1978—1991年)的对外贸易政策

1978年12月,中共十一届三中全会召开,中国的经济体制由高度集中的计划经济体制逐步向市场经济体制过渡,中国开始实行渐进开放、渐进自由的对外贸易政策并对对外贸易体制进行了多次重大的改革。与改革开放前相比,这一时期的对外贸易政策更注重奖出与限入的结合,实行的是有条件的、动态的贸易保护手段,因此这一阶段的对外贸易政策是国家统制型的开放性保护贸易政策。

根据对外贸易体制改革的力度,我们可以把这一时期区分为1978—1987年、1988—1991年两个阶段。

1. 1978—1987年的对外贸易体制改革

这一阶段是对外贸易体制改革的探索阶段,对外贸易体制改革主要体现在下放对外贸易经营权,开始实行进出口贸易的指令性计划、指导性计划和市场调节相结合。主要包括以下内容:

第一,下放对外贸易经营权,打破独家经营的局面。国务院正式批准了一批分属各部委的进出口总公司经营商品的出口。此后,对外贸易经营权扩大到各省、自治区、直辖市。各省、自治区、直辖市相继成立外贸总公司,在国家计划指导下直接出口商品,参加国际市场竞争,对出口盈亏担负经济责任。原中央外贸总公司进出口业务逐渐下放,将其在各省的分公司独立出来,给予全部对外贸易经营权。

第二,实行政企分开,使外贸企业转变成为相对独立、自主经营的经济实体。各类企业逐步从原来隶属的各级行政主管部门独立出来,独立经营、自负盈亏,向专业化发展。

对外贸易主管行政部门(原对外经济贸易部和各省市经贸委)只负责制定对外贸易总政策和必要的对外贸易计划、签发进出口许可证和分配限额,以及协调涉及对外贸易的各方面关系。

第三,建立海外贸易机构,走出去做生意。为了大力组织商品出口,外贸专业公司积极地走出去做生意,在主要国外市场设立常驻贸易机构。此外,中国在海外还设立了各种贸易公司,主要开展对外营销、进口订货、市场调研、建立与客户的联系等工作。

第四,简化对外贸易计划内容。随着对外贸易经营权的下放,规定凡经批准经营进出口业务的单位和企业,都要承担国家出口计划任务,这改变了对外贸易计划全部由外贸专业总公司承担的局面。自1984年起,对部分中心城市的对外贸易计划在国家计划中实行单列,视同省一级计划单位,享有省级对外贸易管理权限。自1985年起,对外经济贸易部不再编制、下达对外贸易收购计划和调拨计划,缩小指令性计划范围,扩大指导性计划范围,注意发挥市场调节的作用。

第五,从1984年起对关税法进行全面修订,以海关合作理事会税则商品分类目录为基础编制新的海关进出口税则,以体现对外开放政策的要求,兼顾鼓励出口和扩大必需品进口方面的需要。

第六,外贸专业总公司实行出口承包经营责任制。1987年,对外经济贸易部对所属外贸专业总公司实行出口承包经营责任制。承包的内容是:出口总额、出口商品换汇成本、出口盈亏总额等三项指标,实行超亏不补,减亏留用,增盈对半分成,并按三项指标完成情况兑现出口奖励。

第七,实行对外贸易经营代理制。外贸专业总公司除完成国家出口创汇任务外,可开展代理进口业务,并收取一定的费用,盈亏由委托单位负责。只有涉及国计民生的大宗商品仍由各类外贸专业总公司统一经营。

第八,对外汇体制进行初步改革,引入外汇留成制度,开办外汇调剂市场,使一部分外汇可以通过市场进行分配。

2. 1988—1991年的对外贸易体制改革

这一时期的对外贸易体制改革进一步下放对外贸易经营权,改革高度集中的经营管理体制和单一的指令性计划管制,在此基础上放宽外汇管制制度,实行出口退税政策,建立进出口协调服务机制,鼓励发展加工贸易。具体表现在以下几个方面:

第一,全行业实行承包经营责任制。对外贸易承包经营责任制的主要内容是由各省、自治区、直辖市和国务院部属外贸(工贸)总公司向国家承包出口收汇,上缴中央外汇和相应的补贴额度。承包基数三年不变;完成承包指标内的外汇按比例留成,超过部分80%留给承包单位,20%上缴中央;实行超亏不补,减亏留用,增盈对半分成;从外贸企业自负盈亏机制入手,在对外贸易领域逐步构建统一政策、平等竞争、自主经营、自负盈亏的市场环境。承包的方式是由地方、部门或主管部门向国家承包,企业向地方政府或主管部门承包,企业内部的科室向企业承包,职工向科室承包,做到层层承包。对外贸易承包的主要指标有出口收汇总额、出口商品换汇成本和出口盈亏总额三项指标,对超计划完成出口创汇指标的,将给予额外奖励。

第二,进一步改革对外贸易计划体制。除保留少数商品外,大部分商品的对外贸易经营权下放到各部门、各地方的外贸企业。实行计划指令的商品只剩21种,并交由对外经济贸易部所属专业公司统一经营、联合经营,实现双轨制,其他出口商品则改为单轨制。大部分商品均由有对外贸易经营权的企业按国家有关规定自行进出口。

第三,在全国建立若干外汇调剂市场,取消原有使用外汇的控制指标,凡地方、部门和企业按规定所取得的留成外汇,允许自由使用,开放外汇调剂市场。

第四,采取出口导向战略,鼓励和扶持出口型产业,并进口相应的技术设备。实施物资分配、税收和利率等优惠,组建出口生产体系;实行外汇留成和复汇率制度;限制外资企业商品的内销;开始实行出口退税制度;建立进出口协调服务机制等一系列措施。

第五,实施较严格的传统进口限制措施,通过关税、进口许可证、外汇管制、进口商品分类经营管理、国营贸易等措施实施进口限制。

第六,国家开始运用价格、汇率、利率、退税、出口信贷等经济手段对对外贸易进行宏观调控。

第七,鼓励吸收外国直接投资,鼓励利用两种资源、两个市场和引进先进技术。

(五)加入世界贸易组织之前社会主义市场经济时期(1992—2001年)的对外贸易政策

在此期间,中国进入社会主义市场经济阶段,对外贸易政策进行了相应的调整,国家有步骤地建立了符合国际贸易规范的新型对外贸易体制和对外贸易政策——开放型的适度保护贸易政策,以适应社会主义市场经济发展的需要。主要包括以下几个方面:

第一,对关税政策进行调整,1992年1月1日采用了按照《国际商品名称及编码协调制度》调整的关税税则,并降低了225个税目的进口税率。其后进行多次的关税下调,自1992年以来,多次降低关税水平。到2001年,中国关税的平均水平已经从43.1%降至12.0%。

第二,减少、规范非关税措施,包括进口外汇体制的改革。实行单一的有管理的浮动汇率制度,大量取消配额许可证和进口控制措施,配额的分配也转向公开招标和规范化分配制度,出口管理商品的出口额占出口总额的比重降低。

第三,汇率并轨,取消对外贸易承包经营责任制。从1994年1月1日起,中国的外汇体制进行了根本性的改革。取消汇率双轨制,实现汇率并轨。实行以市场为基础的、单一的、有管理的浮动汇率制度,并相应地取消各类外汇留成、出口企业外汇上交和额度管理制度,实行国家银行统一结售汇制,逐步建立统一规范的外汇市场,使人民币逐步成为可兑换货币。双重汇率不符合社会主义市场经济和国际贸易规范,它造成了国家财政和外汇流失,也增加了外商投资的疑虑,是影响对外贸易发展的卡口。因此,这项改革成为1994年对外贸易体制改革的突破口,同时也成为1994年金融体制改革乃至经济体制改革的重要组成部分。

第四,加强对外贸易政策的法制建设。国家于1994年7月1日正式实施《中华人民共和国对外贸易法》,开始系统地完善对外贸易领域的法律法规,并以国际贸易规范为标准,建立和出台了知识产权、反倾销、货物贸易以及技术规则等一系列法律法规。

第五,继续执行出口退税政策。1994年实行分税制改革,通过征收增值税,增强了中国出口产品的竞争能力和企业的盈利能力。实行分税制后,出口退税全部由中央财政承担,以保证全面贯彻出口退税制度,促进出口贸易的发展。庞大的出口退税额给中央财政造成了很大的负担。1995—1996年,政府开始调低出口退税税率,1995年7月1日将出口商品的增值税税率降至14%。国家财政负担减轻了,但同时国家的出口额也下降了,再加上1997年亚洲金融危机的负面影响,为了推动出口增长,政府于1998年六次提高了出口退税税率,1999年又两次提高了出口退税税率。这些举措使出口额大幅提高。

第六,实行鼓励出口的信贷政策。1994年继续执行有利于出口的信贷政策,银行对各类外贸企业贷款优先安排,贷款规模的增长与出口增长保持同步。国家设立中国进出口银行,对出口贸易办理信用保险业务,对资本货物出口提供卖方信贷。这不仅帮助企业调整并优化了出口产品结构,使其在日益激烈的国际竞争中保持了原有市场的竞争优势,而且在开拓新市场方面起到了积极的推动作用。

第七,实行加工贸易保证金台账管理办法。为了规范加工贸易的发展,国务院于1995年11月决定,对加工贸易进口料件实行银行保证金台账制度,即经营加工贸易的单位凭海关核准的手续,按合同备案料件金额向指定银行申请设立加工贸易进口料件保证金台账,加工成品在规定期限内全部出口,经海关核销后,由银行核销保证金台账。这既避免了企业开展加工贸易实缴保证金的经济负担,又加强了监管力度,防止利用加工贸易走私,保证了该项业务的健康发展。

(六)加入世界贸易组织之后的社会主义市场经济时期(2002—2008年)的对外贸易政策

自中国2001年12月加入世界贸易组织,改革开放进入全方位、宽领域的对外开放时期。这一时期,中国的对外贸易政策一方面要适应中国市场化改革的需要,另一方面又要与世界贸易组织规则相一致。因此,中国对外开放开始从自主单向开放向相互多边开放转变,从政策导向开放向按世界贸易组织规则开放转变,从货物市场开放延伸到服务市场开放。中国的对外贸易政策也从有贸易自由化倾向的保护贸易政策向有协调管理的一般自由贸易政策转变。对外贸易政策目标以构造有利于经济均衡发展的产业结构、实现产业的持续升级、推动中国经济在适度内外均衡基础之上高速发展和对外贸易由静态比较优势向动态比较优势转移为重点。尤其是世界贸易组织非歧视原则下的国民待遇、公平竞争与贸易、贸易政策的透明度等,在相当程度上制约着中国对外贸易政策的基本取向。因此,中国采取的基本是相对较低的保护与温和的出口鼓励相结合的措施,即运用关税、反倾销、反补贴、反垄断、保障、政府采购等措施对国内具有竞争优势的产业实行动态的、以扩张出口为目标的保护;运用低估汇率、调整出口退税和补贴鼓励企业参与国际竞争的出口鼓励措施。该阶段入世的要求决定了中国对外贸易政策的基本取向,要体现社会经济形态向现代市场经济体制转变的发展要求,具体体现在对外贸易政策重心的转移,即政府从侧重宏观对外贸易战略向侧重微观主体发展转移上。这一时期,中国对外贸易政策的特点主要体现在:

1. 继续完善中国对外贸易已有的四大战略

(1) 市场多元化战略,应从过去单纯降低市场过于集中的风险,转变为在扩大总体市场中改善市场结构,降低市场集中的风险。它包括三个层次的内容:第一,继续重视开拓发达国家市场,但要注意均衡。第二,鼓励开拓前景较好的发展中国家市场。一般要求该国贸易环境较好,或市场潜力巨大,或具有战略前景。第三,关注暂不成熟的市场。在鼓励企业开拓第二和第三类市场时,可建立市场开拓奖励制度,给予首先开拓该市场的企业在一定时间里的相同或类似产品对该新开拓市场的出口专营权及相应的出口代理权,从而补偿其开拓新市场所花的高额费用,以鼓励外贸企业积极开拓新市场。

(2) 把"以质取胜"战略逐步升级为品牌战略。品牌战略即鼓励企业在进行出口贸易时,在保证质量、提升产品附加值的基础上,争取创建拥有自主知识产权的品牌,从而吸引国外进口商和消费者形成忠诚于本品牌的出口战略。

(3) 根据对外贸易全面可持续发展理论,伴随着内外贸一体化趋势,应扩大"大经贸"战略的内涵和外延,除指导对外贸易外,国家致力于将其延伸到吸引外资、对外投资、国际经济技术合作、国内贸易、工贸结合等各方面,使之朝"大商务"或"大经济"方向发展。

(4) 对于"科技兴贸"战略,国家强调在其内涵中增加高新技术产品进口、发展服务贸易、培育新型贸易方式、支持企业开展研发活动等内容。

2. 贸易和投资自由化程度显著提高

入世后,中国全面履行入世承诺,贸易和投资自由化程度显著提高。国家不断扩大农业、制造业、服装业的市场准入,不断降低进口产品关税税率,取消了所有不符合世界贸易组织规则的进口配额、许可证等非关税措施,全面开放对外贸易经营权,大幅降低外资准入门槛。

第一,大幅削减关税。入世以来,中国先后多次对关税进行大幅削减,关税总水平由2001年的15.3%降至2010年的9.8%。一些重要的工业品,关税削减幅度相当大,例如汽车整车,入世前关税为80%~100%,2002年降至43.8%,2006年7月1日进一步降至25.0%。同时,农产品平均关税也由2003年的16.8%降至2004年的15.3%,2008年降至15.1%。而作为发达的农业国家,2010年美国的农产品关税为12%,欧盟为20%,巴西和阿根廷等国为35%。实际上,中国在农产品市场开放方面,已经走在了几乎所有世界贸易组织成员的前面。此外,自2003年起,中国开始参加《信息技术产品协议》,承诺将协议下产品的关税于2005年前全部降至零。自2006年1月2日起,中国进一步降低了100多个税目的进口关税,涉及植物油、化工原料、汽车及汽车零部件等产品。2006年,中国的关税总水平仍为9.9%,其中农产品平均关税为15.2%,工业品平均关税为9.0%。经过连续几次大幅的降税,中国已按期履行了入世承诺的降税任务。2010年1月1日,中国与东盟自由贸易协定正式启动,这不仅意味着自贸区内约7 000种商品实现"零关税",更标志着中国和东盟将以此为起点,在货物贸易、服务贸易与相互投资三大领域全方位互动推进。

第二,取消了大部分进口配额。自2002年1月1日起,中国取消了粮食、羊毛、棉花、化纤、化肥、部分轮胎等产品的配额许可证管理,改原有的绝对配额管理为关税配额管理,并承诺了一定的配额年增长率。政府先后公布了《重要工业品进口配额管理实施细则》《特定机电产品进口管理实施细则》《农产品进口关税配额管理暂行办法》和《化肥进口关税配额管理暂行办法》等行政规定,对配额的总量、分配原则和申请程序做了规定。

第三,许可证管理。2005年1月1日,中国取消了进口汽车配额许可证制度,对汽车产品实行自动进口许可管理。2006年7月1日,中国进口汽车关税完成了入世以来的"最后一降",从28%降至25%,进口汽车零部件的关税也降至10%。至此,中国入世时有关汽车及其零部件降税的承诺已经全部兑现。

第四,市场准入。2004年7月1日,中国提前半年履行放开对外贸易经营权承诺,以登记备案制取代实行了50年的对外贸易经营权审批制,为中国出口贸易的大幅增长和民营经济的快速发展增添了新的动力,促进了国有企业、外商投资企业和民营企业多元化对外贸易经营格局的形成;2006年12月11日,中国正式施行《中华人民共和国外资银行管理条例》,在履行入世承诺的基础上将取消对外资银行的一切非审慎性市场准入限制,对外资银行实行国民待遇,人民币业务对外资银行全面开放;2007年3月16日,《中华人民共和国企业所得税法》由十届全国人大常委会第五次会议表决通过,自2008年1月1日起施行,结束了中国长达20多年的内、外资企业税率差异化的做法。

3. 进口和出口并重,扩大进口和稳定出口相结合

第一,合理推行出口导向政策。出口导向政策是指国家采取种种措施促进面向出口的工业部门的发展,以非传统的产品出口来代替传统的初级产品出口,扩大对外贸易,使出口产品多样化,以推动工业和整个经济的发展。这主要体现在机电产品和纺织服装产品方面。国家继续鼓励机电产品和纺织服装产品适当出口,并鼓励有条件的企业加强技术创新、提高产品档次、创立名牌、提高产品附加值。

第二,适当推行进口替代政策。进口替代政策是指一国采取各种措施,限制某些外国工业品进口,促进本国有关工业品的生产,逐渐在本国市场上以本国产品替代进口产品,为本国工业发展创造有利条件,实现工业化。一般做法是,国家通过给予税收、投资和销售等方面的优惠待遇,鼓励外国私人资本在本国设立合资或合作方式的企业;或通过来料和来件等加工贸易方式提高工业化水平。中国在遵守世界贸易组织规则的基础上,推行进口替代政策,在一定期限内给予潜在的战略性产业适当的有偿帮助;充分利

用大国优势影响贸易条件,使其朝对中国有利的方向变化。涉及的产业主要有高技术产业、部分资本密集型产业(如化工产业、航空航天器制造业)和先进技术装备制造业,特别是具有自主知识产权的战略产业、高新技术产业、集成电路和软件产业。

第三,扩大进口。2006年12月召开的中央经济工作会议明确提出:在保持出口和利用外资合理增长的同时,积极扩大进口。"压顺差、调投资、促消费"成为今后一段时间宏观调控的重点。

入世以来,中国的出口贸易迅速增长,贸易差额也不断扩大。国际收支不平衡已经成为当前中国经济运行中的突出问题。过大的贸易顺差引发了近年来诸多的贸易摩擦,使中国的对外贸易环境恶化,人民币升值的压力增大。扩大进口可以解决多边和双边的贸易平衡问题,同时可以平衡国际收支,优化高额的外汇储备。中国将运用关税调节等经济手段,重点鼓励扩大重大装备关键件、先进技术和设备以及重要资源型商品进口。国家将加大对促进进口的金融支持,扩大自非洲等不发达地区的商品进口,全面疏通各种非关税措施,进一步在平等、互利的基础上开放市场,改善贸易环境。

(七)金融危机及中国从贸易大国转变为贸易强国时期(2009—2016年)的对外贸易政策[①]

2007年,美国发生次贷危机,随后蔓延至全球,这不但极大地影响了全球金融市场和实体经济,而且引起了人们对传统的宏观经济理论和宏观经济政策的批判与反思,这其中自然也包含了对中国对外贸易政策的反思和重新定位。2013年8月,国务院正式批准设立中国(上海)自由贸易试验区。中国(上海)自由贸易试验区成为中国主动适应国际贸易规则,实行更加积极主动开放战略的伟大尝试。同年9月和10月,习近平总书记在出访中亚和东南亚国家期间,先后提出共建"丝绸之路经济带"和"21世纪海上丝绸之路"的重大倡议,"一带一路"倡议的重大构想得以形成。2015年,人民币跨境支付系统(CIPS)在上海启动运行。除此之外,在这一时期,政府还通过多种渠道,积极主动地拓宽贸易合作形式,"高铁出海""核电出海"以及多项双边自由贸易协定的同时展开,都是这一时期中国对外贸易政策从被动应对到主动出击的外在反映。在全球金融危机之后,中国对外贸易政策从注重数量的管理贸易政策转向注重质量的管理贸易政策,具体特点体现在:

1. 贸易自由化的推进路径更多地借助于双边自由贸易协定

2001年中国正式加入世界贸易组织,成为多边贸易体制大家庭的重要一员,而多边贸易体制下的自由化进程也成为21世纪初中国参与世界经济一体化的主要途径。但在全球金融危机之后,伴随着贸易保护主义抬头,多哈回合谈判久拖未决,多边贸易体制下的自由化进程明显受阻。在这样的背景下,中国的对外贸易政策开始逐渐转向双边和区域性贸易协定安排。2013年党的十八届三中全会所做的《中共中央关于全面深化改革若

[①] 本部分主要参考赵勇和张明霞(2017)。

干重大问题的决定》指出,"坚持世界贸易体制规则,坚持双边、多边、区域次区域开放合作,扩大同各国各地区利益汇合点,以周边为基础加快实施自由贸易区战略",为新时期中国的对外开放战略指明了方向。之后,在《中共中央 国务院关于构建开放型经济新体制的若干意见》和《2014年国务院政府工作报告》等多项重要政府文件中,对自由贸易区战略的实施都给予了着重强调。事实上,如果对中国21世纪以来自由贸易协定的签署情况加以考察的话,就会发现中国通过实施自由贸易区战略来深化其对外开放水平的特征表现得非常明显。21世纪初期,中国自由贸易协定的谈判进程相对缓慢,谈判区域也主要局限在香港和澳门两个特别行政区以及东盟国家,金融危机以后,中国自由贸易协定的谈判进程明显加快,贸易伙伴也逐渐拓宽到冰岛、新西兰、韩国和澳大利亚等国家和地区。截至2022年4月,中国内地已经签署双边自由贸易协定14个,多边自由贸易协定3个,正在谈判的双边自由贸易协定6个,多边自由贸易协定2个。①

2. 重商主义思维得到纠正,进口贸易的作用开始得到重视

自改革开放以来,由于国际收支顺差观念的影响,中国在发展对外贸易的很长一段时间都采取重视出口而限制、忽视进口的政策,过于追求扩大出口、多创汇,而忽视了进口对经济增长的重要作用。但事实上,进口贸易的扩张不但有利于降低危机前中国日益扩大的贸易失衡、减少贸易摩擦,而且能够通过消费福利改进、制度创新、产业升级等渠道推动一国的经济增长。正是基于对贸易平衡和进口贸易的这种认识,在全球金融危机后,在对外贸易政策制定的过程中,推动进口贸易,实现贸易平衡的思路逐渐有所体现。如党的十八大报告强调"多元平衡"。2014年10月,国务院办公厅又印发了《关于加强进口的若干意见》,"实施积极的进口促进战略,加强技术、产品和服务进口","推进创新和经济结构优化升级"。从政策效果来看,伴随着一系列促进进口、调整贸易平衡的政策的实施,中国的对外贸易失衡情况得到了一定程度的调整。根据中国统计局数据,中国的对外贸易盈余占国内生产总值的比重从2007年7.6%的高点逐渐回落到2016年2.2%的水平。与此同时,中国的进出口贸易仍然维持持续增长的趋势。2014年,中国实现进口贸易1.96万亿美元,比2007年的0.92万亿美元增长了一倍之多。此后两年,中国进口贸易尽管随着全球贸易进入中低速增长新常态而大幅下降,但2016年仍实现1.59万亿美元。

3. "一带一路"倡议成为最大的政策亮点

作为构建开放型经济体系最重要的举措,"一带一路"倡议构想自习近平总书记2013年首次提出后便迅速受到重视。此后,各级领导人在多个场合都强调了"一带一路"倡议

---

① 截至2022年4月,中国内地已经签署的双边自由贸易协定(含升级):中国—毛里求斯,中国—格鲁吉亚,中国—韩国,中国—冰岛,中国—秘鲁,中国—新加坡,中国—智利,中国—巴基斯坦,中国—柬埔寨,中国—马尔代夫,中国—澳大利亚,中国—瑞士,中国—哥斯达黎加,中国—新西兰;已经签署的多边自由贸易协定(含升级):区域全面经济伙伴协定,内地与港澳更紧密经贸关系安排,中国—东盟;正在谈判的双边自由贸易协定:中国—斯里兰卡,中国—以色列,中国—挪威,中国—摩尔多瓦,中国—巴拿马,中国—巴勒斯坦;正在谈判的多边自由贸易协定:中国—海合会,中日韩。

对中国对外开放和经济发展的重大意义。2015年3月,国家发展改革委、外交部和商务部联合发布了《推动共建丝绸之路经济带和21世纪海上丝绸之路的愿景与行动》,对"一带一路"倡议实施的时代背景、共建原则、框架思路、合作重点和合作机制进行了说明。"一带一路"倡议的实施逐渐走向实处。而从"一带一路"倡议实施的贸易效果来看,伴随着"一带一路"倡议的实施,对"一带一路"沿线国家的出口在中国出口中的地位不断提高。根据国际货币基金组织贸易流向数据库的数据,在美国次贷危机发生之前,受基础设施、交通条件等因素的限制,尽管"一带一路"沿线国家的市场巨大,但中国对其出口停留在一个相对较低的位置。中国国家统计局数据显示,2002年,中国对"一带一路"沿线国家的出口占其出口总额的比重仅为1.5%。美国次贷危机后,中国对"一带一路"沿线国家的出口进入快速发展时期,"一带一路"沿线国家成为中国重要的出口目的地。但需要指出的是,2008—2012年,中国对"一带一路"沿线国家出口比重的上升更多地来源于全球金融危机后中国出口总额的下滑,而且其比重一直维持在23%左右。2013年之后,中国对"一带一路"沿线国家的出口比重呈现一定的上升趋势。2016年,中国对"一带一路"沿线国家的出口比重达到27.7%,已经非常接近中国对欧盟和美国29.0%的出口比重。

4. 国际贸易政策逐渐由对贸易总量的关注转向对贸易竞争新优势的培育

国际贸易增长方式的转变和国际贸易结构的优化升级是开放型经济体系建设的重要内容。伴随着中国劳动力成本的日益提升以及欧美等发达经济体新一轮工业革命计划的推出,中国原本建立在低廉劳动力成本和政策支持之上的贸易竞争优势日益削弱,国际贸易增长动力的转换迫在眉睫。为了加快培育新的贸易竞争优势、实现中国对外贸易的持续健康发展,中国政府先后出台了一系列政策举措。2012年9月,《国务院办公厅关于促进外贸稳定增长的若干意见》提出,要"深入实施科技兴贸和以质取胜战略,扩大技术和资金密集型的机电产品、高技术高附加值产品和节能环保产品出口"。2015年2月,《国务院关于加快培育外贸竞争新优势的若干意见》提出,加快提升对外贸易国际竞争力,要"加快提升出口产品技术含量","加快培育外贸品牌","加快提高出口产品质量"。而伴随着中国对外贸易的快速扩张以及对外贸易政策对贸易竞争新优势的关注,中国的贸易技术结构也在不断优化,突出地表现在制造业部门出口技术构成的不断优化上。根据联合国贸易和发展会议数据库的数据,中国制造业部门出口技术构成中,高技术产品出口所占的比重不断提高。1996年,高技术产品的出口占中国出口总额的比重不到12%。到2014年,这一数值已经上升到25%。2016年,中国高技术产品的出口额已经超过美国和欧洲,中国成为世界上最大的高技术产品出口国。

5. 汇率政策保持稳定,人民币国际化进程加速

从狭义的角度来看,汇率政策和货币国际化政策并不属于对外贸易政策的内容,但汇率水平的变动和货币国际化的程度又在事实上成为影响对外贸易的关键因素。从美国次贷危机后中国对外贸易的发展情况来看,汇率政策的制定和货币国际化战略的实施

既是这一时期中国对外贸易政策区别于以往的重要标志,也在一定程度上保障了中国对外贸易的顺利展开。从中国汇率政策的实施效果来看,在2005年汇率形成机制改革之后,中国一直实施的是稳健和相机管理的汇率政策。美国次贷危机前是中国对外贸易快速增长的时期,人民币对美元汇率和实际有效汇率保持了小幅下降(即人民币小幅升值)的趋势。美国次贷危机爆发后,出于稳定外需的需要,中国又重回盯住美元的汇率制度安排,汇率的稳定成为这一时期中国外需增长的重要力量。在2010年之后,伴随着经济的复苏,人民币对美元汇率又重回上升轨道。在2014年特别是2015年中国金融市场动荡、人民币贬值预期形成之际,国务院在2014年《关于支持外贸稳定增长的若干意见》以及2015年的常务会议中,强调"增强人民币汇率双向浮动弹性,保持人民币汇率在合理均衡水平上的基本稳定"。在货币国际化进程方面,从2008年在广东和长三角地区进行贸易结算试点,到后来贸易结算范围逐步扩大,再到国务院"推进跨境贸易人民币结算"、"加快推进人民币在跨境贸易和投资中的使用",可以说开展跨境贸易人民币结算对于规避企业汇率风险、改善贸易条件、稳定外贸增长发挥了重要的作用。

中国国际贸易政策的演变及特点可以归纳为表2-4。

表2-4 中国国际贸易政策的演变及特点

时期	时间	时代背景	政策及特点
国民经济恢复和社会主义改造时期	1949—1956年	解放战争结束,抗美援朝战争爆发,1953—1956年对农业、手工业和资本主义工商业进行社会主义改造,以美国为首的西方国家对中国实行全面封锁禁运	**国家管制(权力高度集中于中央政府)、内向型的保护贸易政策**。国家通过被授权的专门机构对整个国家的对外贸易活动进行管制;国家通过法规限定从事对外贸易的组织的经营活动范围;国家通过制订进出口货物的品种和总量计划进行控制,国家对外贸易计划是集中调节对外贸易经营的单一杠杆,也是代行进出口许可证等职能的集中进行对外贸易管理的主要手段;国家运用进出口许可证对对外贸易组织的活动进行调控;少数十几家公司控制了几乎全部的对外贸易活动,处于垄断和寡头垄断的地位
"大跃进"及国民经济调整时期	1956—1965年	三大改造完成,中国进入社会主义建设阶段。1958年,中共中央提出社会主义建设总路线、"大跃进"和人民公社,称为"三面红旗"。1960年6月,中共与苏共关系恶化	**国家管制的保护贸易政策不断调整**。经济建设初期健康的进出口贸易政策;"大跃进"时期进出口贸易政策的盲目调整;进口贸易政策的全面调整时期,提出"吃饭第一,建设第二"的口号。为此,1961年,国家对对外贸易进出口商品结构做了大幅调整

（续表）

时期	时间	时代背景	政策及特点
"文化大革命"时期	1966—1976年	1981年6月，中共十一届六中全会通过的《关于建国以来党的若干历史问题的决议》指出："文化大革命"是一场由领导者错误发动，被反革命集团利用，给党、国家和各族人民带来严重灾难的内乱。1971年7月，美国总统国家安全事务助理基辛格秘密访华。1972年2月，美国总统尼克松访华，签署中美上海联合公报，宣布中美两国关系走向正常化	**国家统制型的封闭式保护贸易政策**。在对外贸易经营管理体制上建立了传统的"高度集中、独家经营、政企合一"的形式，完全由政府取代市场进行资源配置。政府在对外贸易管理手段上，基本以行政计划为主，主要靠计划和数量限制来直接干预进出口，不参与世界性的贸易组织，很少进行双边经济贸易合作（除了早期与苏联、东欧社会主义国家之间的经济来往），同时对外贸易的目的主要是创汇，为了满足必需的进口对外汇的需求，采取人民币币值高估以及外汇管制的汇率政策
有计划的商品经济时期	1978—1991年	1978年12月，中共十一届三中全会召开，中国的经济体制由高度集中的计划经济体制逐步向市场经济体制过渡，中国开始实行渐进开放、渐进自由的对外贸易政策并对对外贸易体制进行了多次重大的改革	**国家统制型的开放式保护贸易政策**。与改革开放前相比，这一时期的对外贸易政策更注重奖出与限入的结合，实行的是有条件的、动态的贸易保护手段
加入世界贸易组织之前的社会主义市场经济时期	1992—2001年	中国进入社会主义市场经济阶段，对外贸易政策进行了相应的调整，国家有步骤地建立了符合国际贸易规范的新型对外贸易体制和对外贸易政策，以适应社会主义市场经济发展的需要	**开放型的适度保护贸易政策**。关税政策进行调整；减少、规范非关税措施；汇率并轨，取消对外贸易承包经营责任制；加强对外贸易政策的法制建设；继续执行出口退税政策；实行鼓励出口的信贷政策；实行加工贸易保证金台账管理办法
加入世界贸易组织之后的社会主义市场经济时期	2002—2008年	2001年12月，中国加入世界贸易组织，改革开放进入全方位、宽领域的对外开放时期。中国的对外贸易政策一方面要适应中国市场化改革的需要，另一方面又要与世界贸易组织规则相一致	**从有贸易自由化倾向的保护贸易政策向有协调管理的一般自由贸易政策转变**。继续完善中国对外贸易已有的四大战略；贸易和投资自由化程度显著提高；进口和出口并重，扩大进口和稳定出口相结合

(续表)

时期	时间	时代背景	政策及特点
金融危机及中国从贸易大国转变为贸易强国时期	2009—2016年	2007年,美国发生次贷危机,随后蔓延至全球。2013年8月,国务院正式批准设立中国（上海）自由贸易试验区。2013年9月和10月,习近平总书记在出访中亚和东南亚国家期间,先后提出共建"丝绸之路经济带"和"21世纪海上丝绸之路"的重大倡议,"一带一路"倡议的重大构想得以形成。2015年,人民币跨境支付系统在上海启动运行	**从注重数量的管理贸易政策转向注重质量的管理贸易政策**。贸易自由化的推进路径更多地借助于双边自由贸易协定；重商主义思维得到纠正,进口贸易的作用开始得到重视；"一带一路"倡议成为最大的政策亮点；国际贸易政策逐渐由对贸易总量的关注转向对贸易竞争新优势的培育；汇率政策保持稳定,人民币国际化进程加速

资料来源：笔者根据金泽虎（2016）、赵勇和张明霞（2017）整理。

新闻摘录

中国商务部：完善贸易政策促进外贸稳中提质

中国商务部新闻发言人2021年4月8日在例行新闻发布会上表示,商务部将密切关注外贸企业有关形势发展,保持政策的连续性、稳定性、可持续性,完善相关贸易政策,在降本增效等方面继续为企业助力,全力以赴推动进出口稳定发展,促进外贸稳中提质。

在积极扩大进口方面,发言人表示,商务部将继续配合财政部等相关部门,优化调整进口税收政策。在推动增加优质产品和服务进口的同时,商务部将继续发挥国家进口贸易促进创新示范区的引领带动作用,通过相关政策举措,推动扩大先进技术、设备和服务的进口。支持改善民生相关产品进口,支持发展进口新业态,优化进口产品营销模式,提高监管便利化水平,更好地为构建新发展格局服务。此外,商务部将密切关注外贸企业有关形势发展,保持政策的连续性、稳定性、可持续性,完善相关贸易政策,在降本增效等方面继续为企业助力,全力以赴推动进出口稳定发展,促进外贸稳中提质。

此外,发言人表示,2018年以来,商务部会同有关部门开展了供应链创新与应用试点工作,在全国确定了55个试点城市和258家试点企业,推动中国现代供应链体系建设。试点工作已经取得积极成效。近期,商务部将会同有关单位,从前期试点城市和试点企业中择优确定首批全国供应链创新与应用示范城市和示范企业。

在推动电子商务健康发展方面,发言人表示,2021年,商务部将重点开展以下工作:一是加强顶层设计,会同相关部门做好电子商务"十四五"发展规划的相关制定工作,围绕高质量发展,统筹推进创新、升级、规范、安全等相关工作。二是完善制度建设,积极会同相关部门推动电子商务领域法律法规的修订工作,健全电子商务的法律体系。加快B2C电子商务平台、直播电商等相关行业标准的制定,引导电子商务企业规范经营行为,促进行业健康发展。三是推进电子商务的诚信建设,积极推进《电子商务企业诚信档案评价规范》的实施,推动市场主体参与信用建设,依托全国电子商务公共服务平台,开展诚信经营的承诺,建立诚信档案,公开信用信息。

资料来源:《经济日报》2021年4月9日。

中国实践

中国进口替代政策的两项成就

1978年以来,中国对外贸易的巨大成就举世瞩目,这里指出容易被人忽略、被人遗忘的进口替代政策的两项成就。

其一,**国民经济恢复和社会主义改造时期(1949—1956年)的156个引进项目。**

通过这批项目的引进以及中国人民的努力建设,初步奠定了中国的工业体系基础,对中国工业独立特别是军事工业独立产生了直接的推动作用。

其二,**"文化大革命"时期(1966—1976年)的"四三方案"。**

"四三方案"的意义如下(陈锦华,2008):

第一,这次大规模成套设备的引进,贯彻了"集中力量切切实实地解决国民经济中几个关键问题"的指导原则。当时,中国国民经济面临许多问题,其中影响面最大的是八亿人的吃饭、穿衣问题。"四三方案"中用于解决吃、穿、用问题的化肥、化纤和烷基苯项目,就占了全部引进项目26个中的18个;总投资136.8亿元,占"四三方案"全部投资的63.84%,重点十分突出。

第二,通过这次大规模成套设备的引进,中国才真正对外部世界,特别是西方发达国家有所了解。这是中华人民共和国自成立以来第一次同西方发达国家进行大规模的交流与合作,合作伙伴主要来自日本、联邦德国、法国、意大利、荷兰、瑞士和美国等。这批项目的引进,不仅带来了西方发达国家的先进技术、先进工艺和先进设备,还带来了先进管理理念和管理方法,带来了广泛的最新市场信息。通过这批项目的引进,中国切身感受到了外部世界的变化,看到了究竟什么是先进技术,什么是高度发达的工业,什么是高效的劳动生产率;对中国与西方发达国家的差距,有了深刻的认识。中国工业化的道路究竟怎么走,不通过这批项目的引进是感受不深的。

第三,通过这次大规模成套设备的引进,为国家和地方培养了人才,造就了一支涉外工作的队伍,积累了经验,为以后的对外开放和参与经济全球化的合作与竞争,创造了比较好的条件。

中国实践

"一带一路"倡议成为中国从贸易大国转变为贸易强国的最大政策亮点

伴随着"一带一路"倡议的实施,中国对"一带一路"沿线国家的出口在中国出口中的地位不断提高。2016年,中国对"一带一路"沿线国家的出口比重达到27.7%,已经非常接近中国对欧盟和美国29.0%的出口比重。"一带一路"倡议的伟大意义如下(吴涧生,2015):

一是更加注重中国内陆沿边地区开放。在坚持实现东部地区率先开放的同时,通过实施西向开放战略,推动中国东、中、西部地区协同开放、联动发展,使西北、西南、东北等地区的地理区位劣势得以改变,从开放的末梢变为开放的前沿,培育形成区域经济的新增长点和区域开放的新高地,促进经济发展方式转变和结构战略性调整,着力打造未来中国经济升级版。

二是更加注重面向新兴市场和发展中国家开放。在坚持面向发达国家开放的同时,通过把国内资本输出和过剩优势产能转移相结合,推动与沿线各国特别是周边国家不断深化经贸投资及产业务实合作,连接东南亚、南亚、中东、非洲、中亚、中东欧等全球新兴市场,为中国企业走出去开展投资及产业合作、构筑全球生产营销网络、培育国际经济合作竞争新优势提供更广阔的舞台,降低对美、日、欧等发达市场的过度依赖,不断提升中国在全球和区域经济分工体系中的地位及影响力。

三是更加注重陆海统筹、东西互济。在坚决维护中国海洋权益和海运通道安全的同时,通过开辟建设向西开放的亚欧经济合作大走廊,实现沿线国家基础设施互联互通、安全高效,保障中国境外陆运通道安全可靠,推动形成陆海统筹的经济大循环和地缘战略大格局,减少中国外贸商品、能源资源对马六甲海峡的过度倚重,更多、更好地利用国际市场和国外资源,为中国未来发展赢得更大的国际战略空间。

四是更加注重合作共赢、开放包容。在坚定不移地走和平发展道路的同时,通过秉持"亲诚惠容"的外交理念和弘扬合作共赢、开放包容的时代精神,主动与沿线国家发展睦邻友好、和平安宁的外交关系,将自身发展战略与他国发展战略进行对接,将自身资本、技术和优势产能输出与他国发展经济的现实需求予以衔接,扩大彼此战略契合点和利益交汇点,寻求共赢发展的最大公约数。在充分发挥现有合作机制平台作用的基础上,积极推动建立亚洲基础设施投资银行、丝路基金等新型金融合作机制,从更大范围、更广领域、更深层次推动双多边全面务实合作,促进沿线国家经济、政治、文化和安全良性互动、共同发展。

五是更加注重中国国内规则与国际高标准接轨。在坚决支持全球多边贸易体制的同时,通过不断创新体制机制,以"准入前国民待遇"加"负面清单"的投资管理模式为基础,加快同沿线国家商签投资协定,大力推进自由贸易区建设,逐步形成以"一带一路"为两翼、以周边国家为基础、以沿线国家为重点、面向全球的高标准自由贸易区网络,有效应对由美国主导的TPP①、TTIP②和TISA③等全球经贸高标准带来的现实压力与严峻挑战,为中国积极参与全球经济治理、更好适应和塑造国际新规则抢占先机、赢得主动。

本章小结

1. 国际贸易政策是一国总体经济政策的重要组成部分,也是一国对外政策的重要组成部分。其范畴所包含的基本因素包括政策主体、政策客体、政策内容、政策措施四个方面。

2. 从一国国际贸易政策的内容、结果和实施情况来看,国际贸易政策可以分为自由贸易政策、保护贸易政策和管理贸易政策三种类型。

3. 国际贸易政策的目标包括保护本国市场,扩大本国商品和服务的国外市场,优化产业结构,积累发展资本,以及维护与发展同其他国家的政治、经济关系,争取比较有利的国际发展空间等五个方面。

4. 国际贸易政策的手段是指产生国际贸易政策的方式或途径,包括法律手段、行政手段和经济手段三种。

5. 发达国家国际贸易政策的演变经历了资本主义生产方式准备时期、资本主义自由竞争时期、垄断资本主义时期、第二次世界大战后发达国家贸易自由化时期、发达国家经济滞胀时期、全球经济一体化时期等六个时期;发展中国家国际贸易政策的演变经历了进口替代战略下的国际贸易政策、出口导向战略下的国际贸易政策和横向联合政策三个阶段。

6. 美国的国际贸易政策可以分为三个历史时期:第一个是以保护贸易为主要特征的时期(1789—1933年),第二个是美国推行全球自由贸易的时期(1934—1973年),第三个是以公平贸易为旗帜的时期(1974—2009年)。奥巴马政府国际贸易政策的内容为:出口倍增计划,加入TPP谈判,"再工业化"战略。特朗普政府国际贸易政策的内容为:退出或威胁退出多边贸易协定,启动一系列有针对性的贸易调查,征收或威胁征收惩罚性关税。

7. 欧盟国际贸易政策的演变:《罗马条约》,共同商业政策基本原则的缘起;《单一欧

---

① TPP:Trans-Pacific Partnership Agreement,跨太平洋伙伴关系协定。
② TTIP:Transatlantic Trade and Investment Partnership,跨大西洋贸易与投资伙伴协定。
③ TISA:Trade in Service Agreement,服务贸易协定。

洲法令》和《欧洲联盟条约》,非常有限的修订;《阿姆斯特丹条约》,仅取得"最小限度的进展",争论悬而未决;《尼斯条约》,有限的进步;《建立欧洲宪法条约》,共同商业政策的实质性改革。

8. 中国的国际贸易政策经历了国民经济恢复和社会主义改造时期、"大跃进"及国民经济调整时期、"文化大革命"时期、有计划的商品经济时期、加入世界贸易组织之前的社会主义市场经济时期、加入世界贸易组织之后的社会主义市场经济时期、金融危机及中国从贸易大国转变为贸易强国时期等七个时期。

重要术语

自由贸易政策 free trade policy
保护贸易政策 protective trade policy
管理贸易政策 managed trade policy

思考题

一、名词解释

自由贸易政策,保护贸易政策,管理贸易政策

二、简答题

1. 简述国际贸易政策的目标和手段。
2. 简述发达国家国际贸易政策的演变及特点。
3. 简述中国国际贸易政策的演变及特点。

三、案例分析

结合美国国际贸易政策和中国国际贸易政策的演变过程,试论中美国际贸易政策的变动轨迹、贸易摩擦产生的原因,以及未来中美贸易发展的趋势。

参考文献

[1] EUROPEAN COMMISSION. Trade policy review: an open, sustainable and assertive trade policy [EB/OL]. (2021-02-18)[2022-04-07]. https://trade.ec.europa.eu/doclib/docs/2021/february/tradoc_159438.pdf.

[2] FELIPE J, ABDON A, KUMAR U. Tracking the middle-income trap: what is it, who is in it, and why[Z]. Levy economics institute, working paper, 2012 (715): 1-59.

[3] 陈锦华. 亲历中国改革:陈锦华国事忆述(英文版)[M]. 北京:外文出版社,2008.

[4] 陈宪,韦金鸾,应诚敏. 国际贸易:原理·政策·实务[M]. 4版. 上海:立信会计出版社,2013.

[5] 董莹. 后奥巴马时代美国贸易政策的演变[D]. 长春:吉林大学,2018.

[6] 金泽虎. 中国对外经济贸易政策分析[M]. 北京:中国人民大学出版社,2016.

[7] 李计广. 欧盟贸易政策体系研究[D]. 北京:对外经济贸易大学,2007.

[8] 刘海云,龚梦琪. 双向 FDI 与跨越"中等收入陷阱"[J]. 国际贸易问题,2019(7):142-155.

[9] 刘振环.美国贸易政策取向的历史演变[D].长春:吉林大学,2010.

[10] 唐海燕,毕玉江.国际贸易学[M].上海:立信会计出版社,2011.

[11] 王展鹏,夏添.欧盟在全球化中的角色:"管理全球化"与欧盟贸易政策的演变[J].欧洲研究,2018,36(1):77-98.

[12] 吴涧生."一带一路"倡议的几个问题思考[J].中国发展观察,2015(6):19-24.

[13] 佚名1.浅析我国对外贸易中行政手段、经济手段、法律手段的系统运用[EB/OL].(2021-09-08)[2022-03-18].https://wenku.baidu.com/view/8842331b2ec58bd63186bceb19e8b8f67d1cef58.html.

[14] 佚名2.管理贸易政策[EB/OL].(2021-09-08)[2022-03-18].https://wiki.mbalib.com/wiki/管理贸易政策.

[15] 章凯琪,张琨,杨昆灏,等.欧盟委员会给欧洲议会、理事会、经社委员会和地区委员会的通讯:欧盟贸易政策审议——开放、可持续和更加坚定自信的贸易政策[J].欧洲法律评论,2021(5):232-260.

[16] 赵勇,张明霞.金融危机后的中国对外贸易政策:特征、成效及问题[J].新视野,2017(3):35-41.

[17] 仲舒甲.多层次治理与制度理性:欧盟共同贸易政策决策研究[D].北京:外交学院,2009.

[18] 周亚鹏.特朗普政府"美国优先"贸易政策研究[D].沈阳:辽宁大学,2019.

附表 2-1 欧盟机构沿革

时间	签订条约	建立机构	缔约国/成员国	新加入成员国
1951年4月1日	《关于建立欧洲煤钢共同体的条约》,又称《巴黎条约》		法国、联邦德国、意大利、荷兰、卢森堡、比利时	
1952年		欧洲煤钢共同体		
1957年3月25日	《罗马条约》	欧洲经济共同体 欧洲原子能共同体		
1965年4月8日	《布鲁塞尔条约》,又称《机构合并条约》			
1967年7月1日		将三个欧洲共同体统一起来,成立欧洲共同体		
1973年				丹麦、英国、爱尔兰
1981年				希腊
1986年				西班牙、葡萄牙
1986年2月	《单一欧洲法令》		法国、联邦德国、意大利、荷兰、卢森堡、比利时、丹麦、英国、爱尔兰、希腊、西班牙、葡萄牙	
1990年10月				民主德国并入联邦德国,以下称德国
1992年2月7日	《欧洲联盟条约》,又称《马斯特里赫特条约》	欧盟理事会、委员会、议会	法国、德国、意大利、荷兰、卢森堡、比利时、丹麦、英国、爱尔兰、希腊、西班牙、葡萄牙	
1993年11月1日	《马斯特里赫特条约》生效	欧盟正式成立,欧洲三大共同体纳入欧盟		
1994年1月1日		欧盟货币管理局		
1995年1月1日				奥地利、瑞典、芬兰、挪威
1996年12月14日	《稳定和增长公约》《欧元的法律地位》和《新的货币汇率机制》通过		法国、德国、意大利、荷兰、卢森堡、比利时、丹麦、英国、爱尔兰、希腊、西班牙、葡萄牙、奥地利、瑞典、芬兰、挪威	
1997年10月2日	《阿姆斯特丹条约》,对《马斯特里赫特条约》进行修改			

第二章 国际贸易政策概述

(续表)

时间	签订条约	建立机构	缔约国/成员国	新加入成员国
1998年1月		欧洲中央银行		
1999年		欧元开始运作		
2001年2月26日	《尼斯条约》			
2002年1月1日		欧元硬币与纸币开始流通		
2004年5月1日				马耳他、塞浦路斯、波兰、匈牙利、捷克、斯洛伐克、斯洛文尼亚、爱沙尼亚、拉脱维亚、立陶宛
2004年10月29日	《建立欧洲宪法条约》，简称《宪法条约》		法国、德国、意大利、荷兰、卢森堡、比利时、丹麦、英国、爱尔兰、希腊、西班牙、葡萄牙、奥地利、瑞典、芬兰、挪威、马耳他、塞浦路斯、波兰、匈牙利、捷克、斯洛伐克、斯洛文尼亚、爱沙尼亚、拉脱维亚、立陶宛	
2007年7月1日				罗马尼亚、保加利亚
2013年7月1日				克罗地亚
2020年1月30日				英国正式"脱欧"，结束其47年的欧盟成员身份

资料来源：笔者根据公开资料整理。

注：欧盟理事会又称部长理事会，是欧盟立法与政策制定、协调机构。理事会主席轮流担任，任期半年。

欧盟委员会，是欧盟立法建议与执行机构。主席1人，副主席7人。

欧洲议会，是欧盟监督、咨询与立法机构。议员普选，任期5年，议长1人，副议长14人，任期两年半，可连选连任。

第三章 国际贸易政策理论

[学习目标]

- 了解国际贸易政策理论的演变
- 了解国际贸易政策的决定
- 理解国际贸易政策的政治经济学分析方法
- 了解国际贸易政策决定的政治经济学模型

[引导案例]

人们在观察世界各国所奉行的国际贸易政策时,自然会关心这样一些问题:无论是自由贸易政策还是保护贸易政策,有没有相应的理论依据或支撑?自由贸易政策的理论依据是什么?众多自由贸易政策的理论之间存在怎样的关系?保护贸易政策的理论依据又是什么?众多保护贸易政策的理论之间又存在怎样的关系?一项国际贸易政策又是如何决定的?

本章首先按照古典、新古典、当代三个时间段综述自由贸易政策的理论,进而将保护贸易政策理论划分为防御型和进攻型两类,两类理论均按保护对象加以综述。防御型保护贸易理论的保护对象处于弱势,例如新兴产业、处于外围低位的发展中国家;而进攻型保护贸易理论的保护对象并非处于弱势,例如发达国家处于强势的高科技产业。进攻型保护贸易理论不仅纳入战略性贸易政策理论,而且纳入战略性环境政策理论。最后,本章从需求和供给两方阐述国际贸易政策的决定框架,以及国际贸易政策的政治经济学分析方法。

国际贸易政策理论是一国制定国际贸易政策的重要依据。本章着重阐述国际贸易政策的理论依据以及国际贸易政策的决定原理,第一节阐述国际贸易政策理论的演变,第二节阐述国际贸易政策的决定,第三节介绍国际贸易政策的政治经济学分析。由此我们可以了解国际贸易政策理论是如何从现实的经济生活中产生和发展的,经济学模型是如何一步步突破理论局限性而完善的,并学习国际贸易政策理论中的一些基本概念。

第一节 国际贸易政策理论的演变

国际贸易政策理论是指为各国国际贸易政策提供理论依据的模型和原理。本节分别综述自由贸易政策理论和保护贸易政策理论的演变。在学习本课程之前没有学习过国际贸易理论，或者需要复习国际贸易理论详细内容的读者，建议参阅海闻等（2012）、唐海燕和毕玉江（2011）、余淼杰（2013）等教材。

一、自由贸易政策理论的演变

自由贸易政策理论是主流国际贸易理论教材中的国际贸易原理，它首先解释两国之间为什么会发生贸易（贸易基础），然后揭示贸易两国之间的贸易流向（贸易过程）及两国从贸易中获得的利益（贸易结果）。国际贸易原理的每一个模型都在自由贸易的假设前提下得出贸易两国获得利益的结果，故每一个模型的政策结论都是各国应奉行自由贸易政策。因此，国际贸易原理为自由贸易政策的倡导和实施提供理论依据。

自由贸易政策理论的演变脉络大致为古典贸易理论——新古典贸易理论——当代贸易理论。

（一）古典贸易理论

古典贸易理论包括两个理论或模型：英国经济学家亚当·斯密（Adam Smith）的绝对优势理论，英国经济学家大卫·李嘉图（David Ricardo）的比较优势理论。

1. 绝对优势理论

绝对优势模型的假设为：两个国家分别生产两种产品（酒和毛呢），两个国家分别有一种产品的价格低于对方国家，劳动力是唯一的要素投入，产品边际成本不变，商品和要素市场完全竞争，两国间商品自由流动（即自由贸易），产品生产规模报酬不变，不考虑需求。

绝对优势模型的产品价格差异源自产品生产技术的绝对差异，每个国家都有一种绝对优势产品，成为模型中贸易基础的决定因素。模型表明，如果两个国家完全分工，即每个国家将要素完全投入绝对优势产品的生产，然后与对方国家进行交换，那么两国的产品总量高于不分工并交换的产品总量，这就是自由贸易为两国带来的好处。

显然，绝对优势模型不能解释一个国家的两种产品的价格均低于对方国家，而这两国依然能够发生贸易。对这种贸易现象的解释，正是比较优势模型的贡献。

2. 比较优势理论

比较优势模型的假设为：两个国家分别生产两种产品（酒和毛呢），两个国家中一国的两种产品的价格均低于对方国家，劳动力是唯一的要素投入，产品边际成本不变，商品和要素市场完全竞争，两国间商品自由流动（即自由贸易），产品生产规模报酬不变，不考虑需求。

比较优势模型的产品价格差异源自产品生产技术的相对差异，这种相对差异使每个国家可以有一种比较优势产品，成为模型中贸易基础的决定因素。模型表明，如果两个国家完全分工,即每个国家将要素完全投入比较优势产品的生产,然后与对方国家进行交换,那么两国的产品总量仍然高于不分工并交换的产品总量,自由贸易仍然能够为两国带来好处。

(二)新古典贸易理论

古典贸易理论至少有两个缺陷:第一,忽略了贸易中的需求因素;第二,不能解释为什么技术水平没有差异的两个国家依然能够发生贸易。

英国经济学家约翰·穆勒(John Mill)的相互需求理论和阿尔弗雷德·马歇尔(Alfred Marshall)的提供曲线(也称相互需求曲线),对李嘉图的比较优势理论从需求方面加以说明和补充。瑞典经济学家伊·F. 赫克歇尔(Eli F. Heckscher)与贝蒂·俄林(Bertil Ohlin)的要素禀赋理论(H-O理论)①,解释为什么技术水平没有差异的两个国家会发生贸易。本书将这些理论划归新古典贸易理论。

1. 穆勒的相互需求理论

穆勒的相互需求理论有三个启示:

(1)互惠贸易的范围。交易双方在各自国内市场上有各自的交换比例,在世界市场上,两国商品的交换形成一个国际交换比例(即贸易条件),这一比例只有介于两国的国内交换比例之间,才对贸易双方均有利(唐海燕和毕玉江,2011:76)。

(2)贸易利益的分配。国际贸易能给参加国带来利益。贸易利益的大小取决于两国国内交换比例之间范围的大小。贸易利益分配中孰多孰少,则取决于具体的国际交换比例。国际交换比例越接近于本国国内的交换比例,对本国越不利,本国分得的贸易利益越少,因为越接近于本国国内的交换比例,说明本国从贸易中获得的利益越接近于分工和交换前自己单独生产时的产品量(唐海燕和毕玉江,2011:76—77)。

(3)相互需求法则。穆勒将需求因素引入国际贸易理论,以说明贸易条件决定的原则。一切贸易都是商品的交换,一方出售商品便是购买对方商品的手段,即一方的供给便是对对方商品的需求,所以供给和需求也就是相互需求(陈宪等,2013:59)。

在两国间互惠贸易的范围内,贸易条件或两国间的商品交换比例是由两国相互需求对方商品的强度决定的,它与两国相互需求对方商品总量之比相等,这样才能使两国贸易达到均衡。如果两国的相互需求强度发生变化,则贸易条件或两国间的商品交换比例必然发生变动。一国对另一国出口商品的需求越强,而另一国对该国出口商品的需求越弱,则贸易条件对该国越不利,该国的贸易利得越小;反之,贸易条件对该国越有利,该国的贸易利得越大,这就是相互需求法则。

---

① 保罗·萨缪尔森(Paul Samuelsom)的特定要素模型虽然是对H-O模型的拓展,但它解释的是国际贸易对生产和收入分配的影响,而不是国际贸易发生的原因,故综述未包括特定要素模型。

2. 马歇尔的提供曲线

马歇尔经济学的理论核心是采用边际效用论和生产费用论相结合的均衡价格论。马歇尔用几何方法对穆勒的相互需求理论做了较为精辟的论述:

(1) 用几何图解法来说明国际交换比例的上下限;

(2) 用提供曲线(相互需求曲线)进行一般均衡分析。

3. H—O 理论

H—O 理论的产生始于对斯密和李嘉图贸易理论的质疑。到了 20 世纪初,各国之间的交往已很普遍且频繁,技术传播不是一件困难的事情。许多产品在不同国家的生产技术非常接近甚至相同,为什么成本差异仍然很大?(海闻等,2012:77)

赫克歇尔认为,除了技术差异,一定还有其他因素决定各国在不同产品上的比较优势,而其中最重要的是各国生产要素的禀赋不同,产品生产中使用的要素比例不同(海闻等,2012:77)。

产品生产需要不同的要素,而不仅仅是劳动力。产品的相对成本不仅可以由技术差异决定,也可以由产品生产中的要素比例和一国的要素丰富程度决定。

H—O 模型的基本假设为:

(1) 贸易中有两个国家(A 国和 B 国)、生产两种产品(X 产品和 Y 产品)、使用两种生产要素(劳动力 L 和资本 K),即 2×2×2 模型(目的是便于使用二维平面图形来解释)。

(2) 两国的技术水平相同(在此条件下,不同的要素价格导致生产中使用不同的要素比例)。

(3) 在两个国家,X 产品都是劳动密集型的,Y 产品都是资本密集型的(两国不会发生要素密集度反转)。

(4) 在两个国家,两种产品的生产都是规模报酬不变(按同一比例增加某一产品的要素投入,该产品的产量也按同一比例增加)。

(5) 两国在生产中均为不完全分工(都生产两种产品)。

(6) 两国的消费偏好相同。

(7) 在两个国家两种商品市场、两种要素市场都是完全竞争市场。

(8) 在各国内部,要素能够自由流动;在国际市场,要素完全不能流动。

(9) 没有运输费用,没有关税或其他贸易限制。

H—O 模型的分析如下:

(1) 产品价格的国际绝对差异是国际贸易的直接原因。

(2) 各国产品价格比例不同(相对价格差异)是国际贸易产生的必要条件。

(3) 各国产品价格比例不同是由要素价格比例不同决定的。

(4) 要素价格比例不同是由要素禀赋比例不同决定的。

H—O 模型的结论(H—O 定理)为:

各国要素禀赋的差异是各国具有比较优势的基本原因和决定因素。在各国开放贸易的条件下,每一个国家都应分工生产并出口密集使用该国相对丰富的要素生产的产品,进口密集使用该国相对稀缺的要素生产的产品。也就是说:劳动力丰富的国家应分工生产和出口劳动密集型产品,进口资本密集型产品;资本丰富的国家应分工生产和出口资本密集型产品,进口劳动密集型产品。

(三) 当代贸易理论

古典贸易理论、新古典贸易理论,无论是从生产技术差异还是从要素禀赋的角度,所解释的贸易现象都是产业间贸易。20世纪60年代之后,产业内贸易不断涌现,对此,古典贸易理论、新古典贸易理论均无法解释。保罗·R. 克鲁格曼(Paul R. Krugman)、马克·梅里兹(Marc Melitz)、雷蒙德·弗农(Raymond Vernon)分别用规模经济和垄断竞争贸易模型、企业异质性模型、产品生命周期模型对新涌现的贸易现象及问题做出解释,形成当代贸易理论。

1. 克鲁格曼的规模经济和垄断竞争贸易模型

克鲁格曼观察到,发达国家之间存在大量的国际贸易。但它们之间的贸易很难用传统的贸易理论去解释。首先,这些国家技术虽然有差异,但差异不大,所以很难用李嘉图模型来解释日益增长的发达国家之间的贸易。H-O模型也不适用,因为发达国家都是资本丰富型国家。因此,克鲁格曼认为,发达国家之间之所以发生贸易,是由于它们生产不同的具有一定可替代性的差异化产品。通过国际贸易,市场得以扩大,厂商愿意多生产来降低它们的固定成本,从而享受到规模经济的好处(余淼杰,2013:90)。

克鲁格曼建立了一个非常简单却解释力极强的规模经济和垄断竞争贸易模型。该模型有两个与古典贸易理论不同的假设。第一,企业具有内部规模经济。为了简化分析,克鲁格曼也像古典贸易理论那样假设劳动力是唯一投入要素。但与古典贸易理论不同的是,这里的成本函数中包含一个固定投入成本。这样的话,产品的平均成本就不再是一个常数,而是随着产量的增加而递减的函数。第二,市场结构不再是完全竞争,而是垄断竞争。同行业各个厂商所生产的产品不是同质的,而是具有替代性的差异化产品。也就是说,各个厂商虽在同一个行业,但实际生产的不是同一种产品(海闻等,2012:179;Krugman,1979)。

克鲁格曼从这一模型的分析中得出一些重要的结论。首先,垄断竞争企业可以通过国际贸易扩大市场规模、增加消费人口来扩大生产获得规模经济,降低平均成本和产品价格。其次,每个消费者对某种产品的消费量会有所减少,但产品种类大大增加,消费者通过增加消费的产品种类提高了福利。最后,贸易的基础不一定是两国之间技术或要素禀赋上的差异而造成的产品价格差异,扩大市场获得规模经济也是企业愿意出口的重要原因之一。企业可以通过出口来降低成本获得短期利润。当然,贸易前两国的市场规模不同造成的企业生产规模不同也会导致出现产品价格的差异,并成为贸易发生的原因。

不过,造成这种价格差异的原因不是各国生产技术和要素禀赋上的不同,而仅仅是规模上的区别。克鲁格曼的这一理论令人信服地解释了发达工业化国家之间贸易和行业内贸易发生的重要原因,补充和发展了国际贸易理论(海闻等,2012:182)。

虽然克鲁格曼的规模经济和垄断竞争贸易模型对企业的规模做出了限定,但为简化起见,他选用的是典型企业,不考虑企业间差异。梅里兹的企业异质性模型(Melitz, 2003)通过考虑企业层面的异质性来解释更多新的企业层面的贸易现象和投资现象。企业异质性模型主要解释为什么有的企业会从事出口贸易,而有的企业则不从事出口贸易(余淼杰,2013:100)。

2. 梅里兹的企业异质性模型

梅里兹开创性地将企业异质性引入克鲁格曼的产业内贸易模型中,来解释国际贸易中企业的差异和出口决策行为。他以垄断竞争行业为背景,建立了一个异质性企业的动态行业模型,并扩展了克鲁格曼的产业内贸易模型,同时引入企业生产率差异。模型假定:①存在两个对称的国家,各国均有一个生产部门,一种生产要素——劳动力;②市场是垄断竞争的,并存在冰山贸易成本(任何运输的产品在运输途中都会有部分被损耗掉);③存在不变的边际成本和三种固定成本,也就是开发新产品需要支出的成本(支出之后要转化为沉没成本)和两种进入市场的固定成本。假定潜在的厂商通过支付固定进入成本(沉没成本)可以进入某个行业,每个厂商的生产率水平在进入市场以后由外生的分布函数给定,且保持不变。同时,所有厂商都面对一个外生不变的行业退出概率。在垄断竞争条件下,所有厂商在该行业内生产差异化产品。模型根据边际成本或生产率的差异,将厂商分为出口型厂商(export firms)、国内型厂商(domestic firms)和非生产型厂商(non-producers)三种类型。出口型厂商边际成本最低(生产率最高),同时在国内外销售;国内型厂商边际成本次之,只能在国内市场上销售;非生产型厂商边际成本最高,最后会被驱逐出市场。贸易自由化通过选择效应和再分配效应会使整个产业的总生产率水平提高,选择效应包括国内市场选择效应和出口市场选择效应。国内市场选择效应是指边际成本最高的厂商通过竞争被驱逐出市场,而出口选择效应是指边际成本最低的厂商进入出口市场。再分配效应主要关注异质性企业条件下的贸易自由化带来的市场份额和利润在不同厂商之间的分配。通过选择效应和再分配效应,整个行业的生产率得到提升。该模型中,国际贸易壁垒的削弱对行业均衡有重要影响。市场扩张使现有出口厂商回报增加。此外,由于利润的驱动,最高生产率的非出口厂商加入成为出口厂商,加上已有出口厂商的扩张,导致行业内劳动力需求增加。劳动力需求增加引起要素价格上涨,处于边际停产点的低生产率厂商退出出口市场,进而劳动力要素和产出流入生产率较高的厂商,提高了出口市场的行业平均生产率(余淼杰,2013:100)。

梅里兹的模型将异质性企业和行业生产率联系起来,通过微观经济结构解释宏观层面上出口活动在经济增长过程中的作用。首先,存在自然选择效应,出口活动增加了预期利润,吸引更多厂商进入,提高了现有厂商生产率的临界值,将生产率最低的厂商驱逐出行业,提高了行业平均生产率。其次,存在资源配置效应,出口活动促使生产率较高的厂商扩大规模,生产率较低的厂商收缩规模,资源从低生产率厂商流向高生产率厂商,这个效应同样提高了行业平均生产率(余淼杰,2013:101)。

3. 弗农的产品生命周期模型

对于行业内和工业化国家之间的贸易,规模经济和垄断竞争贸易模型已经做了很好的解释,但怎样解释贸易模式的动态变动和在一些产品中领先地位的变化呢?弗农分析了产品技术的变化及其对贸易格局的影响,提出了"产品生命周期"(product life cycle)学说。

由于技术的创新和扩散,制成品和生物一样,也有生命周期。弗农将产品生命周期分为新产品时期、成熟产品时期、标准化产品时期三个时期,如表3-1所示。

表3-1 产品生命周期

项目	新产品时期	成熟产品时期	标准化产品时期
含义	创新国首先开发新产品的时期	产品的生产技术成熟、生产企业不断增加、竞争不断增强的时期	产品的生产技术达到标准化的时期
产品的要素密集性	需要投入大量的研发费用,属研发密集型产品	资本和管理要素投入增加,属资本密集型产品	非熟练劳动力大幅增加,属劳动密集型产品
产品的差异性	没有同类产品	同类异质产品	同类同质产品

资料来源:Vernon(1966)。

Wells(1968)将产品生命周期理论用于解释美国工业制成品的生产和出口变化情况,形成工业制成品的贸易周期,分为五个阶段:

(1)新生阶段(new product phase);

(2)成长阶段(product growth phase);

(3)成熟阶段(product maturity phase);

(4)销售下降阶段(sales decline phase);

(5)让位阶段(demise phase)。

产品生命周期理论对第二次世界大战后的工业制成品贸易模式和国际直接投资做出了令人信服的解释。它考虑了生产要素密集性质的动态变化、贸易国比较利益的动态转移和进口需求的动态变化,对落后国家利用直接投资和劳动力成本优势发展本国的制造业生产,具有积极的指导意义。

自由贸易政策理论的演变可以归纳为表3-2。

表 3-2 自由贸易政策理论的演变

主要理论及模型		主要贡献者	关键假设	决定贸易模式的主要因素	贸易利得
古典贸易理论	绝对优势模型	亚当·斯密	• 劳动力是唯一的要素投入 • 产品边际成本不变 • 商品和要素市场完全竞争 • 产品生产规模报酬不变 • 不考虑需求	产品生产技术的绝对差异	两国要素投入不变，分工、交换后产品增加
古典贸易理论	比较优势模型	大卫·李嘉图		产品生产技术的相对差异	两国要素投入不变，分工、交换后产品增加
新古典贸易理论	用相互需求理论对比较优势理论加以说明和补充	约翰·穆勒 阿尔弗雷德·马歇尔	• 劳动力是唯一的要素投入 • 产品边际成本不变 • 商品和要素市场完全竞争 • 产品生产规模报酬不变	国际交换比例	两国要素投入不变、分工、交换后产品增加
新古典贸易理论	H-O 模型	伊·F.赫克歇尔 贝蒂·俄林	• 两种或更多要素投入 • 产品边际成本递增 • 商品和要素市场完全竞争 • 产品生产规模报酬不变 • 两国生产技术相同	两国要素禀赋不同	在静态分析中，社会无差异曲线上升
当代贸易理论	规模经济和垄断竞争贸易模型	保罗·克鲁格曼	• 产品生产规模报酬递增 • 商品市场不完全竞争 • 要素市场完全竞争	两国差异化产品的生产规模不同	消费品的种类增加
当代贸易理论	规模经济和垄断竞争贸易模型的拓展：企业异质性模型	马克·梅里兹		两国厂商存在异质性	消费品的种类增加
当代贸易理论	产品生命周期模型	雷蒙德·弗农		两国处于生产技术的不同阶段	消费品的数量增加

资料来源：笔者根据现有资料整理。

二、保护贸易政策理论的演变

保护贸易政策理论就是主流国际贸易理论教材中的保护贸易理论。

与自由贸易政策理论相比，保护贸易政策理论更强调实用性，保护贸易政策理论往往都有一套针对性很强的政策体系，第二次世界大战后的保护贸易政策理论则更注重政策效应的研究。尽管保护贸易政策的提出都是针对相关国家一定发展时期的特定产业或部门而言的,但是这些政策具有普遍意义。各国对外贸易政策体系都程度不同地包含着保护贸易政策措施(唐海燕和毕玉江,2011:208—209)。

本书将保护贸易政策理论划分为防御型保护贸易理论和进攻型保护贸易理论。

(一) 防御型保护贸易理论

按照保护贸易理论的保护对象,本书将防御型保护贸易理论划分为保护贸易顺差的理论,保护新兴产业的理论,缩小外围国家与中心国家的经济发展水平差距的理论。

1. 保护贸易顺差的理论

(1) 贸易差额论。贸易差额论分为早期理论和晚期理论。

早期理论称为货币差额论(货币平衡论),主要贡献者为英国的约翰·海尔斯(John Hales)和威廉·斯塔福(William Stafford)。

早期理论的主要论点为:增加国内货币积累,防止货币外流,即早期理论的国际贸易政策指导原则。政策主张为:国家采取行政手段,直接控制货币流动,禁止金银输出,对外贸易遵循少买(或不买)多卖的原则,使每笔交易对每个国家都保持顺差,使金银流入国内(陈宪等,2013:38)。

晚期理论称为贸易差额论(贸易平衡论),主要贡献者为英国的托马斯·孟(Thomas Mum)。

晚期理论的主要论点为:"货币产生贸易,贸易增加货币",即积极开展贸易,使货币在贸易顺差中增值。政策主张为:反对直接控制金银和货币的输入输出,而主张把立足点放在贸易上(陈金贤等,2000:16)。对外贸易能使国家富足,但必须遵守贸易总额保持顺差的原则。

(2) 新重商主义。主要贡献者为英国经济学家约翰·梅纳德·凯恩斯(John Maynard Keynes)。凯恩斯本人没有专门研究国际贸易的著作,其贸易理论主要集中在《就业、利息和货币通论》及《劝说集》中。时代背景为1929—1933年资本主义世界经济大萧条。

主要论点为:国家干预对外贸易,通过各种途径和渠道,扩大出口,保持贸易顺差,实现充分就业。这一思想从性质上看属于保护主义。由于凯恩斯及其追随者极力推崇重商主义追求贸易顺差的理论观点,因此凯恩斯的贸易保护理论被称为"新重商主义"。

政策主张为:彻底放弃自由贸易政策,通过实施保护关税制度,确保经济稳定增长(唐海燕和毕玉江,2011:227—230)。

(3) 新保护主义。主要贡献者为英国经济学家怀恩·高德莱(Wynne Godley)。时代背景为20世纪70年代,西方国家经济出现"滞胀"现象,民族国家经济的独立和发展开始改变旧的经济贸易格局,科技革命对生产的推动造成新的供求市场失衡。

主要论点为:新古典贸易理论似乎更注重对贸易本身的研究,在一定程度上忽视了对外贸易对一国主要宏观经济因素和变量的影响或相互影响。但是,实践表明,对外贸易直接影响一国的总需求、国民收入和就业水平,同时,一国的总需求、国民收入和就业水平也制约着对外贸易的发展。问题的关键不在于一种贸易理论是自由贸易主义还是保护贸易主义,而在于它能否有效地说明对外贸易与宏观经济因素和变量之间的相互关系。要真正解决这个问题,就必须运用凯恩斯的宏观经济理论。

政策主张为:推动出口规模的扩大,进而导致国内生产的扩张,促进本国就业水平的提高和国民收入的增加(唐海燕和毕玉江,2011:232—235)。

2. 保护新兴产业的理论

(1)保护关税论。主要贡献者为美国人亚历山大·汉密尔顿(Alexander Hamiltan),他是美国开国元勋之一,美国第一任财政部长,政治家、经济学家,美国贸易保护主义的始祖。

主要论点为:①制造业在国民经济发展中具有特殊的重要地位;②保护和发展制造业对维护美国经济、政治上的独立具有特别重要的意义;③保护和发展制造业的关键在于加强国家干预,实行保护关税制度。

政策主张为:①严格实行保护关税制度,以高关税来限制外国工业品输入,保护国内新兴工业部门特别是制造业的发展;②限制国内重要原材料的出口,同时采用免税的办法鼓励本国急需的原材料进口;③限制国内先进生产设备的出口;④政府采用发放信用贷款的办法来扶持私营工业的发展;⑤政府以津贴和奖励金等形式鼓励各类工业生产经营者;⑥建立联邦检查制度,保证和提高产品质量;⑦吸收国外资金,满足国内工业发展需要;⑧鼓励外国移民迁入,增加国内劳动力供给(唐海燕和毕玉江,2011:214—216)。

(2)保护幼稚工业论。主要贡献者为德国人弗里德里希·李斯特(Friedrich List),他是德国历史学派的先驱,保护贸易政策理论的倡导人,1825年移居美国。

主要论点为:李斯特在生产力理论和经济发展阶段论的基础上,提出了保护幼稚工业论。①经济相对落后的国家应实行保护贸易政策,使其幼稚工业经过保护能够成熟,与国外竞争者匹敌。②保护制度,并非保护一切产品。粮食和原料等贸易无须保护,因为它们受到自然保护,不怕竞争;以奢侈品为主的精致品贸易也不需要保护或只需轻度保护,因为这些物品的国外竞争不会对国家经济发展造成威胁。只有与国家经济发展有关的幼稚工业,即有发展前途但刚刚发展且有国外竞争者的工业,才需要保护。这些工业经过一段时间保护而成熟后就不再需要保护。③实行保护关税政策,这会使国内工业品价格提高,本国在价值方面有些损失。但这种损失是暂时的,是发展本国工业所必须付出的代价,牺牲的只是眼前的利益,而得到的则是生产力的提高。④保护贸易政策必须通过国家干预经济来实行。

政策主张为:在不同的经济发展阶段,应实行不同的对外贸易政策。从原始未开化时期转入畜牧时期、农业时期,对先进国家实行自由贸易是有利的,可为国内猎场、牧场、森林、农产品谋得出路,换回更好的衣料、用具、机器,以促进本国农业的发展,培育工业基础。进入农工商业时期后,也可以实行自由贸易,因为国内工业品已具备国际竞争力。

唯有处于农工业时期才需要保护。由于存在一个比本国更先进的工业国家的竞争力量，本国在前进的道路上受到阻碍——只有处在这种情况下的国家，才有理由实行商业限制以便建立并保护本国的工业。

3. 缩小外围国家与中心国家的经济发展水平差距的理论

缩小外围国家与中心国家的经济发展水平差距的理论即中心—外围论。主要贡献者为阿根廷经济学家劳尔·普雷维什（Raul Prebisch），他是 1964—1969 年联合国贸易和发展会议第一任秘书长，第一届"第三世界基金奖"（1981）获得者。时代背景为第二次世界大战之后，原帝国主义殖民地、半殖民地纷纷获得政治上的独立。为了巩固独立地位，它们迫切要求大力发展民族经济，实行经济自主。但是，民族经济的发展受到旧的国际经济秩序，尤其是旧的国际分工和国际贸易体系的严重阻碍（唐海燕和毕玉江，2011：236—237）。

主要论点为：①国际经济体系分为中心和外围两个部分；②外围国家贸易条件不断恶化；③外围国家必须实现工业化，独立自主地发展民族经济（陈宪等，2013：113—115）。

政策主张为：在进口替代阶段，既要采用传统的关税手段，又要采用外汇管制、进口配额等非关税手段。在出口导向阶段，应该有选择地实行出口补贴等政策，增强国内产品的国际市场竞争能力（唐海燕和毕玉江，2011：242）。

（二）进攻型保护贸易理论

进攻型保护贸易理论包括战略性贸易政策理论和战略性环境政策理论。战略性是指，在寡头垄断模型中，政府在制定最佳贸易政策时会把国外企业或政府的反应考虑在内（胡昭玲，2002：192）。

1. 战略性贸易政策理论①

战略性贸易政策理论所保护的对象不是弱者，而是本国比别国更强的高科技企业或产业。主要贡献者为詹姆斯·布兰德（James Brander）、吉恩·格罗斯曼（Gene Grossman）、巴巴拉·斯潘塞（Barbala Spencer）、艾维纳什·迪克西特（Avinash Dixit）。

战略性贸易政策理论产生的原因为（克鲁格曼，2000：8—14）：

第一，美国在世界经济中地位的变化。美国在世界经济中地位的最重要变化是，贸易的重要性稳步上升。国际因素成为一个重要方面。很多企业，要么严重依赖进口，要么在美国市场上面对外国企业的激烈竞争。这使得在传统上是国内性质的问题，如市场力量、超额收益率、技术创新，变成了影响贸易政策的因素。

第二，贸易特征的变化。贸易已不再是古典贸易理论所设想的那种交换。越来越多的国际贸易不能简单地归因于要素禀赋所决定的优势，而是来源于规模经济或在技术竞

---

① 本部分主要参考唐海燕和毕玉江（2011：192—198）。

争中暂时的优势。

第三，新的分析工具。经济学其他领域的新思想开始应用于国际贸易领域，尤其是20世纪70年代产业组织领域的重大发展，出现了用于分析寡头产业的新方法。国际贸易的许多产业都具有寡头竞争的特征。厂商具有某种影响价格的能力，它们采取战略性行为来影响竞争对手的行为。

主要论点为：政府干预贸易具有合理性。政府应该战略性地运用关税、补贴等政策，迫使国外竞争对手让步。

政策主张为：利用出口补贴为本国厂商争夺市场份额，利用关税抽取外国厂商的垄断利润，以进口保护为促进出口的手段。

2. 战略性环境政策理论

在自由贸易的约束下，传统的贸易政策工具，诸如关税、补贴等，受到关税及贸易总协定/世界贸易组织规则的限制，各国政府不得不寻求其他政策工具来转移租金。各国政府便考虑在产业和贸易政策的"武库"中添加项目，诸如清洁技术和产品的研发补贴、减污的补贴、排污税、被课征排污重税的投入的补贴。为了保持国际竞争力并达到充分就业，环境政策已经演变成产业政策，甚至是贸易政策。

战略性环境政策理论的保护对象仍然是本国比别国更强的高科技企业或产业，但采取了放松环境标准的手段。该理论包括以下两种：

（1）针对生产排放（production generated pollution）的战略性环境政策理论。主要贡献者为克劳斯·康拉德（Klaus Conrad）、斯考特·巴瑞特（Scott Barret）、邢斐和何欢浪。

主要论点为：战略最优的排放标准弱于环境最优的排放标准（Barret, 1994），战略最优的排放税税率低于环境最优的排放税税率（Conrad, 1993）。战略性环境政策的租金攫取效应可通过中间产品出口实现，但不一定会通过最终产品出口实现；当污染的环境损害程度不大时，贸易自由化将降低各国环境税，从而使各国的环境保护出现"向底线赛跑"，当环境损害程度较大时，贸易自由化将提高各国环境税；社会福利水平为双边关税壁垒的凹函数（呈"倒U形"），贸易自由化对社会福利的影响不确定（邢斐和何欢浪，2011）。

政策主张为：所采用的排放标准弱于环境最优的排放标准，所采用的排放税税率低于环境最优的排放税税率。

（2）针对消费排放（consumption generated pollution）的战略性环境政策理论。主要贡献者为李昭华和潘小春。

主要论点为：发达国家和发展中国家的政府在产品减排研发投资政策上呈现对称性：发达国家和发展中国家政府都对本国企业的产品减排研发给予补贴（李昭华，2004）。发达国家实行排放标准，短期内对发展中国家的低减排产品构成非关税壁垒，长期来看会提升发展中国家产品的减排量及出口量（李昭华和潘小春，2005a）。在价格竞争条件下,发达国家实施生态标签,使发展中国家企业的市场份额显著下降;发达国家总是有动机设置较高的生态标签(李昭华和潘小春,2005b)。

政策主张为:对本国企业的产品减排研发给予补贴。

保护贸易政策理论的演变可以归纳为表3-3。

表3-3 保护贸易政策理论的演变

理论名称	主要贡献者	保护对象	主要论点	政策主张
防御型保护贸易理论				
贸易差额论	约翰·海尔斯 威廉·斯塔福 托马斯·孟	保护贸易顺差,进而保护国内就业	"货币产生贸易,贸易增加货币",用于贸易的金银不仅不会流失,而且会使本国金银增加	国家干预对外贸易,实行保护贸易政策
新重商主义	约翰·梅纳德·凯恩斯		国家干预对外贸易,通过各种途径和渠道,扩大出口,保持贸易顺差,实现充分就业	彻底放弃自由贸易政策,通过实施保护关税制度,确保经济稳定增长
新保护主义	怀恩·高德莱		对外贸易直接影响一国的总需求、国民收入和就业水平,同时,一国的总需求、国民收入和就业水平也制约着对外贸易的发展。要真正解决这个问题,就必须运用凯恩斯的宏观经济理论	推动出口规模的扩大,进而导致国内生产的扩张,促进本国就业水平的提高和国民收入的增加
保护关税论	亚历山大·汉密尔顿	新兴产业	保护和发展制造业对维护美国经济、政治上的独立具有特别重要的意义,必须加强国家干预,实行保护关税制度	以高关税来限制外国工业品输入,保护国内新兴工业部门特别是制造业的发展,限制国内重要原材料的出口,限制国内先进生产设备的出口
保护幼稚工业论	弗里德里希·李斯特		经济相对落后的国家应通过国家干预来实行保护贸易政策,使其幼稚工业经过保护能够成熟,与国外竞争者匹敌	处于农工业时期需要保护。由于存在一个比本国更先进的工业国家的竞争力量,本国在前进的道路上受到阻碍,应实行商业限制以便建立并保护本国的工业

(续表)

理论名称	主要贡献者	保护对象	主要论点	政策主张
中心—外围论	劳尔·普雷维什	缩小外围国家与中心国家的经济发展水平差距	国际经济体系分为中心和外围两个部分中心国家长期地和大量地侵吞外围国家的利益，造成中心国家和外围国家的经济发展水平的差距越来越大（普雷维什命题）	在进口替代阶段，既要采用传统的关税手段，又要采用外汇管制、进口配额等非关税手段。在出口导向阶段，应该有选择地实行出口补贴等政策，增强国内产品的国际市场竞争能力
进攻型保护贸易理论				
战略性贸易政策理论	詹姆斯·布兰德 吉恩·格罗斯曼 巴巴拉·斯潘塞 艾维纳什·迪克西特	高科技企业或产业，使强者更强	政府干预贸易具有合理性。政府应该战略性地运用关税、补贴等政策，迫使国外竞争对手让步	利用出口补贴为本国厂商争夺市场份额，利用关税抽取外国厂商的垄断利润，以进口保护为促进出口的手段
针对生产排放的战略性环境政策理论	克劳斯·康拉德 斯考特·巴瑞特 邢斐和何欢浪		战略最优的排放标准弱于环境最优的排放标准，战略最优的排放税税率低于环境最优的排放税税率。战略性环境政策的租金攫取效应可通过中间产品出口实现，但不一定会通过最终产品出口实现	所采用的排放标准弱于环境最优的排放标准，所采用的排放税税率低于环境最优的排放税税率
针对消费排放的战略性环境政策理论	李昭华和潘小春		发达国家和发展中国家的政府都对本国企业的产品减排研发给予补贴	对本国企业的产品减排研发给予补贴

资料来源：笔者根据现有资料整理。

Q&A 3-1 自由贸易政策理论的分类

Q：自由贸易政策理论按照古典、新古典、当代等三个时间段分类，而保护贸易政策理论却按所保护的对象分类。那么，自由贸易政策理论可否按照所解释的贸易现象分类？

A：自由贸易政策理论当然可以按照所解释的贸易现象分为如下三类：

（1）解释产业间贸易的理论。这类理论包括：绝对优势理论，比较优势理论，相互需求理论，要素禀赋理论。其中，绝对优势理论是比较优势理论的特例，而比较优势理论和相互需求理论都是由技术差异所形成的比较优势。要素禀赋理论则是由要素禀赋差异所形成的比较优势。因此,解释产业间贸易的理论的核心是比较优势。

(2)解释产业内贸易的理论。这类理论包括:规模经济与垄断竞争贸易理论,企业异质性理论,产品生命周期理论,等等。

(3)解释产品内贸易的理论。产品内贸易的典型形态有加工贸易、跨国外包(international outsourcing)和部分中间产品贸易。Arndt and Kierzkowski(2000)认为,企业规模经济是产品内贸易的基础。卢锋(2004)认为,"不同生产区段有效规模的差异度是产品内分工的决定因素"。

第二节 国际贸易政策的决定[①]

我们知道现实中有各种各样的理由支持贸易保护,但为什么政府最终采用的是这样一种保护措施而非那种呢?为什么政府要对一种商品征收较高的关税而对另一种商品征收较低的关税呢?事实上,国际贸易政策的决定不仅仅是政府的一种经济选择,同时也是一项政治与社会决策。

像产品的价格是由市场的供给与需求决定的一样,一项具体的国际贸易政策也是由对这项政策的需求和供给决定的。从政策的需求角度来看,对一项政策的需求,既要有相关的个人利益和集团利益,又要有代表和反映这些利益的组织。任何一项政策的实施必定会涉及各种集团的利益,这一点我们已在自由贸易理论和贸易政策的分析中谈到。如斯托尔珀-萨缪尔森定理就告诉我们,开放贸易的结果是使本国原来充裕的要素受益,使原来稀缺的要素受损。因此,我们不难知道,一国稀缺的要素通常会要求保护,而充裕的要素会希望更自由的贸易。在贸易政策的分析中我们也知道,生产者和消费者对贸易政策有不同的要求。那么,这些不同的利益集团是通过什么样的形式和渠道来表达对政策的偏好和需求的呢?是通过对政府的游说工作,通过在政府中代表这些利益集团的政党或代言人来表达,还是直接通过社会舆论或民间团体来对政府施加压力?具体的表达方式取决于一个国家的政治体制。不同的政治体制会使同样的政策需求出现不同的表达方式,对政策的最终制定也会产生不同的要求。

从政策的供给角度来看,也有两个重要方面:一个是政府对政策的偏好,另一个是制定具体政策的机制。政府对政策的偏好取决于政府的目标函数,也就是说,政府采用不同政策所要实现的目标是什么。从经济理论上说,政府应是全民利益的代表,政府经济政策的目标应是资源的最有效利用和社会福利的最大化;但在现实中,政府的目标往往是多重的,既有经济的考虑,又有政治和社会的考虑。对于任何执政党来说,维持政权的

[①] 本节主要参考海闻等(2012:362—363)、严建苗(2018)。

稳定和保证继续执政都是最根本的。因此,不管政治体制如何,政府在制定或选择经济政策(包括贸易政策)时,都会权衡利弊,考虑其对政治、经济和社会的影响。

在经济学的分析中,是否实行某种贸易政策应取决于社会总体福利水平。在国际贸易政策的政治经济学分析中,任何一项国际贸易政策的实施都是利益集团的需求和政府的供给的均衡。经济学家丹尼·罗德瑞克(Dani Rodrik)用一张示意图描述了国际贸易政策决定的供需模型(见图3-1)。图3-1包括了国际贸易政策制定中的四个重要部分,为分析国际贸易政策制定中的政治经济学提供了一个基本思路。一些经济学家在此基础上建立了国际贸易政策的政治经济学分析模型。

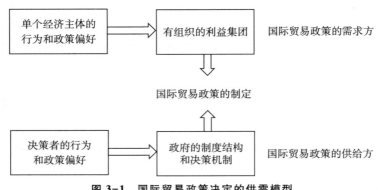

图3-1　国际贸易政策决定的供需模型

资料来源:Rodrik(1994)。

第三节　国际贸易政策的政治经济学分析[①]

众所周知,几乎所有的经济学家都认同的一个观点是,基于比较优势的专业化分工和贸易将增进社会福利,因此要反对贸易保护主义。尽管这样,世界依然面临持续不断的要求限制商品、服务与要素在国家间移动的压力。各国也的确都在不断地寻找新手段以限制这些经济活动。更多的情况是,一项贸易限制措施刚被弃用,新的贸易限制措施又被推出。因此,难免常常有人犯疑:既然自由贸易对一国这么有利,为何还有如此多的集团或个人在尽力阻碍贸易往来呢? 罗伯特·鲍德温(Robert Baldwin)对此提出的更有意思的问题是:为何国际贸易似乎成了这样一个领域——经济学家的忠告、建议常被弃之不用?

这一问题的答案要在所谓"国际贸易政策的政治经济学"的分析中去寻找。实际上,贸易政策总要适用一定的政治环境,并总会受到集团或个人的一定影响;这些人知道,尽管贸易限制可能使一国整体的福利状况变差,但他们自身的福利状况能够得到改善。政

[①] 本节主要参考佚名1(2021)。

客们由此发现,自己面对的是一大批试图影响国际贸易政策的各种利益集团,因此在建立一国的贸易体制时,他们往往并不理会经济学家的建议。在过去的30年中,集中分析一定政治环境下决定国际贸易政策形成的实际因素的研究领域已经形成。

一、国际贸易政策政治经济学分析的内涵

传统的国际贸易政策研究仅在经济分析的框架内进行国际贸易政策的决策分析,将政治因素看成国际贸易政策制定的外生变量,即忽略了政府的目标和行为、政策的决策过程、利益集团的影响等因素对国际贸易政策的影响。实际上,国内利益集团的游说、捐赠,甚至游行示威等政治因素是国际贸易政策制定中非常重要且不能忽视的因素。因此,国际贸易政策的政治经济学分析,将政治因素作为国际贸易政策制定的内生变量加以处理。

二、国际贸易政策研究的途径

政策研究是一个跨学科、综合性的研究,可以有不同的研究途径、方法或观点。从不同的社会科学学科途径加以研究,包括政治学途径、经济学途径和社会心理学途径;从某些社会科学的理论、假设或模型出发来研究,包括公共政策及其过程。政策研究途径、方法的不同,会导致对政策的性质、原因和结果以及公共决策系统及其运行做出不同的描述或解释,从而形成不同的理论。

托马斯·R. 戴伊(Thomas R. Dye)在《理解公共政策》一书中概括了公共政策研究的八种模型或途径,即制度模型、过程模型、集团模型、精英模型、渐进模型、对策模型、系统模型和理性模型。

詹姆斯·E. 安德森(James E. Anderson)在《公共决策》一书中则将西方政策科学的研究方法或观点分为五种理论,即政治系统理论、团体理论、杰出人物(精英)理论、功能过程理论、制度化理论。

经济学途径作为政策研究的一个主导途径,主要采用经济学的理论假设、概念框架、分析方法及技术来考察公共政策问题。在当代政策研究中,最有影响的经济学途径是福利经济学理论、公共选择理论和新制度学派。

如表3-4所示,政治学和经济学是两门相对独立的学科,而公共选择理论正是将这两门学科连接起来的桥梁,公共选择理论主要运用经济学的分析工具来研究非市场集体决策的政治过程,并直接研究政治市场上的政府、选民或公众以及利益集团等活动者的行为。在对经济学假设前提进行分析的基础上,公共选择理论把"经济人"假设运用到政治市场的分析中,认为政府与个人一样也有其利益偏好和目标追求,从而使政治学的理论分析建立在比较完善的微观基础之上。

表 3-4　政治学和经济学对比

学科	对人的假设	分析单位	核心问题	该领域行为主体
政治学	政治人	集体（机构）	权力	政府、国家
经济学	经济人	个人	需求与供给	生产者、消费者

公共选择是指在市场经济条件下，以个人利益最大化为内在动力，通过民主投票实现的对公共经济的合理决策。

公共选择理论是对政府决策过程的经济分析，公共选择理论的核心是对投票及其相关决策程序的研究。公共选择理论的贡献在于用个人主义方法研究集体行为。公共选择理论不在于研究选择的好坏，而在于研究作为集体的国民为什么选择这样而不是那样，其对选择结果没有价值观念的判断，而是普遍规律的总结。

三、国际贸易政策政治经济学分析的基本框架

国际贸易政策是一项公共产品，而且是一项特殊的公共产品。国际贸易政策虽然由政府制定，但需要受政府本身、国内外利益集团，以及国际贸易体制的约束，涉及方方面面的政治经济因素。而国际贸易政策的政治经济学分析抓住国际贸易政策的公共产品特性，结合公共选择理论，进行国际贸易政策的内生化分析。

国际贸易政策政治经济学分析的基本框架为：将政治学的范式引入贸易理论，将贸易政策的制定与实施作为公共政策决策的具体形式之一，从国家目标或社会利益（特别是收入）分配的视角去探寻贸易政策产生和变化的政治过程。这一分析框架比纯贸易理论的分析框架更好地解释了现实中国际贸易扭曲政策的存在、形式、结构和演变。

四、国际贸易政策政治经济学分析的基本思路

国际贸易政策的政治经济学分析将国际贸易政策作为政治市场上的一种政府公共政策，从国家目标和社会利益分配的角度来解释国际贸易政策产生和变化的政治过程，国际贸易政策是"内生"的。

在国际贸易政策决定的政治市场上，各个参与者包括政府、选民或公众以及利益集团，分别根据既定目标或既得利益，形成对国际贸易政策的供给和需求，国际贸易政策的收入分配效应将直接影响他们的目标和利益，进而影响他们的行为，而关税、非关税壁垒和补贴等政策手段作为国际贸易政策的"价格"，在政治市场上由供给和需求达到的均衡所决定。

五、国际贸易政策政治经济学分析的方法

国际贸易政策政治经济学分析的方法主要包括国际贸易政策的利己主义分析法和社会目标分析法(阿普尔亚德等,2010:297—301)。

(一)利己主义分析法

对影响国际贸易政策的政治因素的研究沿着两条思路展开。其一,或许也是最有影响的思路,是集中于对政治参与者的经济私利的研究。这类文献大部分被归入公共选择经济学(public choice economics)中,这是用经济模型来分析政府决策行为的学科。在这种分析方法中,政府(决策者)本质上都是追求效用最大化的,他们的满足水平取决于再度当选,因此他们的行为是使再度当选的可能性达到最大。这种分析方法的直观含义是,如果他们以服务好大多数公众为立法的出发点,那么他们再度当选的可能性将会最大。这就是中值选民模型(median voter model)。在该模型中,政策的决策者通过最大化中值选民的满意程度来提高其再度当选的可能性。该模型对每个选民依照他对某项特定政策的预期成本或收益赋予他在序列中不同的位置。所谓中值选民,就是指在这一序列中处于中心位置的,亦即位于中间的选民。如果大多数人都预期将从某项政策中获益,那么中值选民也将支持该项政策并将支持赞同该项政策的政党候选人。如果大多数人都认为某项政策会损害他们的利益,那么中值选民就不会赞同该项政策,当然也不会支持提出该项政策的政党候选人。由于国际贸易政策不可避免地会对经济中的不同利益集团产生不同的福利影响,因此该模型可用于研究国际贸易政策。在中值选民模型中,如果多数选民希望从一项国际贸易政策中获利而非遭受损失,那么中值选民将支持所提出的政策,政策制定者也被认为将投票支持所采取的政策措施。如果政策制定者不支持这种政策,那么中值选民在下次选举中很可能将不支持这些政策制定者。这种分析方法似乎确信大多数人的愿望应该得到满足和顺从。然而,遗憾的是,如果出现具体操作方面的问题,那么中值选民的偏好便无法得到满足,所形成的政策也无法与大多数人的利益相一致。中值选民模型的假定是选民对一种具体的政策所导致的结果是得益还是受损完全了解。他们的投票实际上与其偏好相一致。由于两项假定在现实世界中并非总能成立,因此中值选民的偏好就不可能总胜出。例如,一种关税仅对一小部分人有利,但是最终得到了大多数选民的支持。

其二,是利益集团如何影响国际贸易政策的研究。假设存在信息收集成本以及与实际投票相关的机会成本,一些选民可能就会简单地选择弃选,特别是当预期收益比较小从而期望净收益为负时就会发生这种情况。此外,如果选民认为自己所投的一票如沧海之一粟,对结果不会产生影响,那么他就可能不会直接参与这种政治过程,而只是简单地接受出现的结果。在这种情况下,选民实际上扮演了搭便车者的角色,也就是说并不为此付出努力和成本,只接受结果而已。即使每个选民弃选的概率相同,这也不是问题,事

实上,期望收益与付出成本的差异(收益和成本并不对称)就很清楚地表明,每个人会有不同的参与积极性,也因此形成了不同的利益集团。一项具体的政策提议(比如对食糖实行配额),虽然对社会中一个大团体(食糖消费者)中的每个人的影响不大,但是对另一个小团体中的每个人(食糖生产者)的影响却很大。

  利益集团总会通过各种途径来影响政治决策的结果。如果一项政策的成本(或收益)对这些集团来说相对较大,那么它们将千方百计地去影响政策的决定,因为集团成员人数较少,它们也更可能去克服其中的"搭便车"问题。一小部分选民如果确定能够从一项干预市场的政策中获得较大利益,就易形成一个坚固的小集团去参与政治决策,并投票支持对他们持保护态度的政党候选人。与此同时,人数众多且呈分散状态的选民会因保护措施而确定受损,如果他们付出努力去收集信息并参与投票,但个体的获益甚微,他们就会因此作罢。这样一来,少数选民就能胜出,对这一坚固的小集团的观点持拥护态度的政党候选人也将取得胜利。这种现象会导致通过降低保护水平来实现自由化贸易的政策被维持现状偏向(status quo bias)抵制,尽管这么做肯定能改善总体福利。对大多数选民来说,由于个人净收益非常小(甚至可能为负)或极不确定,因此他们并不积极参与决策进程,少数人组成的利益集团也因此能大行其道。毫不奇怪,诸如此类的利益集团在贸易政策的形成过程中一定颇具影响力。利益集团或压力集团如果大到能被看见但又小到足以控制其成员的"搭便车"行为,则往往就更容易获得成功,因为它具有明确的利益一致性,且其平均组织成本和信息收集成本也相对较低。

  利益集团影响政治决策的第二种途径是资助政治竞选活动。资助政治竞选活动不仅能提高候选人的出镜率,而且是利益集团向潜在的选民提供相关信息并激励他们参与决策进程的一种相对低成本的方法。类似地,撤回竞选资助或暗示要资助候选人对手亦能有效地让政客们关注与支持集中政策取向,当然试图通过竞选资助来影响政策以谋取利益的集团,被认为在进行寻租活动(rent seeking activity)。因为这些集团投入资源的目的是寻求获得保护带来的利益。这些集团也会理性地控制对相关政策的投入,使之不超过预期收益。当然,寻租活动可能会超出简单的竞选资助而演变成一种腐败行为,比如通过贿赂决策者来影响他们的投票。因为在寻租活动中,投入的资源并未生产出任何产品或服务,仅仅影响收入分配,所以这些行为通常被称作直接非生产性活动(directly unproductive activity)。

  当一个利益集团暗中同意继续支持对其他部门进行保护(即使这意味着本集团成员的福利会遭受损失),以换取对它们自身保护的支持时,寻租活动会变得更加复杂。这就是说,几个寻求保护集团的联合支持,就能够使支持保护主义的候选人获得足够的政治上的关键票数,让支持保护主义的候选人当选,贸易限制得以持续。比如,纺织品和服装行业的工人(连同纺织品和服装行业的资本要素所有者)很可能会支持维持对食糖和钢铁行业保护的现状,以换取后者对纺织品和服装行业的保护支持。在这种情况下,集团成员因以食糖和钢铁为原料的产品价格上涨而遭受的损失会小于因对纺织品和服装行业进行持续保护而获得的利益。这是维持现状偏向的又一个例证,通常被称作"相互捧场",在此,一个集团(或几个集团)以整个社会的损失为代价而受益。对于采取的政策举措,因为大量搭便车者采取事不关己的态度,也因为利益一致的压力集团付出很多努力,中值选民再次受到排挤。

在结束对该种方法论述之前,我们有必要指出,尽管利己主义分析法已被证明对更深入地理解国际贸易政策问题有很大的帮助,但它忽略了一个方面——人们这样做可能并非出于自身纯粹的经济私利。没人能够否认,一些人虽然只是相对少数,但是经常表示愿意牺牲部分自己的实际收入来增进整体的福利,这个整体可以是他们所处的社区、他们居住的国家,甚至整个世界。正是出于这一考虑,我们下面将转向政治经济学的其他分析方法。

(二)社会目标分析法

社会目标分析法认为,国际贸易政策的推行既需要考虑社会中不同集团的福利状况,又需要考虑各种不同的国内和国际目标。在这种环境下,国际贸易政策是为了增进一些更大的社会目标,如收入分配、生产率提高、经济增长、国防、国际竞争力与领导地位及国际平等。对于国内收入分配,国际贸易政策似乎具有保守的偏向,政府经常看重的是避免经济中某一特定群体的实际收入下降,而对增加某一特定群体的实际收入考虑不多。其他社会目标包括最小化消费者损失、改善低收入群体的实际收入、最小化或延迟某些特定行业的调整成本以及维持特定社会经济团体的相对收入水平。

然而,这样的宏观分析法也会产生许多问题。如果一国政府对自由贸易言行不一,出于某些原因对特定的进口竞争性部门予以保护,那么它将很快失去选民的信赖。一旦压力集团了解到政府关注收入分配问题,它们对自由贸易与结构调整的口头承诺就可能要打折扣了,劳动力和资本的结构调整也会很缓慢。压力集团期望通过国际贸易政策来缓解这种情况,因此衰退行业中的企业退出速度就会放慢,该行业的经济状况会继续恶化,压力的不断加大将迫使政府进行干预,以维持相对收入水平和社会现状。因此,期望政府对受到威胁的行业进行扶持很可能实现,这会导致经济必要的结构调整放缓和整体效率损失,在平等方面几乎没有什么改变。在不承诺实行自由贸易政策的情况下,那些国际贸易政策受收入分配影响的国家就得继续进行保护。这类分析常被认为有助于解释为什么在纺织品和服装行业长期存在高水平的保护。政府对收入分配的关注也有助于说明相较于关税,为什么政府更喜欢采用自动出口限制。最后,对收入分配的关注有助于解释为什么政府要使用保护而不是生产补贴来扶持进口竞争性部门。在推行关税、配额或自动出口限制的情况下,从根本上看,使用产品的消费者实质上都通过支付高价格承受了相关的政策负担。鉴于这一群体期初已从进口引致的低价格中获得了利益,当国内价格涨到原先的较高水平附近时,他们的状况不会比初始状态差多少,即便关税收入并未发还给他们。如果采用生产补贴来扶持受影响的行业,(用于支付补贴的)税收就可能由全体纳税人负担,因此那些不消费这一产品也不会因产品价格降低而受益的那部分人的相对收入将会减少。

国际贸易政策也是一揽子对外政策的组成部分。对外政策既可以用于支持加强贸易保护,又可以用于支持不断发展的贸易自由化。第二次世界大战以来的大部分时间里,美国对外政策的目的是遏制其他大国的发展和增强盟友的经济实力。美国的国际贸易和援助政策明显地受到了这些导向的影响,这或许可以解释美国为什么不使用霸权力量来改善自身的国际贸易条件。除对霸权的关注外,还有证据显示,许多国家对超出自身利益以外的国际收入分配问题也很关注,如给予发展中国家的、未附带条件的对外援助资金(这些援助可用于购买任何国家的产品,而不仅仅是捐赠国的产品),以及削减的单边和多边贸易限制。近年来,这类分析方法经常被政治学家采用。

六、国际贸易政策决定的政治经济学模型[①]

20 世纪 80 年代以来,国际贸易政策制定中的政治和社会因素越来越受到经济学家们的重视。相应地,经济学家们在国际经济学领域建立了一些政治经济学模型,包括沃尔夫冈·梅耶(Wolfgang Mayer)的中值选民模型、曼瑟·奥尔森(Mancur Olson)的集体行动和有效游说模型,以及吉恩·格罗斯曼(Gene Grossman)与埃尔哈南·海尔普曼(Elhana Helpman)的利益集团竞选贡献或政治贡献模型等。在这些模型中,政府的目标是成功地掌握政权和维护政权的稳定,而非社会福利最大化。

(一)中值选民模型

中值选民模型假设政府是民主选举产生的。任何一个政党只有得到了多数选民的支持,该政党才有可能执政。因此,政府在选择任何国际贸易政策时,都必须考虑如何得到多数选民的支持。

怎样才能选择得到多数选民支持的政策呢?

重要的方法就是尽可能地选择靠近中值选民的意见的政策。所谓中值选民的意见,一般表现为两种意见之间的观点。以中值选民的意见为界,一边更为保守,另一边更为激进,且两边人数一样。

让我们用一个简单的例子来说明这一模型。假设本国有 9 个选民,他们对关税的偏好都不同,我们根据他们的关税偏好从低到高进行排列,如图 3-2 所示。

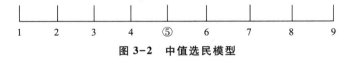

图 3-2 中值选民模型

---

① 本部分主要参考海闻等(2012:363—366)。

假设第 1 个人主张关税税率为 1%,第 2 个人主张为 2%,依此类推,第 9 个人主张 9% 的关税税率。在这里,中值选民是第 5 个,中值选民的意见是关税税率定在 5%。再假设本国有两个政党存在,如民主党和社会党。两党都想得到大多数选民的支持。在国际贸易政策的选择中,假定民主党选择征收 7% 的关税,而社会党选择征收 6% 的关税,这时,主张高关税的选民(7、8、9)就会支持民主党,但主张低关税的选民,包括从第 1 到第 6 个选民就都会支持社会党。从第 1 到第 5 个选民的意见虽然没有被采纳,但相较于主张 7% 的关税的民主党来说,社会党更接近他们的意见。如果这时有一个第三党,比如说进步党,选择了关税税率为 5% 的政策,那么从第 1 到第 5 个选民就会转而支持进步党,支持社会党的就只剩下第 6 个选民一人了。

我们再反过来看,假如民主党主张征收 3% 的关税,而社会党选择 4% 的关税政策,那么只有从第 1 到第 3 的 3 个选民会支持民主党,而其余 6 人会偏向社会党。由此可见,越接近中值选民意见的政策越能得到大多数选民的支持。这就是中值选民模型。

(二) 集体行动和有效游说模型

国际贸易政策的中值选民模型理论上似乎没有问题,可是如果观察一下民主选举制国家的贸易政策实践,我们不难发现,在许多情况下,国际贸易政策保护的恰恰都是少数人。例如,几乎所有的发达国家都保护农产品,而农民占这些国家的总人口都不到 10%。在发展中国家,农民是大多数,但这些占大多数的农民不但得不到保护,政府还通过对出口的控制压低国内农产品的市场价格,间接地保护了人数较少的城市中的农产品消费者。

钢铁、纺织品等行业在美国也是夕阳产业,就业人数越来越少,但它们受到的保护仍很高,占大多数的消费者为保护这些少数人的利益而支付了不小的代价。那么,怎样解释政府选择这种牺牲大多数人利益来保护少数人利益的国际贸易政策行为呢?

研究公共政策的经济学家提出了集体行动(collective action)的理论,认为一项政策是否被政府采纳并不在于受益或受损人数的多少,而在于利益集团的集体行动是否有效。

假如一国政府在考虑是否要对进口的苹果征收 10% 的关税,征税的结果是损害消费者的利益,消费者因而会反对这项政策,但本国的苹果生产者则会因得到保护获得利益而支持征税。从人数上说,苹果的消费者一定比生产者多,但在集体行动方面,消费者一定不如生产者有效。其主要原因是,人越多,"搭便车的人"(free rider)越多,积极参与的人反而越少,意见也越不容易统一,集体行动的效率越低,而人数少却更容易组织得好。在影响政府政策的游说中,人数较少的利益集团容易统一,从而在集体行动中步调一致,在游说中取得成效。

决定利益集团集体行动有效性的另一个重要因素是集团中个人利益的大小。如果政府对苹果征收 10% 的关税,则消费者作为一个整体来说,其总损失要比生产者收益和政府关税收入的总和还要大,但如果将总损失除以消费者总人数,则每一个消费者的损失就很小了。然而,对于每一个生产者来说,这项政策所产生的利益就会很大,值得为此不遗余力地拼搏一下。为了更清楚地说明这个问题,我们不妨用一些假设的数字。我们假定有100名消费者和2个生产者,政府若征收关税,则对消费者总收益的影响为100元,对生产者总收益的影响为50元,政府税收变动为30元,有20元的社会福利净损失。从社会福利水平来看,应该不征收关税;但从政治经济学的角度来看,政府是否废除这项政策取决于这项政策对其政治统治的影响。对消费者来说,虽然他们反对关税政策,但实行这项政策对他们每个人的损害和不征收关税的个人所得都不是很大:一个人1元钱。所以,消费者不会为此而花费太多的精力去游说,即使政府最终坚持征税,消费者也不愿意为这1元钱而游行示威甚至反对政府。但是,对生产者来说,50元虽然不多,但因为只有2个生产者,每个生产者的所得/所失都有25元,是消费者人均损益变动的25倍。在这种情况下,生产者参与影响政府政策决策的集体行动和游说活动的积极性都远远超过消费者,甚至会因此而极力支持政府或反对政府,对政府能否实现其稳定执政的目标影响较大。政府面对的一边是对任何政策实际上都无所谓的100个消费者,另一边却是弄得不好会为此拼命的2个生产者,在这种情况下,政府往往会选择总福利水平下降、大多数人利益受损而少数人受益的国际贸易政策。

(三) 竞选贡献或政治贡献模型

在民主选举制国家里,国际贸易政策的制定还要受到各执政党支持者的影响。一般来说,每个政党都代表一些特殊集团的利益,而这些利益集团也在竞选中积极支持能考虑他们利益的政党。例如,在美国的两党中,工会(尤其是劳工联合会、产业工会联合会)一般支持民主党,大财团或企业主一般支持共和党。这些利益集团在国会和总统的竞选中出钱、出力,极力支持各自的党派当选,这些党派的候选人一旦当选,就会在力所能及的范围里制定或维持有利于这些利益集团的政策;否则,他们就会在下一轮竞选中失去这些利益集团的资金、支持和选票。

由于大多数政府政策的目标是维护其政权的稳定性,因此对于帮助其当选或连任的利益集团,政府会极力地去加以保护。政府实行有利于这些利益集团的国际贸易政策是对他们政治支持的一种回报,保护这些利益集团也就是保护政府本身。

国际贸易政策决定的政治经济学模型可以归纳为表3-5。

表3-5 国际贸易政策决定的政治经济学模型

模型	主要贡献者	主要观点
中值选民模型	沃尔夫冈·梅耶	政府由民主选举产生,政党只有得到多数选民的支持才有可能执政;把每单个选民依其对某项政策的预期成本或收益进行排序,中值选民就是在这一序列中处于中心位置的选民;中值选民的意见一般表现为两种意见之间的观点,以中值选民的意见为界,一边更为保守,另一边更为激进,且两边人数一样;选民均匀分布,越接中值选民意见的政策越能得到大多数选民的支持

(续表)

模型	主要贡献者	主要观点
集体行动和有效游说模型	曼瑟·奥尔森	一项政策是否被政府采纳并不在于受益或受损人数的多少,而在于利益集团的集体行动是否有效。有效性取决于:第一,利益集团的人数。人数越少越容易步调一致。第二,集团中个人利益的大小。个人受益或受损越大,越有动力游说决策者。在许多情况下,国际贸易政策保护的恰恰是少数人的利益。占大多数的消费者为保护这些少数人的利益支付了不小的代价
竞选贡献或政治贡献模型	吉恩·格罗斯曼 埃尔哈南·海尔普曼	在民主选举制国家,执政党支持者的利益往往得到保护。因为每个政党都代表一些特殊集团的利益,政府实行有利于这些利益集团的国际贸易政策是对他们政治支持的一种回报,保护这些利益集团也就是保护政府本身

资料来源:笔者根据现有资料整理。

本章小结

1. 自由贸易政策理论演变主要经历了古典贸易理论、新古典贸易理论和当代贸易理论三个阶段。保护贸易政策理论分为防御型保护贸易理论和进攻型保护贸易理论。防御型保护贸易理论的演变有三个路径:①保护贸易顺差的理论,主要经历了贸易差额论、新重商主义和新保护主义;②保护新兴产业的理论,主要经历了保护关税论和保护幼稚工业论;③缩小外围国家与中心国家的经济发展水平差距的理论,即中心—外围理论。进攻型保护贸易理论包括战略性贸易政策理论及其变异战略性环境政策理论。

2. 一项具体的国际贸易政策由对这项政策的需求和供给决定。

3. 国际贸易政策的政治经济学分析将政治因素作为国际贸易政策制定的内生变量加以处理。

4. 政策研究是一个跨学科、综合性的研究,可以有不同的研究途径、方法或观点。从不同的社会科学学科途径加以研究,包括政治学途径、经济学途径和社会心理学途径;从某些社会科学的理论、假设或模型出发来研究,包括公共政策及其过程。

5. 国际贸易政策政治经济学分析的方法主要包括国际贸易政策的利己主义分析法和社会目标分析法。

6. 国际贸易政策的政治经济学模型包括梅耶的中值选民模型、奥尔森的集体行动和有效游说模型,以及格罗斯曼与海尔普曼的利益集团竞选贡献或政治贡献模型等。

重要术语

绝对优势 absolute advantage

比较优势 comparative advantage

要素禀赋 factor endowment

规模经济 economies of scale
企业异质性 firm heterogeneity
产业内贸易 intra-industry trade
产品内贸易 intra-product trade

思考题

一、名词解释

国际贸易政策理论,国际贸易政策的政治经济学分析

二、简答题

1. 简述自由贸易政策理论的演变。
2. 简述保护贸易政策理论的演变。
3. 简述国际贸易政策的需求方面和供给方面。
4. 简述国际贸易政策政治经济学分析的基本框架、基本思路和方法。

三、案例分析

在土地便宜的美国,用于养牛的人均土地要多于用于种植小麦的人均土地。但是在那些比较拥挤的国家里,土地昂贵而劳动力便宜,相较于美国,其用于养牛的人均土地通常要少于用于种植小麦的人均土地。我们是否仍然可以说,与种植小麦相比,养牛业是土地密集的?为什么是或为什么不是?(尹翔硕,2001)

参考文献

[1] ARNDT S W, KIERZKOWSKI H. Fragmentation: new production patterns in the world economy[M]. Oxford and New York: Oxford University Press, 2000.

[2] BARRET S. Strategic environmental policy and international trade[J]. Journal of public economics, 1994, 54(3): 325-338.

[3] CONRAD K. Taxes and subsidies for pollution-intensive industries as trade policy[J]. Journal of environmental economics & management, 1993, 25(2): 121-135.

[4] KRUGMAN P R. Increasing returns, monopolistic competition, and international trade[J]. Journal of international economics, 1979, 9(4): 469-479.

[5] MELITZ M J. The impact of trade on intra-industry reallocations and aggregate industry productivity[J]. Econometrica, 2003, 71(6): 1695-1725.

[6] RODRIK D. What does the political economy literature on trade policy (not) tell us we ought to know? [J]. NBER Working Paper, No.4870, 1994.

[7] VERNON R A. International investment and international trade in the product cycle[J]. Quarterly journal of economics, 1966, 80(2), 190-207.

[8] WELLS L T. A product life cycle for international trade[J]. Journal of marketing, 1968, 32(3): 1-6.

[9] 阿普尔亚德,菲尔德,柯布. 国际经济学:国际贸易分册[M].赵英军,译.北京:机械工业出版社,2010.

[10] 陈金贤,刘宽虎,张文科.现代国际贸易理论政策与实务[M].西安:西安交通大学出版社,2000.

[11] 陈宪,应诚敏,韦金鸾.国际贸易:原理·政策·实务[M].4版.上海:立信会计出版社,2013.
[12] 方齐云.国际经济学[M].武汉:华中科技大学出版社,2002.
[13] 海闻,林德特,王新奎.国际贸易[M].上海:格致出版社,2012.
[14] 胡昭玲.战略性贸易政策的理论与实证研究[M].天津:南开大学出版社,2002.
[15] 克鲁格曼.战略性贸易政策与新国际经济学[M].海闻,译.北京:中国人民大学出版社,2000.
[16] 李昭华.国际贸易中企业产品消费减污与政府R&D投资政策:基于Bertrand竞争的分析[J].世界经济,2004(6):18-26.
[17] 李昭华,潘小春.国际贸易中消费排污产品的排污标准[J].经济学(季刊),2005a,4(2):387-404.
[18] 李昭华,潘小春.产品消费排污的信息不对称与生态标签在国际贸易中的战略操控[J].数量经济技术经济研究,2005b(2):19-32.
[19] 卢锋,产品内分工[J].经济学(季刊),2004,4(1):55-82.
[20] 唐海燕,毕玉江.国际贸易学[M].上海:立信会计出版社,2011.
[21] 邢斐,何欢浪.贸易自由化、纵向关联市场与战略性环境政策:环境税对发展绿色贸易的意义[J].经济研究,2011,46(5):111-125.
[22] 佚名1.贸易政策的政治经济学分析:进展与展望[EB/OL].(2021-09-08)[2022-03-18].https://wenku.baidu.com/view/666841d8a1116c175f0e7cd184254b35effd1a59.html.
[23] 严建苗.贸易政策的政治经济学[Z].浙江大学经济学院授课课件,2018.
[24] 尹翔硕.国际贸易教程习题指南[M].上海:复旦大学出版社,2001.
[25] 余淼杰.国际贸易学:理论、政策与实证[M].北京:北京大学出版社,2013.

第四章　国际贸易政策措施

[学习目标]

- 掌握关税措施到非关税措施,再到国际贸易救济措施及隐形非关税措施的发展、演进
- 掌握关税措施、非关税措施的种类
- 掌握隐形非关税措施的种类及特点
- 掌握贸易救济措施的概念及其二重性
- 了解关税的经济效应

[引导案例]

2021年8月16日,墨西哥经济部在官方日报发布公告,决定结束对原产于中国的进口冷轧钢板(墨西哥海关税号:7209.16.01,7209.17.01,7225.50.07;产品描述:非合金钢或含硼量≥0.0008%的合金钢,未电镀,无涂层,宽度≥600mm,0.5mm≤厚度<3mm)的反倾销日落复审调查,继续对涉案产品征收反倾销税,自2020年6月20日起为期5年,具体征税方式如下:

第一,对自宝山钢铁股份有限公司进口产品征收65.99%;

第二,对自唐山钢铁集团有限责任公司进口产品征收82.08%;

第三,对自北京首钢冷轧薄板有限公司、首钢京唐钢铁联合有限责任公司以及其他中国出口公司进口产品征收103.41%。

裁决自公告发布次日起正式生效。

所有国家都会对国际贸易采取一些限制措施,包括关税措施、非关税措施和国际贸易救济措施、隐形非关税措施等。本章第一节阐述国际贸易政策措施的发展演进;第二节阐述国际贸易救济措施,突出并深入分析国际贸易救济措施所具有的二重性,即自由贸易政策属性和保护贸易政策属性;第三节分析国际贸易政策措施的效应。

第一节　国际贸易政策措施的发展演进

国际贸易政策措施是指为贯彻国际贸易政策的方针、原则而制定的具体措施。国际贸易政策措施的发展演进路径大致如图4-1所示。

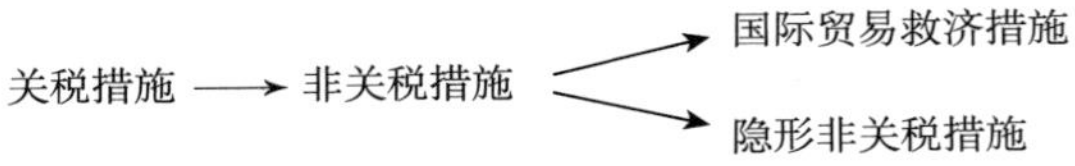

```
关税措施 ──→ 非关税措施 ──→ 国际贸易救济措施
                        ──→ 隐形非关税措施
```

图 4-1　国际贸易政策措施的发展演进路径

其中,关税措施与非关税措施皆属保护贸易政策措施,而国际贸易救济措施则具有自由贸易政策措施与保护贸易政策措施的二重性,隐形非关税措施又称新型非关税措施,为达到贸易之外的目的而制定却又阻碍国际贸易自由流动。关税措施与非关税措施受到世界贸易组织禁止,国际贸易救济措施与隐形非关税措施均不受世界贸易组织禁止。

本节阐述关税措施、非关税措施及隐形非关税措施,下一节阐述国际贸易救济措施。

一、关税措施

关税(customs duty; tariff)是指进出口货物经过一国(或地区)关境时,由政府设置的海关向本国(或地区)进出口商课征的一种税收。由于征收关税提高了进出口商品的成本和价格,客观上限制了进出口商品的数量,故关税又被称为关税壁垒(tariff barrier)。早在欧洲古希腊、雅典时代,关税就已出现。但统一的国境关税是在封建社会解体和资本主义国家出现后产生的。这种国境关税制一直沿用至今,成为关税及贸易总协定建立之前世界各国(或地区)对外贸易政策借以实施的主要措施之一。

按照征税对象的流向,关税措施分类如表 4-1 所示。

表 4-1　关税措施按征税对象的流向分类

项目	进口税 (Import Duty)	出口税 (Export Duty)	过境税 (Transit Duty)
含义	是指对进口商品课征的关税	是指对出口商品课征的关税	是指对途径本国关境而最终目的地为他国的商品课征的关税
货物流向	从别国(或地区)进入本国(或地区)	从本国(或地区)去往别国(或地区)	从 A 国(或地区)经本国(或地区)去往 B 国(或地区)

资料来源:笔者根据现有资料整理。

按照差别待遇和特定的实施情况,关税措施分类如表 4-2 所示。

表 4-2　关税措施按照差别待遇和特定的实施情况分类

关税措施	含义	次级分类	含义
进口附加税 (import sur-tax)	是指海关对进口商品除按税则征收进口税外,出于某种目的额外加征的关税	反倾销税 (anti-dumping duty)	是指对实行倾销的进口商品所征收的一种临时性的进口附加税

(续表)

关税措施	含义	次级分类	含义
		反补贴税（countervailing duty）	又称反津贴税、抵销税或补偿税，是指进口国为了抵销某种进口商品在生产、制造、加工、买卖、输出过程中所接受的直接或间接的任何奖金或补贴而征收的一种进口附加税
		紧急税（emergency tariff）	是指为消除国外商品在短期内大量进口对国内同类商品生产造成重大损害或产生重大威胁而征收的一种进口附加税
		惩罚关税（penalty tariff）	是指出口国（或地区）某商品违反了与进口国（或地区）之间的协议，或者未按进口国（或地区）海关规定办理进口手续时，由进口国（或地区）海关向该进口商品征收的一种临时性的进口附加税
		报复关税（retaliatory tariff）	是指一国（或地区）为报复他国（或地区）对本国（或地区）商品、船舶、企业、投资或知识产权等方面的不公正待遇，对从该国（或地区）进口的商品所课征的进口附加税
差价税（variable levy）	又称差额税，是指当本国（或地区）生产的某种商品的国内（或地区）价格高于同类进口商品的价格时，为削弱进口商品的竞争能力，保护本国（或地区）生产和市场，按国内（或地区）价格和进口价格之间的差额征收的关税	无	
特惠税（preferential duty）	又称优惠税，是指对来自特定国家（或地区）的进口商品给予特别优惠的低关税或免税待遇		
普遍优惠税（generalized system of preferences，GSP）	简称普惠税，是指发达国家（或地区）对从发展中国家（或地区）进口的商品，特别是制成品和半制成品，给予的普遍的、非歧视的、非互惠的关税优惠待遇		

资料来源：笔者根据现有资料整理。

二、非关税措施[①]

(一) 非关税措施的含义和特点

非关税措施(non-tariff measures, NTMs)又称非关税壁垒(non-tariff barriers, NTBs),是一国(或地区)政府采取除关税以外的各种办法来对本国的对外贸易活动进行调节、管理和控制的一切政策措施的总称。

由于非关税措施种类繁多,影响复杂,实际上迄今尚无统一、明确的定义,上述定义也只是一个概括性界定,或纯理论上的解释。而在现实生活中,非关税措施、非关税壁垒、非关税扭曲等概念是混淆使用的。

使用非关税措施概念时要注意:第一,非关税措施不仅是指对进口加以限制的措施,还包括出口限制、生产和出口补贴以及产生类似影响的其他各项措施;第二,非关税措施不仅涉及货物贸易领域,而且涉及服务贸易领域、投资领域及知识产权领域等;第三,如果有些法律法规制定得比较特别,那么也可能被视为非关税措施。例如,美国厂商就曾抱怨日本的专利制度使许多美国专利技术在日本难以获得专利权,从而不能像在其他国家一样得到专利保护,这实际上也构成了一种非关税壁垒。

与关税措施相比,非关税措施具有明显的不同点:第一,非关税措施比关税措施具有更大的灵活性和针对性;第二,非关税措施比关税措施具有更大的隐蔽性和歧视性;第三,非关税措施比关税措施更能限制进口;第四,非关税措施受现代贸易体制约束相对较小。

(二) 非关税措施的主要种类

按照非关税措施的影响方式和影响程度,非关税措施分类如表4-3所示。

表4-3 非关税措施按照影响方式和影响程度分类

非关税措施	含义	具体措施
直接性的非关税措施	是指明显用于限制和影响贸易的措施	数量限制、配额、自愿出口限制、有秩序的市场安排、出口和出口信用补贴、政府采购、进口许可证等
间接性的非关税措施	是指那些表面上是为了达到其他政策目标而实际又对进出口贸易的模式、货物或服务的流动产生影响的措施	对部分地区和企业的补贴、安全健康和环境法规、海关估价、原产地标记等
溢出性的非关税措施	是指进口国(或地区)的政策措施一般来说并不是针对对外贸易,然而由于溢出效应对货物或服务的进口贸易产生了副作用	税收、专利制度等

资料来源:笔者根据李健(2011:15—16)制作。

[①] 本部分主要参考李健(2011:9—31)。

(三) 非关税措施迅速发展的原因

1. 开拓国际市场的压力加大,迫使各国(或地区)不断寻求非关税措施的帮助

各国经济贸易发展极不平衡,使得市场问题变得比过去更为严峻。随着发展中国家(或地区)经济实力的进一步加强,发达国家(或地区)在世界经济中获取利益的目的将越来越难以达到,采取贸易壁垒手段来获取经济利益、减轻来自发展中国家(或地区)竞争压力的做法将越来越普遍。许多发达国家(或地区)为了保护其市场,经常设置贸易壁垒,阻碍了国家(或地区)间的正常贸易往来。在实施非关税措施时,它们往往采取双重标准。也有一些发达国家(或地区)一方面极力推行在全球范围内实现贸易自由化,以促进其货物出口;另一方面又对进口产品横加阻挠,通过设置很高的贸易壁垒来达到保护其市场的目的。而在贸易自由化的进程中,通过单边、双边及多边等渠道,世界关税水平大幅下降,有的产品甚至实行了零关税,一些常规的非关税措施(如配额、许可证等)的使用也受到了抑制和规范。因此,为了在竞争中取胜,各国(或地区)在多边贸易体制允许的范围内有意利用某些非关税措施作为竞争手段,甚至滥用非关税措施。发达国家(或地区)凭借其在科学技术与经济发展水平上的优势,在现在和将来的技术标准、环境规则的制定和实施中,比发展中国家(或地区)更容易处于有利的地位。

2. 科学技术水平的提高为非关税措施的发展提供了条件和手段

科学技术日新月异,极大地促进了经济的发展。随着经济全球化的深入发展,科学技术在提高企业、行业乃至国家竞争力等方面的作用日益凸显,这导致技术性措施、检验检疫措施的不断强化。随着科学技术的发展,各种技术问题也变得更加复杂,发达国家(或地区)不断生产和出口具备先进性、科学性、经济性、适用性、可靠性、竞争性的产品,在国际贸易中始终占据主导地位。此外,随着科学技术的发展,各国在技术法规、标准、认证制度及检验检疫制度上的要求增多,发达国家(或地区)在这方面的制定水平和内容居于领先地位,对各国(或地区)也产生着模仿效应。在传统保护措施作用受到抑制的情况下,技术性贸易保护措施成为各国(或地区)保护其市场和产业的最直接、最有效的武器。

3. 由于可持续发展意识增强,消费者对产品不断提出严格要求

产品的品质直接影响着消费者的利益,尤其是食品更是与消费者的身体健康休戚相关。随着社会的进步和发展,人们整体物质文化水平提高,尤其是发达国家(或地区)生活水平日益提高的现实,促使人们更多关注生活中的安全健康,促进了对产品安全健康方面的要求。这一发展趋势在国际贸易领域的反映就是,要求制定相应的技术标准,加强对进口产品的检验检疫,要求产品本身及其生产加工过程不以破坏环境或牺牲环境为代价,不以牺牲劳动者的健康为代价。这一切促使了国际贸易中某些非关税措施如环境要求、质量标准、技术标准、卫生标准、检验检疫制度等日益合理合法的存在。近年来,国际上不时发生的家畜传染病、残留农药、疯牛病、口蹄疫、禽流感、苏丹红、转基因食品安全等问题,在一定程度上更迫使各国(或地区)政府强化检验检疫措施以保障消费安全。

4. 多边贸易规则预留的空间使得非关税措施被滥用

以关税及贸易总协定/世界贸易组织为代表的多边贸易体制确立了一系列有关市场准入的原则和规则,对当今世界贸易及各成员贸易管理的法律和政策产生着深远影响。但关税及贸易总协定/世界贸易组织并没有禁止所有非关税措施的使用,这就为各成员滥用非关税措施预留了可操作的空间。实际上,在关税及贸易总协定最重要的三项条款(即最惠国待遇、关税减让和国民待遇)出台后,关税及贸易总协定/世界贸易组织已经进入一个在进行贸易自由化发展的同时却要拥有诸多例外条款和规则、怎样处理及何时设置保护,尤其是通过非关税措施进行保护的时代。

5. 在国际竞争日益加剧的背景下,贸易保护手段趋于多样化

在国际贸易发展史上,自由贸易与保护贸易历来属于对外贸易政策的两个基本方向,二者始终交织在一起,所不同的只是它们在不同国家(或地区)、不同时期有不同的表现,孰轻孰重的组合不同。贸易保护主义思潮不时蔓延或抬头不是偶然的,它具有一定的政治和经济背景。2008年下半年,全球金融危机全面爆发,一些国家(或地区)经济增长乏力,出现巨额贸易赤字、失业增多、要素成本上升、传统产业竞争力下降等现象,这一切使其相关产业很容易迁怒于进口产品。其各种利益集团,尤其是与进口产品直接竞争的产业利益集团,不断对政府施压,迫使政府对外采取强硬立场,并利用世界贸易组织的相关协议以及本国(或地区)的法规与贸易政策限制进口,以保护其弱势产业、就业及经济利益,最终维护政治的稳定。

三、隐形非关税措施[①]

(一) 隐形非关税措施的含义及种类

隐形非关税措施又称新型非关税措施[②],是相对于传统的非关税措施而言的概念,是指为达到贸易之外的目的而制定的却又阻碍国际贸易自由流动的各种措施,例如以达到技术标准为目的的技术性贸易措施,以环境保护为目的的绿色贸易措施,以劳工保护为目的的蓝色贸易措施,等等。传统非关税措施与隐形非关税措施的根本区别是:前者主要是对商品数量、价格实行限制,更多地体现在商品和商业利益上,所采取的措施也大多是边境措施;而后者往往着眼于商品数量、价格以外的东西,更多地考虑商品对人类安全健康以及环境的影响,体现的是社会利益和环境利益,所采取的措施不仅包括边境措施,

---

① 本部分主要参考李健(2011:31—44)。
② 李健(2011)使用的表述是新型非关税措施,本书作者首创"隐形非关税措施"这一表述。

还涉及国内政策和法规。

隐形非关税措施的种类如表4-4所示。

表4-4 隐形非关税措施的种类

隐形非关税措施的种类	含义
技术性贸易措施	现代国际贸易中,商品进口国(或地区)在实施贸易进口限制时,通过颁布法律、法令、条例、规定,建立技术标准、认证制度、检验制度等方式,对进口商品制定繁杂苛刻的技术标准、卫生检疫标准、商品包装和标签标准,从而提高进口商品的技术要求,增加进口难度,最终达到限制进口的目的。这些标准和规定往往是以维护生产、消费者安全和人民健康为由而制定的,但其扭曲了技术标准的本来面目,使原来有利于国际贸易发展的技术标准变成了阻碍国际贸易正常进行的手段,成为引发现代国际贸易纠纷的重要根源
绿色贸易措施	以保护有限资源、环境、生态平衡或人民健康为名,蓄意制定一系列苛刻的环保标准,对进口商品或服务加以限制。为此,环境因素逐渐成为一种服务于各国(或地区)贸易保护主义政策的武器
蓝色贸易措施	发达国家(或地区)在国际采购中采用劳工标准,要求供应商承担社会责任条款,包括不使用童工、不强迫劳动、健康与安全、反社会性别歧视、工作时间、最低工资报酬等,从而使劳动力成本低廉、在贸易中占有一定优势的国家(或地区)出现以下情况:①出口国(或地区)可能违反既定的劳工标准,人为降低工资和生产成本,进行不公平的贸易;②进口国(或地区)也许会迫于出口国的竞争压力,对出口国(或地区)施加压力,指责出口国(或地区)违反劳工标准,从而形成贸易壁垒
知识产权贸易措施	一国(或地区)采取的与贸易有关的知识产权保护的立法、行政、司法等方面的措施,违反了世界贸易组织的《与贸易有关的知识产权协定》,构成贸易壁垒,从而阻碍了正常的国际贸易与国际投资活动 当知识产权的排他性应用到跨国经济活动中时,一国(或地区)的知识产权保护政策就与国际贸易联系起来,成为各国(或地区)重要的贸易政策之一;当知识产权固有的垄断性超出了合理的范畴,扭曲了正常的国际贸易时,就成为知识产权贸易壁垒
商品检疫和检验规定	进口国(或地区)利用其安全、卫生检疫和各种包装、标签对进口商品进行严格的管理,超出必要限度时则形成贸易壁垒
服务贸易措施	一国(或地区)政府对外国(或地区)服务提供者提供服务所设置的有阻碍作用的政策措施,也就是说,凡直接或间接地使外国(或地区)服务提供者增加服务成本的政策措施,都能被外国(或地区)服务提供者认为属于服务贸易壁垒

资料来源:笔者根据李健(2011:38—44)制作。

（二）隐形非关税措施的特点

第一，双重性。隐形非关税措施往往以保护人类安全健康和保护生态环境为理由，其中有合理成分，这无可厚非，况且世界贸易组织协议也承认各成员采取技术性贸易措施的必要性和合理性，只是以其不妨碍正常国际贸易或对其他成员造成歧视为准。所以，隐形非关税措施有其合法和合理的一面。然而，隐形非关税措施又往往以保护消费者、劳工和环境为名，行贸易保护之实，从而对某些国家（或地区）的产品进行有意刁难或歧视，这又是它不合法和不合理的一面。这些负面的东西有时会混淆是非，给国际贸易带来不必要的障碍。可见，隐形非关税措施具有双重性。

第二，隐蔽性。传统的非关税措施无论是数量限制还是价格规范，都相对较为透明，人们比较容易掌握和应对。隐形非关税措施种类繁多，涉及的多是产品标准和产品以外的东西，这些纷繁复杂的措施不断改变，让人防不胜防。例如，利用各国（或地区）标准的不一致性，灵活机动地选择对自己有利的标准，因而具有隐蔽性的特点。如法国规定含毛率只需达到85%就可以算作纯毛服装了，而比利时规定含毛率必须达到97%，德国则要求更高，只有当含毛率达到99%时，才能算作纯毛服装。这样对于德国来说，它出口时就选择对方的标准，而限制纯毛服装进口时就选择自己的标准，从而法国和比利时的羊毛制品在德国就难以销售。

第三，复杂性。隐形非关税措施涉及的多是技术法规、标准及国内政策法规，它比传统贸易壁垒中的关税、许可证和配额复杂得多，涉及的商品非常广泛，评定程序更加复杂。发达国家（或地区）凭借其在科技、管理、环保等方面的优势，设置了以技术法规、标准、合格评定程序为主要内容的技术性贸易措施，对市场准入设置了极为严格的条件。如美国就制定并实施了大量的技术性贸易措施。尽管美国的质量认证管理体制是自由分散的体制，没有统一的国家质量认证管理机构，州政府部门、地方政府机构、民间组织都可以开展质量认证工作，但美国利用安全、卫生检疫及各种包装、标签规定对进口商品进行严格的检查。美国为了对商品的安全性能进行认证，设立了安全认证标签 UL（Underwriter Laboratories Inc.，保险商实验室），外国商品必须获得 UL 认证才能顺利地进入美国市场，事实上很多发展中国家（或地区）的商品很难达到 UL 标准。

第四，争议性。隐形非关税措施介于合理与不合理之间，又非常隐蔽和复杂，国家（或地区）之间达成一致标准的难度非常大，容易引起争议，并且不易协调，以至于成为国际贸易争端的主要内容，于是传统商品贸易被隐形非关税措施大战取代。例如，对于技术性贸易壁垒，则涉及两个概念：一个是"技术性贸易措施"，另一个是"技术性贸易壁垒"。技术性贸易措施是指世界贸易组织成员为协定允许的合理目的而制定并实施的"技术法规和标准，包括对包装、标志和标签的要求，以及对技术法规和标准的合格评定程序"，而那些"给国际贸易制造不必要的障碍"或其"实施方式""构成在情形相同的国家（或地区）之间进行任意或不合理歧视的手段，或构成对国际贸易的变相限制，并在其他方面与本协定的规定"不相一致的技术性贸易措施就是技术性贸易壁垒。由于世界贸易组织的《技术性贸易壁垒协议》并没有明确给出技术性贸易壁垒的定义,在国际贸易实践中界定是"技术性贸易措施"还是"技术性贸易壁垒"在技术上存在较大的困难。

(三) 隐形非关税措施产生的原因

第一,社会发展方面的原因。随着社会进步及人民生活水平日益提高,人们安全健康意识增强,越来越关心产品对身体安全和健康的影响,以至于在国际贸易中以安全健康和卫生为主要内容的新型非关税措施日益增多。在乌拉圭回合谈判通过的《卫生与植物卫生措施实施协议》中规定,成员政府有权采取适当的措施来保护人类与动植物的健康,确保人畜食物免遭污染物、毒素、添加剂的影响,确保人类健康免遭进口动植物携带疾病而造成的伤害。由于成员在执行该协议时有很高的自由度,因此在协议中又要求成员政府以非歧视方式,按科学原则,尽可能地采用国际标准,保证对贸易的限制不超过环保目标所需程度,而且有较高的透明度。

第二,环保方面的原因。随着人们环保意识的增强,可持续发展理念深入人心,人们越来越关注赖以生存的地球和社会的可持续发展,因而要求国际贸易中的产品本身及其生产加工过程都不以破坏环境或牺牲环境为代价;同时,要求生产这些产品时也不以牺牲劳动者的健康为代价。于是,绿色贸易壁垒和社会壁垒等隐形非关税措施在国际贸易中不断出现。

第三,传统贸易壁垒受到约束。隐形非关税措施的日益增多与传统贸易壁垒受到约束关系很大。传统贸易壁垒如关税、许可证和配额等的使用不仅会受到国际公约的制约和国际舆论的谴责,而且易遭到对等报复。随着各国(或地区)关税进一步降低,采用关税壁垒来保护相关产业已不太可能,而且关税减让要求缔约方相互减让,任何一方不得随意提高关税。而实施隐形非关税措施却是单方面的,进口成员有自由裁量权。因而,在关税壁垒的保护作用减弱、双边贸易不平衡越来越严重的情况下,传统贸易壁垒将来的发展空间不是很大,这就为隐形非关税措施的发展提供了巨大的发展空间。

第四,科学技术进步。科学技术日新月异为隐形非关税措施的发展提供了条件和手段。技术密集型产品在国际贸易中的比重不断提高,特别是信息技术产品,涉及的技术问题较为复杂,容易形成隐形非关税措施。同时,高灵敏和高技术检测仪器的发展使检测精度大大提高,给一些国家(或地区)设置隐形非关税措施提供了技术条件和物质条件。由于发达国家(或地区)在科技方面具有领先优势,技术性贸易措施自然成为发达国家(或地区)对发展中国家(或地区)实施最多的隐形非关税措施。

第五,贸易保护主义的影响。在世界经济放缓的背景下,主要发达国家(或地区)因经济增长乏力,贸易保护主义有重新抬头之势,随着传统贸易壁垒作用的弱化,其纷纷寻求隐形非关税措施,以保护其相关产业。

第二节　国际贸易救济措施[①]

对国际贸易救济进行研究,首先必须从总体上认识国际贸易救济的内涵和外延。本节阐述国际贸易救济的相关概念、国际贸易救济的概念体系、国际贸易救济的目的、世界贸易组织框架下三种国际贸易救济方式、国际贸易救济的基本作用以及国际贸易救济的二重性。

一、国际贸易救济的相关概念

(一) 市场经济地位

从历史上看,关税及贸易总协定关于"国家垄断贸易"(又称"非市场经济"或"国家控制经济")的概念以及在非市场经济条件下出口产品怎样比较价格的规定,一直是模糊的。一般认为,在市场经济条件下,存在资本市场、商品市场与劳动力市场,产品价格由竞争状态下的供求关系决定,因此,价格可以反映产品的真实成本;非市场经济国家(或地区)不像市场经济国家(或地区)那样,具有完整的资本市场、商品市场与劳动力市场,在自由竞争条件下,产品价格能够反映价值。在非市场经济国家(或地区),资本市场、商品市场与劳动力市场不完善,而且资源、生产资料为国家(或地区)所有,原材料、劳动力的价格及工资由国家(或地区)决定,甚至生产过程也由国家(或地区)控制,因此其价格不能反映价值,衡量产品价格的货币也不能自由兑换,从而使产品的国内(或地区)价格与国际价格处于不平等的比较水平上,因而用被人为扭曲的国内(或地区)价格与出口价格做比较显然是不公平的,也是不合适的。1995年,关税及贸易总协定对其内容首次做了解释性的规定:应该承认,对全部或总体上由国家(或地区)垄断并由国家(或地区)规定国内价格的出口产品,在为第一款之目的决定可比价格时,可能存在特殊困难。在此情况下,进口缔约方可能发现有必要考虑这种可能性:与这类国家的国内价格做严格比较时,不一定经常合适。

《中国加入世界贸易组织议定书》第15条规定,在针对来自中国的产品发起反倾销调查时,并不自动用中国产品国内价格作比对价格,而是选择第三国产品价格,即替代国价格作比对价格,这种待遇保持15年。原中国对外贸易经济合作部进出口公平贸易局专员尚明表示,一些国家(或地区)不正视中国的市场经济发展情况,认为中国是非市场经济国家,对中国实施不合理的反倾销政策,这成为中国出口产品遭受反倾销的主要原因之一。

[①] 本节主要参考褚霞(2015:13—49)。

(二) 产业损害调查

产业损害调查是反倾销、反补贴、保障措施等贸易救济措施的重要组成,主要任务是认定国外倾销、补贴、进口产品或进口过激增长对本国(或地区)产业是否造成损害、损害程度,以及倾销、补贴、进口过激增长和损害之间的因果关系是否成立。根据世界贸易组织有关协议的规定,产业受到损害是实施反倾销、反补贴、保障措施等贸易救济措施的必要条件。

(三) 产业安全

产业安全是指在国际经济交往与竞争中,关系国计民生的国内(或地区)重要经济部门(产业)受到本国(或地区)经济主体的控制,国内(或地区)各个层次的经济主体在经济活动中的经济利益得到充分分配,以及政府产业政策在国民经济各行业中得到彻底贯彻。从根本上看,一个国家(或地区)维护产业安全的能力最终取决于一个国家(或地区)对本国(或地区)国民经济重要产业的控制能力以及该产业本身抵御外部威胁的能力(产业竞争力)。

加入世界贸易组织以后,依照中国的入世承诺,中国市场将日益开放,原来的关税将大幅降低,补贴将逐步取消,贸易限制措施将逐渐消除。在这种情况下,国外优势产品将迅速大举进入中国市场,势必给相关民族产业造成较大的冲击。因此入世后,引起中国产业安全问题的外部因素将增多,侵害和威胁中国产业安全的程度将加深。故此,我们应该非常重视这些负面影响的后果,并积极采取应对措施予以化解。

在国际上,建立和完善相关法律制度是维护产业安全的通行做法。产业政策有其必要性,但产业政策一般是一个过渡,成熟以后,大都要制定相应的法律法规来代替。入世前后,中国在法律、法规和规章的"立、废、改"方面做了大量工作。如在产业安全保护方面,及时制定了反倾销条例、反补贴条例和保障措施条例,废除了原来的反倾销和反补贴条例,有力地保护了国内产业,取得了明显效果。但出于时间原因,中国的产业安全保护法律制度还不够完善,仍有很多工作要做。当务之急是着重加强以贸易救济为主的综合性产业安全法律制度的建设。

二、国际贸易救济的概念体系

(一) 国际贸易救济

国际贸易救济(international trade remedies)通常是指在多边贸易规则的框架下,一国(或地区)政府对因进口而遭受相当程度损害的产业可以采取的救济措施的总称(中华人民共和国商务部条约法律司,2004)。国际贸易救济可以分为狭义、广义和超广义三个范围(见表4-5)。狭义的贸易救济仅指反倾销(anti-dumping)、反补贴(coutervailing)和保障措施(safeguards)(以下简称"两反一保")。广义上,一切针对本国进口产品实施的救济或保障行为都属于贸易救济措施,包括"两反一保"、支付平衡措施、技术性贸易措施、环境保护措施、知识产权保护措施等。超广义的贸易救济是指政府保障贸易秩序、维护贸易相关方权益的所有行为,包括立法行为、行政行为和司法行为。

"两反一保"等国际贸易救济措施是一种行政救济,而对该国际贸易救济行政措施的司法审查,则是司法救济。因此,从行政实施和程序法的角度来看,国际贸易救济是指在倾销、补贴和进口过激增长等给国内(或地区)产业带来损害的情况下,进口国(或地区)国际贸易管理机构为了维护贸易公平、保护国内(或地区)产业,依法启用的反倾销、反补贴与保障措施等行政措施。其宗旨是救济不公平贸易或进口过激增长中受损方的权益,是运用公权力保护私权益的一种方式。

表4-5 国际贸易救济概念的三个范围

项目	狭义	广义	超广义
范围	特定的行政措施:"两反一保"	国际贸易领域内的所有行政措施	国际贸易领域内的所有措施
涵盖的措施	反倾销 反补贴 保障措施	国际货物贸易行政措施 国际服务贸易行政措施 与国际贸易有关的知识产权行政措施 其他国际贸易行政措施	立法措施 司法措施 行政措施

(二)国际贸易救济制度

国际上,通常将"两反一保"、技术性贸易法规和标准这类法律体系以及产业损害调查听证规则与裁决规定等相配套的实施细则称为国际贸易救济制度。

1. 国内国际贸易救济制度

国内国际贸易救济制度是指贸易国家针对外国对本国的不公平贸易行为,包括倾销、补贴以及进口过激增长等原因所引起的,对本国同类产品和生产商或国内市场造成严重损害或威胁而建立的一整套救济体系。

国际贸易救济规则最早表现为国内规则,在越来越多的国家将国际贸易救济确立为一项贸易法律制度以后,国家之间又协商制定了共同遵守的国际规则。因此,国内国际贸易救济制度基本上属于一国国内法的范畴,当然,作为世界贸易组织的成员,任何国家(或地区)的国际贸易救济制度又都必须建立在世界贸易组织的框架下。

各国建立国内国际贸易救济制度是为了防止或补救国内产业遭受的损害。最早的国内国际贸易救济制度产生于19世纪末20世纪初,其内容主要是反倾销和反补贴规则。第二次世界大战以后,随着国际贸易自由化进程的加快,国内国际贸易救济制度的内容得到了进一步充实和完善。当代各国国际贸易救济的国内规则,大多由反倾销、反补贴、保障措施和出口救济规则构成。

2. 世界贸易组织国际贸易救济制度

国家(或地区)之间协商制定国际贸易救济的国际规则,是为了约束有关国家(或地区)的国际贸易救济行为,以避免国际贸易救济给国际贸易造成扭曲。为了保证商品在全球市场尽可能流通与顺利交易,世界贸易组织不允许各成员对其进口贸易进行限制。但自由贸易在积极有效地促进世界贸易组织各成员乃至全球经济持续、健康、快速发展的同时,也很可能因不公平贸易和不正当竞争而给某些成员的民族产业带来巨大的损害,从而破坏其国家(或地区)利益,并最终殃及全球经济。因此,为了维护公平贸易和正当竞争的秩序,世界贸易组织允许各成员在倾销、补贴和进口过激增长等对其产业带来损害的情况下启用"两反一保"等手段,在不违背世界贸易组织具体贸易协定的条件下,对进口贸易进行某种限制。国际贸易救济这一法律体系的框架早在1947年《关税及贸易总协定》中就已经确定,经过多次的修改,日益完善,直至纳入乌拉圭回合谈判的协议中。世界贸易组织国际贸易救济制度是指世界贸易组织规定的有关"两反一保"以及与它有关的争端解决机制方面的一些规则和法律体系,是世界贸易组织庞大的法律规则中的重要组成部分。世界贸易组织法律框架下的《关于实施1994年关税及贸易总协定第六条的协议》(即《反倾销协议》)、《补贴与反补贴措施协议》和《保障措施协议》分别对倾销和反倾销、补贴和反补贴以及保障措施做出了实体性及程序性的规定。实体性规定主要界定了倾销、补贴、进口激增与产业损害的概念以及实施"两反一保"的基本条件、形式和期限;程序性规定则是关于实施上述国际贸易救济措施及争端解决的基本程序,包括对实施这些程序的成员机构和世界贸易组织相关组织机构职能的规定。

三、国际贸易救济的目的

国际贸易救济是一种公平贸易行为,国际贸易救济制度一般与国际贸易中的非公平贸易现象联系在一起,因而又被称为进出口公平贸易制度。由于国际贸易救济措施主要针对不公平贸易行为或措施而实施,其目的是抵消此类不公平贸易行为或措施对本国(或地区)产业带来的损害,因而国际贸易救济贯穿了保障公平贸易的理念。市场经济的核心是公平竞争,反倾销、反补贴等贸易救济措施是维护公平竞争的重要手段。当本国(或地区)产业受到不公平贸易行为或措施的损害时,只有对这种损害给予必要的救济,才能使公平贸易得到恢复。美国教授理查德·戴蒙德(Richard Diamond)等人在论述美国政府为什么要抵消国外补贴对其国内产业的影响时,也认为根本原因在于国外补贴的不公平性。这种补贴给进口国(或地区)企业的决策增加了一层风险,在不得不与获得出口国(或地区)财政补贴的出口国(或地区)企业竞争时,造成了一种不公平的感觉。国际贸易救济的公平性已被有关国家的贸易救济法律法规采纳,如美国在其有关贸易救济的法律中明确昭示:国际贸易救济的目的是取消不公平贸易。《中华人民共和国反倾销条例》《中华人民共和国反补贴条例》也规定,制定这些条例的目的是维护对外贸易秩序和公平竞争。

四、世界贸易组织框架下三种国际贸易救济方式

(一) 反倾销措施

反倾销措施是针对以低于本国(或地区)生产价值的价格在第三国(或地区)销售商品并造成第三国(或地区)产业损害而采取的抵制不公平贸易的措施,是为抵消不公平的低价格而采用的最常见的国际贸易救济措施。世界贸易组织《反倾销协议》认为,一国(或地区)企业以低于本国(或地区)生产价值的价格向另一国(或地区)出口商品即构成了倾销。倾销本身并不违法,但当它对进口国(或地区)企业造成损害时就变成了违法。因此,要发起反倾销调查,进口国(或地区)企业必须证明倾销和损害同时存在,且倾销与损害之间存在因果关系。通常情况下,受损企业需要向相关的政府部门提出书面申请,该部门会向出口国(或地区)政府提交一份"立案公告",并开始反倾销调查。在特殊情况下,有关部门也可以在没有收到企业申请的情况下自行发起调查。

(二) 反补贴措施

反补贴措施主要是针对一国(或地区)政府或公共机构提供专向性的优惠待遇以提高企业竞争力而给进口国(或地区)产业造成损害的行为而采取的抵消措施。世界贸易组织《补贴与反补贴措施协议》认为,补贴是指一成员政府或任何公共机构向某些企业提供的财政资助及对价格或收入的支持,以直接或间接的方式,增加从其境内出口某种产品或减少向其境内进口某种产品,或者对其他成员的利益造成损害或损害威胁的政府性措施。在国际贸易中,补贴经常被各国(或地区)用作刺激本国(或地区)产品出口或限制他国(或地区)产品进口的一种手段。与倾销一样,补贴被世界贸易组织认为是国际贸易中不公平的贸易行为,各成员在一定条件下均有权采取必要措施即反补贴措施抵制和消除这种行为对本国(或地区)有关产业造成的不利影响。

(三) 保障措施

保障措施是针对进口过激增长对一国(或地区)相关产业造成严重损害或严重损害威胁而采取的抵消措施。保障措施的前身是一种免责条款,其目的在于使缔约方所承担的条约义务具有一定的灵活性,以便其在特殊情况下免除特定义务,从而避免因出现在签订协约时无法预见的情况而造成的损害。与反倾销和反补贴措施相反,世界贸易组织《保障措施协议》并非用于抵制贸易的不公平性,而是允许各成员政府采取临时措施,在某种进口产品数量过激增长的情况下暂时阻止进口狂潮,以便企业有时间为提高国际市场竞争力而进行调整,保护相关产业。因为其针对的是合理贸易行为,所以在任何情况下,如果世界贸易组织的某个成员因不恰当的理由而采取措施限制进口,就被认为违反了保障措施,其他成员可以通过世界贸易组织的争端解决机制对该成员提起诉讼。

(四) 反倾销、反补贴、保障措施比较

反倾销、反补贴、保障措施在形式和实际实施方式上非常相似,在某种程度上相互影

响,甚至在有些情况下可以替代使用。故在运用反倾销、反补贴和保障措施时,一国(或地区)政府要结合具体情况,综合各种因素来分析,以便在世界贸易组织体制下采用最佳方式保护相关产业。因此,我们很有必要对世界贸易组织所允许的这三种措施进行比较分析(见表4-6)。

表4-6 反倾销、反补贴和保障措施的对比

项目	反倾销	反补贴	保障措施
依据的国际规则	1994年《关税及贸易总协定》第6条及世界贸易组织《反倾销协议》	1994年《关税及贸易总协定》第6条及世界贸易组织《补贴与反补贴措施协议》	1994年《关税及贸易总协定》第19条及世界贸易组织《保障措施协议》
针对的对象	针对不公平贸易,维护公平竞争,针对低价倾销	针对不公平贸易,维护公平竞争,针对政府补贴	针对公平贸易,客观上限制了公平竞争
实施的前提条件	存在倾销,存在实质性损害或实质性损害的威胁,或者对一国(或地区)新建产业有实质性阻碍,倾销与损害或损害威胁之间存在因果关系	存在补贴,存在实质性损害或实质性损害的威胁,或者对一国(或地区)新建产业有实质性阻碍,补贴与损害或损害威胁之间存在因果关系	进口过激增长,对一国(或地区)产业存在严重损害和严重损害威胁,进口过激增长与严重损害或严重损害威胁之间存在因果关系
发起调查	必须有企业或企业联合体的申请。在特殊情况下,有关部门也可以在没有收到企业申请的情况下自行发起调查	必须有企业或企业联合体的申请	可以有企业申请,也可以在没有企业申请时,由政府直接进行调查
实施程序	申请,立案调查,初裁及临时反倾销措施,终裁,行政复审和司法审议	申请,请求磋商,调查,采取反补贴措施,行政复审和司法审议,整个过程也进行公告和信息披露	调查及公告,通知利害关系方及保障措施委员会,与利害关系方磋商及进行贸易补偿
实施范围	属于歧视性的,即仅对特定国家(或地区)的特定产品反倾销	属于歧视性的,即仅对特定国家(或地区)的特定产品反补贴	属于非歧视性的,对所有国家(或地区)出口的同一种产品都实施保障,并且权益受到影响的出口国(或地区)有权得到补偿,可以进行报复
实施期限	一般为五年,如果具备条件可以反复使用	一般为五年,如果具备条件可以反复使用	只能为四年,延长后不能超过八年,严格限制实施频度
实施的具体措施	征收反倾销税或者做出价格承诺	征收反补贴税或者要求取消补贴承诺,包括出口商修改价格或政府取消补贴	可以提高关税,也可以实行数量限制或维持关税配额

资料来源:王云飞(2006)。

五、国际贸易救济的基本作用

国际贸易救济的基本作用有两个:一是保护自由贸易与公平贸易,纠正不公平贸易竞争所带来的贸易扭曲;二是保护一国(或地区)产业和市场免受国际竞争的严重损害,消除正常贸易造成的损害。

(一)保护自由贸易与公平贸易,纠正不公平贸易竞争所带来的贸易扭曲

反倾销和反补贴措施实质上体现了国际贸易救济的第一个作用,即国际贸易救济能够纠正不公平贸易竞争所带来的贸易扭曲。世界贸易组织倡导的是公平、自由的市场竞争,而倾销将会破坏这种正常的竞争环境,它不但会给进口国(或地区)的生产带来损害,而且会影响出口国(或地区)自身的出口秩序和不存在倾销行为的出口商的利益,同时还会对在进口国(或地区)销售同类产品的第三国(或地区)出口商产生不利后果。因此,各国(或地区)普遍认为,对于倾销行为必须通过具有普遍约束力的反倾销法律加以制裁。如果不对这种不正当竞争行为进行有效的遏制,则多边贸易体制所能带来的积极效应将难以体现。

正当的反倾销措施对进口商品来说并不是一种惩罚,而仅仅是一种维护本国(或地区)市场公平竞争的"救济"措施。通过对进口商品征收附加的进口关税或实施价格承诺等措施,进口商品在本国(或地区)市场上才能以公平的"正常价值"进行竞争。反倾销措施能够通过反倾销调查和征收反倾销税,有效地起到纠正贸易扭曲、促进公平竞争的作用。

而补贴同样阻碍了正常的公平竞争,产生了贸易扭曲。一国(或地区)对本国(或地区)出口商品和出口商品的生产者提供的补贴在国际贸易中可能产生三种影响:第一,对进口国(或地区)而言,其相关产业生产的产品将不得不与得到出口国(或地区)政府补贴的、占据不公平竞争优势的进口商品进行竞争,从而可能受到损害。第二,对出口国(或地区)而言,政府给予其生产者的补贴可能削弱其他成员向该国(或地区)出口商品的竞争力,这是因为与进口商品相比,本地商品可能因得到补贴而享有不公平的价格优势。第三,就国际市场而言,一些成员的出口可能受到影响,这是因为在第三国(或地区)市场上,一个成员商品的竞争力在与得到出口补贴的成员的商品竞争时被削弱,因此出口补贴和生产补贴可能使得到政府补贴的商品在国际市场上享有不公平的竞争优势。

反补贴措施与反倾销措施的目的在某些方面非常相似,都是平衡存在或潜在的利益冲突。但二者也有重要区别,主要是行为主体不同。倾销是出口企业定价的结果,而补贴是政府行为的结果。补贴的危害非常严重,它被认为是国际贸易中最可怕、最有力的竞争武器,它可以使某一商品采用超低价格轻松、迅速地打败一切对手,因而是对手们最忌讳的不平等的竞争措施。补贴的实质是通过财政手段和某个公共机构集合大众的经济力量来支持某一商品获得超低价格竞争优势。

（二）保护一国（或地区）产业和市场免受国际竞争的严重损害，消除正常贸易造成的损害

保障措施体现了国际贸易救济的另一个作用，即一国（或地区）的正常国际贸易对另一国（或地区）的产业和经济发展造成损害时，通过保障措施来消除这种损害。保障措施的特点是只考虑进口商品对进口国（或地区）市场的影响，而不论进口增长的原因。采取保障措施需要一定的前提条件——进口商品的发展趋势不正常，即进口商品的增长对进口国（或地区）同类商品或与其直接竞争商品的生产商造成严重损害或严重损害威胁。保障措施是世界贸易组织允许成员使用的国际贸易救济措施，但是同样由于不同国家（或地区）的认定标准和执行尺度不同，对于保障措施，不同学者有着不同的认识。保障措施为各国（或地区）适应全球经济一体化的浪潮提供了一种灵活的保险机制，能够强化各国（或地区）政府实现全球经济一体化的决心和信心，从而最大限度地做出贸易自由化的承诺，同时保障措施还具有"安全阀"的作用。

六、国际贸易救济的二重性

（一）国际贸易救济二重性的提出

一方面，国际贸易救济是世界贸易组织公平竞争原则的主要体现，并且构成世界各国（或地区）公平贸易政策的主要内容，公平竞争原则与贸易救济都是以自由贸易为基础和导向的，它们追求对等的自由贸易，因此具有自由贸易的性质。另一方面，国际贸易救济作为一项在国家（或地区）层面运用的政策措施，具备天然的维护国家（或地区）利益的功能，因此具有保护贸易的性质，但常常被随意地滥用，甚至成为贸易保护主义的主要工具。因此，根据我们对贸易救济本质的理解，国际贸易救济具有二重性，即自由贸易性质和保护贸易性质。综上，褚霞（2015）提出国际贸易救济二重性的概念：国际贸易救济是一种公平贸易政策，具有自由贸易与保护贸易两种性质（见图4-1）。

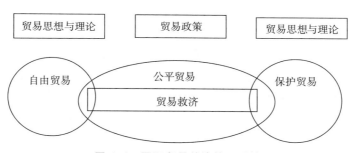

图4-1 国际贸易救济的二重性

国际贸易救济的二重性显示，自由贸易与保护贸易这两种贸易思想和理论同时体现在国际贸易救济措施当中。国际贸易政策的二重性是国际贸易中所固有的国家（或地区）利益的双重标准引起的，而国际贸易救济作为一类公平贸易政策措施，也充分地体现

了国际贸易政策的二重性。总体来说,二重性是国际贸易救济的本质体现,是国际贸易救济现象中各种错综复杂的矛盾交织在一起的总体表现,是理解和研究国际贸易救济的逻辑起点。

(二) 国际贸易救济二重性在概念层面的体现

1. 国际贸易救济原因的二重性

国际贸易救济原因的二重性是"导致损害的原因"以及"损害程度本身"的多种可能性引起的。褚霞(2015)把国际贸易救济定义为在多边贸易规则的框架下,一国(或地区)政府对因进口而遭受相当程度损害的产业可以采取的救济措施的总称,从该定义来看,国际贸易救济发起的原因是"产业因进口而遭受相当程度损害",其中对进口造成的损害,既可能源自外国(或地区)企业或政府的不公平贸易行为,也可能源自自由、公平的贸易行为。如果一国(或地区)国际贸易救济针对的是不公平贸易行为,那么它就是一项维护(保护)公平、自由贸易的政策,具有自由贸易的性质;如果一国(或地区)国际贸易救济针对的是自由、公平的贸易行为,那么它就是一项保护贸易政策。而且,由于"损害"测量的困难与随意解释的可能,国(或地区)外贸易行为会成为国际贸易救济的借口而不是真实原因,这样也会导致国际贸易救济性质的不同。详细的解释见表4-7。

表4-7 国(或地区)外贸易行为与国际贸易救济的性质

本国(或地区)损害程度	国(或地区)外贸易行为性质	
	公平、自由贸易	不公平贸易
真实"严重损害"	①	②
虚假"严重损害"	③	④

注:当本国(或地区)所受损害是真实的,①所代表的国际贸易救济措施就具有保护贸易性质,②所代表的国际贸易救济措施就具有自由贸易性质;当本国(或地区)所受损害是虚假的,则③和④的国际贸易救济措施就变成贸易保护主义的工具。

2. 国际贸易救济目的的二重性

国际贸易救济目的的二重性表现在世界贸易组织目的与各国(或地区)目的的差异上。世界贸易组织制定国际贸易救济规则的目的在于维护国际贸易公平和正常的国际竞争秩序,既不是为了限制国际贸易,也不是对进口设置障碍,其目的仅仅是为进口成员在产业遭受不公平竞争和过量进口而造成损害的情况下,提供一种合法的保护手段。因为这种损害对世界贸易组织成员的经济发展是没有好处的,如果没有措施加以制止,则从长远来看不符合世界贸易组织关于各成员共同繁荣与发展的宗旨。可见,国际贸易救济措施旨在减少政府政策对国际市场的扭曲和市场不完善,使国际贸易的参与者真正依靠自身的比较优势进行竞争。国际贸易救济规则允许世界贸易组织成员在特定情况下,采取相应措施来保护其产业免受不公平贸易的损害。然而,作为世界贸易组织自由贸易原则中的例外范畴,国际贸易救济给予各成员企业和政府灵活的角色,而后者在世界贸易组织体系中也是特有的。这导致反倾销、反补贴、保障措施等国际贸易救济措施在国家(或地区)层面运用时普遍演变成为一种"安全阀",各国(或地区)政府采取国际贸易救济措施几乎完全是出于刺激或保护本国(或地区)经济和企业的目的,这一点可以从国际贸易救济数量与产业竞争力的反向关系中部分体现出来(见图4-2)。比起关税与非关税措施,它具有名义上的合法性(维护自由贸易),但若被滥用,却具有结果上的保护性。

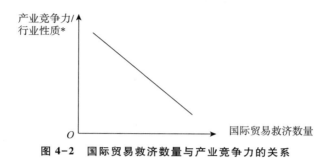

图4-2 国际贸易救济数量与产业竞争力的关系

注:国际贸易救济主要集中在产业竞争力较低的行业以及传统行业。* 这里,行业性质是指该行业是属于传统行业,还是高端行业。

3. 国际贸易救济使用上的二重性

国际贸易救济使用上的二重性体现在各国(或地区)把国际贸易救济当成贸易保护主义的工具,而且由于对国际贸易救济滥用的规制不力,使国际贸易救济向贸易保护主义工具的演变成为可能(见图4-3),具体解释如下:国际贸易救济得到了关税及贸易总协定/世界贸易组织的认可而成为维护"公平贸易"的政策措施,合理使用国际贸易救济手段以防止不正当竞争,维护自身的合法贸易利益,以及维护国际贸易的正常运行是必要的。但是,随着国际贸易自由化进程的加快,各国(或地区)政府在失去惯用的关税和非关税措施的同时,都致力于寻求世界贸易组织框架下的保护伞。由于反倾销等国际贸易救济措施申诉上的便利性、技术上的灵活性、裁决上的较大主观性以及较为容易胜出,各国(或地区)对这一贸易保护措施过于青睐,将国际贸易救济措施这个被关税及贸易总协定保留下来的合法贸易手段堂而皇之地搬到国际贸易舞台上,而且愈演愈烈。国际贸易救济和隐形非关税措施共同构成了一国(或地区)产业的保护伞,进一步加强了对进口国(或地区)生产和市场的保护力度。反倾销等国际贸易救济措施在全球范围内的滥用,在一定程度上扰乱了国际贸易秩序,影响了国际贸易和世界经济的稳定发展。

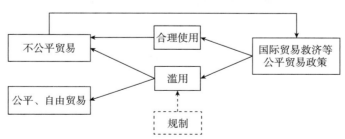

图4-3 国际贸易救济使用上的二重性

因此,各国(或地区)都有权采取一定的国际贸易救济手段,规制不正当的竞争行为,但如果这种国际贸易救济手段被滥用,则又将对国际贸易自由化形成障碍。

4. 国际贸易救济法律的二重性

从各国立法及1994年《关税及贸易总协定》的立法意图来看,防止对进口国(或地区)产业的损害是国际贸易救济法最为核心的目的,具体地说,在于阻止出口国(或地区)商品的低价销售或数量激增以及这种低价和激增对进口国(或地区)产业的损害。但在实践中,世界各国(或地区)都在不断强化本国(或地区)的国际贸易救济法,都在不断扩大国际贸易救济法的适用范围。这是因为,一方面,国际贸易救济涉及的是具体的进口商品,更具有针对性;另一方面,是否实行国际贸易救济还要取决于一国(或地区)产业受损程度,这样进口国(或地区)在实际利害的选择和平衡上,更享有主动权,更能最大限度地获得实际利益。正如美国学者N. 戴维·帕尔米特(N. David Palmeter)所言,所有美国国际贸易救济法律的规范和程序,都不能真正决定进口商的进口价格是否"公平"(孙雯,2005)。

Q&A 4-1　国际贸易救济措施的特殊性

Q:如何理解国际贸易救济措施的特殊性?

A:国际贸易救济措施的特殊性集中体现在其二重性上。一方面,它旨在维护自由贸易的公平性,具有自由贸易政策的性质,因此,国际贸易救济措施不被世界贸易组织规则禁止。但另一方面,它又很容易被滥用,一国(或地区)政府可以维护国际贸易公平性之名,行高筑国际贸易壁垒之实。

国际贸易救济措施既可能成为一国(或地区)政府用以维护公平贸易环境的有力工具,同时又可能对国际贸易产生一定的负面影响。这种利弊共存的状态要求一国(或地区)政府既应当保护正当有益的国际贸易救济行为,保证国家(或地区)通过运用国际贸易救济实现一定的社会经济政策目标,又应当适当规制国际贸易救济措施的运用,使之不至于成为一种新的不公平的贸易竞争手段和非关税壁垒,破坏国际贸易的公平与自由。

第三节　国际贸易政策措施的效应分析[①]

多数国际贸易政策措施最终都会落实成为征收关税或实施配额,故国际贸易政策措施的效应分析主要就是关税和配额的效应分析。本节主要阐述关税的效应分析。

---

① 本节主要参考方齐云和方臻旻(2009:88—93)。

一、关税的效应:局部均衡分析

由于进口关税是关税保护的最重要手段,而从价关税又是进口关税的最普遍形式,因而关于关税效应的分析,将主要采用从价税的形式来分析进口关税的影响。

进口关税的影响可以采用局部均衡和一般均衡两种方法来分析。我们首先采用局部均衡的方法进行分析。为了简单起见,我们先分析小国征收进口关税的局部均衡效应。如图4-4(a)所示,小国A国内市场x商品(可进口商品)的需求曲线为D,供给曲线为S,世界市场x商品的价格为P(低于国内封闭条件下的均衡价格P_A)。在不征收关税的情况下,A国国内消费者和生产者面对的x商品价格为P,国内生产量为q_1,需求量为q_4,进口量为(q_4-q_1)。现在,假定A国按从价税税率t对进口的x商品征收关税,则会产生如下影响:

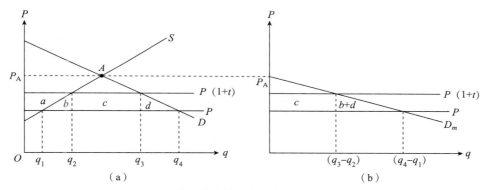

图4-4 关税效应的局部均衡分析:小国情况

(1)价格效应(price effect)。征收进口关税后,国内消费者和生产者面对的价格由P上升到$P(1+t)$。

(2)消费效应。征收进口关税后由于价格上升,国内消费量由q_4减少到q_3,消费量减少(q_4-q_3)。

(3)生产效应或保护效应。征收进口关税后由于价格上升,使国内生产量由q_1增加到q_2,生产量增加(q_2-q_1)。

(4)进口效应或贸易效应。国内消费减少和国内生产增加共同使进口减少$(q_4-q_3)+(q_2-q_1)$,即由原来进口(q_4-q_1)减少到现在只进口(q_3-q_2)。

(5)财政收入效应。由于对每一单位进口商品征收$P\times t$数额的关税,使关税收入增加$P\times t\times(q_3-q_2)$。

(6)再分配效应。征收进口关税后由于价格上升,消费者每购买一个单位商品多支出$P\times t$数量的货币,从而当购买q_3数量的商品时,多支出$P\times t\times q_3$数量的货币。其中,$P\times t\times q_2$转移给生产者,这部分称为关税的补贴等值,另一部分$P\times t\times(q_3-q_2)$则形成政府的关税收入。由此可见,关税的征收与国内消费税有相同的效果,只不过在关税情况下,把国内消费税情况下政府税收收入的一部分 $P \times t \times q_2$ 转移给了生产者,从而发生了收入由消费者向生产者的再分配。

如果从福利的角度,即从消费者剩余和生产者剩余的角度来分析,则小国征收进口关税会发生福利损失,这种损失被称为关税的社会成本。假定货币的边际效用不变,我们来分析小国征收进口关税的福利影响和关税的社会成本。

在图4-4(a)中我们可以看到,由于征收进口关税使价格上升,消费者剩余减少($a+b+c+d$),生产者剩余增加 a,政府关税收入增加 c,小国征收进口关税的净福利损失为 $(a+b+c+d)-(a+c)=b+d$。也就是说,征收进口关税使消费者剩余的一部分($a+c$)转移给了生产者(a)和政府(c),但发生了($b+d$)的福利净损失,这就是小国征收进口关税的社会成本。其中,b 被称为关税保护的生产成本,它是由关税导致资源的错误配置而产生的。因为在资源被充分利用的条件下,关税保护使国内进口替代部门的生产增加,这必然使国内其他部门的资源向该部门转移,这种资源的再配置被认为是缺乏效率的,因为进口替代部门相对来讲是缺乏效率的。值得指出的是,如果资源没有被充分利用,就不会发生这类保护的生产成本,相反会引起关税保护的效应。另一部分 d 被称为关税保护的消费成本,它是由关税导致国内消费品相对价格扭曲而产生的。

分析关税社会成本的另一种方法是运用图4-4(b)所示的超额需求曲线。在图4-4(b)中,D_m 为A国的超额需求曲线,是由图4-4(a)推导出来的,在不征收进口关税的情况下,小国进口量为(q_4-q_1),征收进口关税以后,由于价格上升,进口量减少到(q_3-q_2)。图中矩形 c 的面积为关税收入,三角形($b+d$)的面积即为关税的社会成本。

事实上,关税的社会成本比上面分析的还要大。它还应该包括管理成本和资源移置成本。为了征收进口关税,一国必须设立一种特定的管理机构(如海关、边境巡逻等),从而必须承担相应的成本,这项成本必须从关税收入中扣除掉,因而政府的关税收入实际上比矩形 c 所表示的收入要少。关税的征收也引起国内进口替代生产的增加,而在资源充分利用的条件下,这需要将其他部门的资源向受保护的部门转移,由于资源专用性的存在,这种资源的移置不可避免地会造成一定的损失,这就是资源移置成本。

如果征收进口关税的是一个大国,则进口关税除产生上述影响以外,还会造成贸易条件效应。因为大国征收进口关税时,由于减少了对进口商品的需求,从而造成进口商品的价格下降(对整个国家而言),导致大国贸易条件改善。如图4-5所示,假定大国征收进口关税使世界市场价格由 P 下降为 P'。征收进口关税前,该国国内生产者和消费者面对的价格为 P,国内生产数量为 q_1,消费数量为 q_4,进口数量为(q_4-q_1)。征收进口关税后,世界市场价格下降为 P'(该国的进口价格下降为 P'),该国国内生产者和消费者面对的价格为 $P'(1+t)$,国内生产数量由 q_1 增加到 q_2,国内消费数量由 q_4 减少到 q_3,进口数量减少为(q_3-q_2)。从福利上看,消费者剩余减少($a+b+c+d$),生产者剩余增加 a,政府关税收入增加($c+e$),其中 c 为国内消费者转移的收入,e 为国外出口者因价格下降而转移到国内的收入。因此,大国征收进口关税的福利净效应为 $[a+(c+e)]-(a+b+c+d)=e-(b+d)$。如果 $e>(b+d)$,则大国征收进口关税产生福利净增加。由此可见,大国有可能征收一个正的最优关税以最大化本国的福利;而在小国情况下,征收进口关税会发生福利净损失,因而小国的最优关税税率为0。

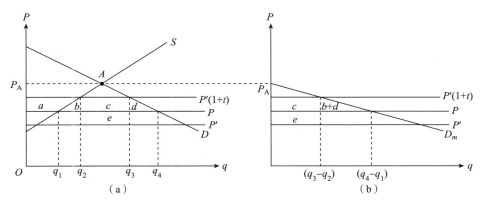

图 4-5　关税效应的局部均衡分析:大国情况

二、关税的效应:一般均衡分析

我们首先分析小国征收进口关税的一般均衡影响。在图 4-6(a)中,小国 A 出口 y 商品,进口 x 商品。对 x 商品征收进口关税前,国内生产者和消费者面对的 x 商品的相对价格为 p,A 国在 B 点生产、E 点消费,II 为 A 国的无差异曲线。对 x 商品征收进口关税以后,国内生产者和消费者面对的 x 商品的相对价格上升为 $p(1+t)$,但 A 国作为整体,其进口价格不变[在图 4-6(b)中,世界其他国家的提供曲线为一条直线 p]。由于 x 商品的相对价格上升,国内均衡生产点由 B 点沿生产可能性曲线转移到 B' 点,出口商品 y 的生产减少,进口替代商品 x 的生产增加。过新的均衡生产点 B' 做价格线 p 得到 A 国整体的国民收入线,当全部国民收入用于消费时,A 国的均衡消费点应落在这条收入线上。国内消费者究竟在这条收入线上的哪一点消费,应由消费者个人面对的 x 商品的相对价格 $p(1+t)$ 与消费者消费 x 商品的边际替代率相等来决定。假定政府将所有关税收入 $p\times t\times(q_3-q_2)$ 返还给消费者,则消费者预算线[斜率为 $p(1+t)$]向右上方平移一个关税量到图 4-6(a)中的虚线位置,两条虚线的交点即为新的均衡消费点 E' 点。

我们可以将小国征收进口关税的一般均衡效应总结如下:

(1)生产效应或保护效应,表现为征收进口关税后均衡生产点由 B 点向 B' 点移动,国内进口替代商品 x 的生产增加,出口商品 y 的生产减少,这种资源转移的效率损失由过 B' 点的虚线与生产可能性曲线相交(而非相切)表示,即 x 商品生产的机会成本高于 x 商品在世界市场的相对价格,表明国内生产是无效率的。

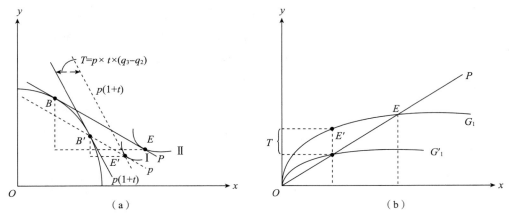

图 4-6 关税效应的一般均衡分析:小国情况

(2)消费效应,表现为征收进口关税后均衡消费点由较高的无差异曲线 II 上的 E 点向较低的无差异曲线 I 上的 E' 点移动,进口商品 x 的消费减少,消费损失表现为消费福利下降。

(3)贸易效应,由进口效应和出口效应共同构成。在图 4-6(b)中,由于对 x 商品征收进口关税,A 国的提供曲线由征收进口关税前的 G_1 位置向征收进口关税后的 G'_1 位置移动,使得 A 国 x 商品的进口和 y 商品的出口同时减少。

(4)财政收入效应,可以通过比较以要素成本表示的国民产品价值与以征收进口关税后商品的国内价格表示的总消费支出的差额来确定。事实上,征收进口关税以后,总消费支出超过国民产品价值的部分就是关税收入。因为征收进口关税后消费者的总消费支出(D)可以表示为:

$$D = p_x(1+t) \times X_c + p_y \times Y_c \tag{4-1}$$

其中,$p_x(1+t)$、p_y 分别为 x 商品和 y 商品在征收进口关税后的国内消费者价格;X_c、Y_c 分别为征收进口关税后消费者消费两种商品的数量。

同样,征收进口关税后的国民产品价值(V)可以表示为:

$$V = p_x(1+t) \times X_P + p_y \times Y_P \tag{4-2}$$

其中,X_P、Y_P 分别为征收进口关税后 x 商品和 y 商品的国内生产量。

这样,总消费支出与国民产品价值的差额($D-V$)可表示为:

$$D - V = [p_x(X_c - X_P) + p_y(Y_c - Y_P)] + p_x(1+t)(X_c - X_P) \tag{4-3}$$

根据瓦尔拉斯定理,在国内生产和消费一般均衡条件下,应有:

$$p_x(X_c - X_P) + p_y(Y_c - Y_P) = 0$$

从而:

$$D - V = p_x(1+t) \times (X_c - X_P) = \text{x 商品的进口税额}$$

(5)收入分配效应。根据斯托尔珀和萨缪尔森的研究,当某种商品的相对价格上升时(例如由于征收进口关税使进口商品的相对价格上升),生产该种商品所密集使用的生产要素的报酬将上升。这一结论通常被称为斯托尔珀-萨缪尔森定理(简称 S-S 定理,它是 H-O 理论的第四个定理)。例如,资本丰富的 A 国对进口的劳动密集型商品 x 征收进口关税,使 x 商品的相对价格上升,从而 A 国生产 x 商品所密集使用的要素——劳动力——的报酬将上升。产生这种情况的原因是,由于 A 国对进口的 x 商品征收进口关税,使 x 商品的相对价格上升,该国将增加 x 商品的生产,减少 y 商品的生产。由于 y 商品生产的减少释放出较多的资本和较少的劳动力,而 x 商品生产的增加需要较多的劳动力和较少的资本,为了使生产要素能够被充分利用,要素相对价格就会上升,引起两部门资本对劳动力的替代,从而使两部门的资本劳动力比率同时上升,结果两部门的边际劳动生产率(劳动力的边际产品)都因资本劳动力比率的提高而上升。在要素市场均衡时,两部门的实际工资也上升。这就从直观上解释了 S-S 定理。

如果大国对进口商品征收关税,就会使进口商品的相对价格降低,从而改善大国的贸易条件。对此,可以运用提供曲线来加以分析。如图 4-7 所示,G_1 和 G_2 分别为征收进口关税前大国 1 和大国 2(世界其他国家)的提供曲线,均衡点为 E,均衡的贸易条件为 T_E。如果大国 1 对其进口的 x 商品征收关税,则大国 1 的提供曲线向进口商品轴 X 转动一个关税量,新的均衡点为 E_1,均衡的贸易条件为 T_{E1},这表明大国 1 进口商品的价格相对于出口商品的价格下降,大国 1 的贸易条件改善,从而产生有利的贸易条件效应。这说明大国可以通过征收正的最优关税来改善其福利状况,但这一结论只有在其他国家对此不做出反应时才成立。如果其他国家做出反应,则会导致关税战,从而各国竞相征收最优关税能使贸易量最终收缩到 0,各国福利水平下降到自由贸易条件下的福利水平以下(如图 4-8 所示)。

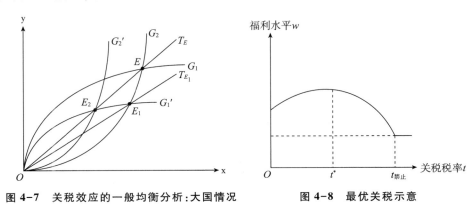

图 4-7 关税效应的一般均衡分析:大国情况   图 4-8 最优关税示意

本章小结

1. 国际贸易政策措施的发展演进路径大致为:

2. 关税是指进出口货物经过一国(或地区)关境时,由政府设置的海关向本国(或地区)进出口商课征的一种税收。关税措施按照征税对象的流向,可分为进口税、出口税和过境税三类;按照差别待遇和特定的实施情况,可分为进口附加税、差价税、特惠税和普遍优惠税。

3. 非关税措施是一国(或地区)政府采取除关税以外的各种办法来对本国(或地区)的对外贸易活动进行调节、管理和控制的一切政策措施的名称。按照非关税措施的影响方式和影响程度,可把非关税措施分为直接性的非关税措施、间接性的非关税措施和溢出性的非关税措施等三类。

4. 国际贸易救济通常是指在多边贸易规则的框架下,一国(或地区)政府对因进口而遭受相当程度损害的产业可以采取的救济措施的总称。国际贸易救济可分为狭义、广义和超广义三个范围。

5. 隐形非关税措施又称新型非关税措施,是相对于传统的非关税措施而言的概念,是指为达到贸易之外的目的而制定的却又阻碍国际贸易自由流动的各种措施。

6. 国际贸易救济是一种公平贸易政策,具有自由贸易与贸易保护两种性质。主要体现在国际贸易救济原因的二重性、国际贸易救济目的的二重性、国际贸易救济使用上的二重性和国际贸易救济法律的二重性上。

7. 进口关税的影响可以采用局部均衡和一般均衡两种方法进行分析。

重要术语

关税措施 tarrif measures

非关税措施 non-tarrif measures

国际贸易救济措施 international trade remedy measures

隐形非关税措施 invisible non-tarrif measures

思考题

一、名词解释

非关税措施,国际贸易救济措施,反倾销,反补贴,保障措施,市场经济地位,产业损害调查,产业安全,隐形非关税措施

二、简答题

1. 比较反倾销、反补贴、保障措施。
2. 简述国际贸易救济措施的基本作用。
3. 简述国际贸易救济措施的二重性及其体现。
4. 对小国征收进口从价关税的效应进行局部均衡分析。
5. 对大国征收进口从价关税的效应进行局部均衡分析。
6. 对小国征收进口从价关税的效应进行一般均衡分析。

三、案例分析

2010年11月,中国海关规定,对iPad类产品以5 000元为税基征收20%的行邮税。简单地说,若居民从国外带回或邮寄一件价值3 000元的iPad,入关时需缴纳1 000元的进口关税,这引发了公众的广泛关注和争议。

对iPad等数码类产品征收行邮税究竟是否合理?这又会对中国计算机类产品的进出口产生怎样的影响?(余淼杰,2013:124—125)

参考文献

[1] STOLPER W F, SAMUELSON P A. Protection and real wages[J]. Review of economic studies, 1941(1): 58-73.
[2] 陈宪,应诚敏,韦金鸾.国际贸易:原理·政策·实务[M].4版.上海:立信会计出版社,2013.
[3] 褚霞.贸易救济性质研究[M].北京:法律出版社,2015.
[4] 方齐云,方臻旻.国际经济学[M].大连:东北财经大学出版社,2009.
[5] 李健.非关税壁垒的演变及其贸易保护效应:基于国际金融危机视角[M].大连:东北财经大学出版社,2011.
[6] 孙雯.论反倾销法的法律属性[J].南京社会科学,2005(5):64-67.
[7] 唐海燕,毕玉江.国际贸易学[M].上海:立信会计出版社,2011.
[8] 王云飞.国际贸易救济措施应用的对比性分析[J].世界经济研究,2006(5):39-44.
[9] 余淼杰.国际贸易学:理论、政策与实证[M].北京:北京大学出版社,2013.
[10] 中华人民共和国商务部条约法律司.中华人民共和国对外贸易法释义[M].北京:中国商务出版社,2004.

第五章 国际贸易风险防控与合同管理

[学习目标]

- 掌握出口贸易外生风险和内生风险
- 了解国际贸易风险根源于不确定性,合同是将不确定性确定化的有效的风险控制手段
- 了解出口贸易风险控制方法
- 掌握国际贸易合同条款整体框架及各条款之间的关系
- 掌握国际贸易合同主要条款的风险管理

[引导案例]

  卖方:湖北 ITC 公司

  买方:美国 DTC 公司

  双方业务人员就清钢联设备的买卖在江汉北路 4 号国贸大楼 5 楼 501 室举行第一轮谈判。

  李(ITC 公司代表):女士们、先生们,早上好。这是我们初步拟订的谈判日程安排。我们的会谈分两个阶段进行,首先是技术交流,然后是商务谈判。

  在技术交流阶段,我将简要介绍 ITC 公司的产品,然后请贵方对各项设备提出问题,明确贵方的生产要求及打算购买哪些设备。在此基础上,双方拟订一个供货范围,确定拟购买设备的型号、数量,作为销售合同的第一个附件。

  在商务谈判阶段,我将提供销售合同文本,请贵方各位审阅各项条款。如需修改或增补合同条款,请提出讨论。

  ……

  国际贸易风险根源于"不确定性",订立合同是将"不确定性"确定化进而控制风险的有效手段。本章回答下列问题:国际贸易业务中有哪些风险?国际贸易合同条款的风险管理需要注意哪些问题?

第一节 国际贸易业务中的风险分析[①]

一、风险定义

风险是人们运用极其广泛的一个名词。西方学者对风险的研究由来已久。决策理论学家把风险定义为损失的不确定性,此为狭义风险;日本学者龟井利明认为,风险不仅是指损失的不确定性,而且包括盈利的不确定性,它既可能给活动主体带来威胁,又可能带来机会,此为广义风险。实际上,风险是威胁与机会的矛盾统一体,威胁与机会是难以分割的。正是风险蕴涵的机会引诱人们从事包括国际贸易在内的各种活动,而风险蕴涵的威胁则唤醒人们提高警觉,加强对风险的控制与管理,设法回避、减少、转移或分散风险(金锡万,2001:1—3)。

随着经济全球化进程的推进,风险管理越来越成为企业管理当中的一项核心内容。新兴市场的出现、企业对国际市场和资本市场依赖程度的加深以及世界政治经济环境中不确定性的上升,所有这些因素都增加了企业面临的风险,并迫使它们将更多的努力投入风险管理。企业面对国际市场风云变幻,应有自身度量出口贸易风险的工具与方法。

谈到风险管理,人们马上想到的是金融风险范畴,是对利率、汇率、证券、期货、期权等投资风险的度量、监控与转移。而本章所阐述的国际贸易风险主要是出口贸易风险,包括企业外部因素导致的出口贸易外生风险和企业行为活动导致的出口贸易内生风险。

二、出口贸易外生风险

出口贸易外生风险是指出口企业营运之外的因素所造成的风险,包括国家风险、金融风险、市场风险和技术风险等系统性风险内容。

(一)国家风险

所谓国家风险,是指国家性事故所造成的贸易风险,又称政治风险。国家性事故是指国家的政治因素、社会因素和国际贸易政策或制度等发生始料未及的变动。其中,政治因素包括本国或外国政府更迭、本国或外国政局动荡、本国或外国爆发战争、发生国际政治冲突等;社会因素主要是指本国或外国发生阶级冲突、种族冲突、宗教冲突等;国际贸易政策或制度是指诸如外汇管制、贸易管制、不同的国际贸易政策或法律或习惯、歧视性贸易政策等。国家风险远非国际贸易商,包括国际贸易参与者(如银行、保险公司和运输公司等)自身力量所能完全规避的,它直接影响国际贸易的各个环节。中小企业在进

[①] 本节主要参考顾露露(2007:203—213,217—220)。

行出口贸易前,尤其是进行大宗贸易活动时,首先应当仔细研究国家风险,以决定是否以及如何进行该笔交易。

也有人将国家风险定义为政府或政治团体采取的措施对商业活动产生不利影响的可能性。市场风险和国家风险的关键区别在于后者并不涉及任何风险—收益的权衡,亦即伴随高国家风险的贸易与投资并不能比低国家风险的贸易与投资带来更高的潜在收益。因此,尽管出口商或投资者会寻求市场风险作为赚取经济回报的一种方法,但较高水平的国家风险并不提供任何较高回报的保证,承受风险未必取得回报。另一个关键的区别在于市场风险取决于市场,而国家风险取决于政治舞台。因此,对企业而言,国家风险往往比市场风险有更大的影响力。企业可以自主决定生产什么,在哪里生产,以及其他一些商业决策,但它对政治事件却无能为力。

(二)金融风险

金融风险是指利率的变动、汇率的变动、证券市场的波动、信用风险及全球或地区性的金融危机等给国际贸易带来的巨大风险。企业运营和贸易过程中可能需要借贷银行资金,利率的变动会增加企业贷款利息,从而给企业带来损失;汇率的变动也是产生企业金融风险的重要因素,出口贸易的计价和结算货币多为外汇,汇率的变动可能给出口企业带来巨大的损失;证券市场的大幅波动会给企业融资或风险转移操作带来困难;国家信用等级不同,企业在出口贸易中采取的信用政策各异;全球或地区性的金融危机会给出口企业带来出口量萎缩、结汇困难或其他融资方面的巨大风险;等等。

企业出口贸易外生性风险中,金融风险涵盖的汇率风险、信贷风险是其中最突出的贸易风险。

1. 汇率风险

根据购买力平价理论,汇率应反映两国货币购买能力之比,它与两国的物价水平及其变化相关。浮动汇率使国际贸易产生了新的风险因素。此外,有些国家不实行外汇管制,但其他一些国家对资本流动加以限制,如对不同的交易使用不同的汇率,对设备进口给予税收优惠,而对其他贸易商品课以重税或加以比例限制。中国当前实行的是进出口结售汇制度,企业出口不得保留外汇,必须卖给银行,而用汇再向银行购买。这样当中国企业卖出的外汇与买入的外汇不一致时,就存在汇率风险。

企业在开展出口贸易时,除应考虑盈利和企业发展战略外,还必须考虑汇率对企业出口收入和成本的影响。汇率风险涉及的面很广,对于从事跨国经营的企业来说,主要表现在三个方面,即交易风险、会计风险和经济风险。

交易风险是指以外币计价成交的交易,因外币与本币的比值发生变动而引起亏损或收益的风险,即在以外币计价成交的交易中,因交易过程中外汇汇率变化,实际支付的本币现金流量发生变化而产生的亏损或收益。交易风险主要产生于以远期付款为条件的商品或劳务的进出口。进出口商极可能蒙受时差造成的计价成交货币汇率变动带来的风险损失。对于出口商而言,以外币计价成交一笔出口贸易,由于一定时期后才予以结账,因此承受着出口收入外汇汇率下跌的风险。

会计风险又称折算风险,它是指企业在进行外币债权与债务决算和财务报表的会计处理时,对必须换算成本币的各种外币计价项目进行评议所产生的风险。从事国际贸易的企业在年末进行财务报表的会计处理时,总是要将财务报表中的外币计价项目用本国货币折算并预计所产生的风险。因为在这一会计处理过程中,即使企业的外币应收、应付账款数额不变,但由于汇率变动了,折合本币的数额也会相应地发生变动。

经济风险是指未预测到的汇率变动使企业预期现金流量净现值发生变化的潜在性风险。特别是在加工贸易领域,进口原材料或零配件的价格随汇率变动而变化,一旦本币对外币贬值,则企业成本上涨,出口收益减少;另外,汇率变动也会影响企业外汇收入折算成本币的数额,使企业的实际收益和预期收益发生变动而产生损益。

2. 信贷风险

国际货币基金组织界定的贸易信贷是指由货物、服务贸易的供应商向买方直接提供信贷而产生的资产和负债,即由于货物和服务的资金支付与货物所有权转移、服务产生时间的不同而形成的债权与债务。但由于服务贸易规模远小于货物贸易规模,且服务贸易的发生与资金的收付大致同步,因此在实际国际收支统计中,贸易信贷一般只包括货物贸易项下的信贷情况。贸易信贷风险主要是指货物贸易信贷风险。出口贸易信贷风险是指企业因进行出口贸易而取得融资的过程中存在的风险。

在进出口信贷方面主要有卖方信贷和买方信贷两大类:卖方信贷是指出口方从当地金融机构取得向进口方提供货物或设备的信贷;买方信贷是指出口方当地金融机构直接向外国进口方提供的信贷。卖方信贷通常是短期信贷,有些是中期的;买方信贷是大额的中期或长期信贷,它主要用于资本货物的购买。卖方信贷是为了便于出口方以延期付款或赊销的方式向进口方出口货物或设备,但面临通货膨胀、贸易保护、信用和政治风险。为了鼓励出口,许多国家实行出口信用保险,如果进口方不能如期偿付货款,则由保险公司或政府出口信贷担保机构赔偿出口方损失。对出口方来说,取得出口信用保险或政府担保便于融资,而且融资成本比较低。买方信贷也是为了便于扩大本国出口,同样存在信用风险,在买方信贷协议中要规定信用保险事项。

(三) 市场风险

市场风险包括国际市场消费者的需求变动、市场竞争、上游市场变动、经济滑坡等的风险。如果国际市场消费者的需求发生变动,那么企业出口产品将会面临滞销,前期投入将无法收回,从而给企业带来巨大的风险;如果企业生产的产品市场竞争对手众多,抢占市场份额的难度加大,则价格将被一再打压,风险不言而喻;上游市场变动也是导致市场风险的重要原因,如上游市场的原材料供应紧缺,则企业制造成本增加,从而出口产品价格提高,给企业占领国际市场带来一定的困难;经济滑坡将会导致居民可支配收入减少,从而导致国际市场的总需求减少等。

(四) 技术风险

对技术风险的解释有以下几种:

第一种是指企业特别是虚拟企业产品研发的过程中,产品技术的成熟度,虚拟企业联合开发某种产品所需的技术越成熟,技术风险越低;技术的复杂性,产品技术越复杂,技术风险越高;产品技术相关性也对技术风险影响巨大,企业在与其他企业联合研发的过程中所承担的子任务研发技术与其他企业的研发技术相关性越高,则技术风险越高。

第二种是指物资采购中存在的技术进步使企业的制造产品由于社会技术进步引起贬值、无形损耗甚至被淘汰,因而可能造成原有已采购原材料的积压损失或因质量不再符合要求而只能弃之不用,造成企业产品出口的巨大风险。

第三种是指在国际贸易中由技术事故所导致的国际贸易风险,反映的是企业经营层面的风险。技术事故是指在国际贸易中因国际贸易主体的非欺诈性故意行为而造成的损失、工作差错、客观条件限制等因素发生始料未及的变动。从国际贸易业务流程可以看出,国际贸易是涉及多方面、多环节的业务活动,任何一方当事人的工作失误或是客观条件的限制,都会影响到贸易合同的顺利履行和正常贸易结果的产生。例如,出口商备货不齐,运输部门运期不能保证,银行结算部门因工作疏忽、差错而造成结算延迟等,或者新的贸易方式出现(如电子贸易,因其安全技术未成熟而导致出口贸易风险等),都会给正常的国际贸易活动带来风险。

本章所提及的出口贸易外生风险中的技术风险不包括第三种由技术事故所导致的国际贸易风险。

三、出口贸易内生风险

企业出口贸易内生风险是指企业经营层面上的风险,是企业从事出口贸易过程中存在的出口贸易战略风险、运营风险等。出口贸易战略风险是指企业在开展出口贸易时所选择的贸易方式、出口模式、营销战略等策略方法的失误或失当导致的风险。而企业出口贸易运营风险按经营主线分类法主要包括出口贸易合同风险、海上运输风险、出口贸易结算风险、国际贸易欺诈。

人们在分析企业风险时倾向于把市场作为企业的出发点和归宿点,以市场营销为主线,把企业风险分为环境风险、生产和采购风险、技术创新风险、项目风险、需求风险、价格风险、促销风险、财产风险和涉外经营风险等类别,此谓主线分类法。我们同样可以出口贸易的基本流程为主线,按主线分类法对出口贸易运营层面的风险进行分类。企业出口贸易的出发点是国际市场需求,通过远洋运输,归宿点是商品在国际市场销售,货款回笼国内即结汇。按照这样的流程来看,从签订合同开始就存在合同风险,运输过程中存在货物运输风险,结汇时存在结算风险。

(一) 出口贸易合同风险

出口贸易合同风险多种多样,根据引起风险的原因来划分,主要有合同法律效力风险、交货与合同不符风险以及欺诈。合同法律效力风险是指双方当事人对合同成立与否存在不同理解从而产生纠纷的风险;交货与合同不符风险是指交货时货物品质、数量、包装、规格以及交货地点等与合同规定不一致从而产生的风险等;合同欺诈是指提供有关买方的虚假信息,如公司地址、经营权、商品进口许可证等方面的虚假信息。

(二) 海上运输风险

出口贸易海上运输风险主要表现为自然风险、意外事故、提单风险和欺诈风险。自然风险包括恶劣气候、雷电、海啸、地震或火山爆发等。意外事故表现为运输工具搁浅、碰撞、沉没和失踪等。提单风险主要指出口方出具提单套单所产生的风险。在海上运输风险中欺诈风险是最主要的一种风险,分为单证欺诈、租船合同欺诈、绕航欺诈等。其中,单证欺诈中最关键的就是提单欺诈,如倒签、预借提单、无提单提货、用保函换取清洁提单等。租船合同欺诈主要发生在定期租船合同中,因为定期租船合同一般订有转租条款,国际贸易骗子常利用这一转租条款行骗。"无正当理由不绕航"在班轮运输和定程租船中被作为船东责任之一,因为一般海上保险合同只为固定航线上的货物和船舶提供保险,偏离航线将导致海上保险合同失效,同时绕航意味着每一航程都必然超过预定的时间,货物迟延送达会给租船人或托运人带来损害。船东利用绕航欺诈,主要发生于定程租船方式下,实质就是船东偷货。

(三) 出口贸易结算风险

由于贸易结算涉及货币的支付,因此出口贸易结算风险体现为出口贸易的外汇风险、信用风险和国家风险。出口贸易结算方式主要包括汇款、托收、信用证和保函等。各种结算方式都存在风险,而且出口贸易结算中的各类欺诈行为更是五花八门。如汇款结算方式下利用票汇的业务程序进行欺诈,伪造贸易商授权凭证进行欺诈;托收方式下利用伪造的汇票、本票和支票进行欺诈;信用证方式下利用信用证单据、信用证"软条款"进行欺诈,等等。

(四) 国际贸易欺诈

在前三种出口贸易内生风险中都提到了欺诈,那么何谓欺诈?《布莱克法律词典》的解释是,故意歪曲事实,诱使他人依赖于该事实而失去属于自己的有价财产或放弃某项法律权力。欺诈的判定条件为:欺诈方主观存在故意,虚构事实或隐瞒实情,其目的在于使对方产生误解、榨取财产,不付出代价。欺诈在各国有民事欺诈和刑事欺诈之分。民事欺诈一般为非犯罪行为,而刑事欺诈则为犯罪行为。

国际贸易欺诈是指在国际贸易中所发生的欺诈。具体地说,是指在国际贸易中,行为人故意捏造事实或隐瞒真相,诱使他人依赖于该事实而形成错误的认识,并为不真实的意思表示而失去属于自己的利益或危害社会利益的行为。国际贸易欺诈也包括国际贸易民事欺诈和国际贸易刑事欺诈。

根据国际贸易的不同阶段,国际贸易欺诈可以分为国际贸易合同欺诈、国际贸易海上运输欺诈、国际贸易结算欺诈等几种不同的形式。国际贸易合同欺诈是指以合同形式所为的国际贸易欺诈。国际贸易海上运输欺诈是指在海上运输、海上保险过程中所发生的国际贸易欺诈。国家贸易结算欺诈是指以结算方式所为的国际贸易欺诈。

国际贸易欺诈是出口贸易内生风险中很重要的一种形式,国际贸易欺诈与其他内生风险的主要区别在于它的主动性和故意性。除欺诈形成的出口贸易内生风险外,由于国际贸易历时相对更长,涉及面相对更广,因此在交易过程中因各种客观因素或经验欠缺而形成出口贸易内生风险的可能性也更大。

四、出口贸易风险控制方法

一般来说,风险的控制方法有四种,即风险回避、风险隔离、风险结合、风险转移。

(一) 出口贸易风险回避

所谓风险回避,就是通过割断主体与风险来源的联系,即通过放弃所从事的风险事件或完全拒绝承担风险来达到完全消除风险的目的。如放弃某项有可能带来严重亏损的贸易活动,中止认为存在欺诈行为的国际贸易业务往来等。虽然这不是一种积极的方法,但当出口贸易风险所导致的损失频率和程度相当高,或者实行风险管理所耗费的成本远远超过其所产生的收益时,企业可以考虑通过这种方式回避出口贸易风险。

单纯从处置特定风险的角度来看,回避风险是最彻底的方法,但也有其局限性:

(1) 某些风险是无法回避的,如地震、海啸、暴风等自然灾害对人类来说就是不可避免的。

(2) 风险的存在往往伴随着收益的可能,回避风险就意味着放弃收益。在现代经济社会中,商品经济相当发达,而任何一种经济行为都必然存在一定的风险。风险和收益一般是成正比的,要获得巨额的收益,就必须承担较大的风险。

(3) 在采取改变工作性质或方式的措施来回避某种风险时,很有可能产生另一种风险。如某出口商为避免飞机坠毁而改用火车运输,但火车的运行速度低于飞机,从而带来逾期交货的风险。

风险回避适用于损失频率和损失程度都较高的特定风险,或者损失频率不高,但损失后果严重且无法得到补偿的风险,采用其他风险管理措施的经济成本超过了进行该项经济活动的预期收益。

(二) 出口贸易风险隔离

风险隔离就是合理安排资源,使某一风险事件的发生不会导致主体所有资源的损失。风险隔离有"分散"和"重复"两种技术。分散技术体现的基本思想就是"投资组合",即"鸡蛋不能放在同一个篮子里",将面临损失的风险单位分割,化整为零,在客观上减少一次事故的最大预期损失,因为它增加了独立的风险单位的数量。重复技术也称"冗余技术",即把资源分为现用资源和备用资源两类。当现用资源发生不测时,备用资源可以立即发挥作用,使原有的工作继续下去。如在计算机指挥控制系统中,主机及重要数据都应备份,以避免在这些关键性资源发生意外时影响全部的指挥控制工作;企业设置两套会计记录,配备后备人员;等等。上述两种方法一般会增加企业费用开支,有时作为应对风险的方法并不实用。

(三) 出口贸易风险结合

与分散技术不同,风险结合不是将风险分散,而是将它们"集中"起来。集中的结果不是将风险放大,而是通过对冲效应将其化解。如跨国公司通过设立"再开票中心",将各子公司的外币应付账款和应收账款集中起来管理,实际上就是利用各子公司应收账款、应付账款的对冲效应,将国际贸易外汇风险降至最低。

(四) 出口贸易风险转移

风险转移就是将风险转由其他主体承担,自己不承担。保险是一种最典型的风险转移技术。企业为避免火灾、水灾等可能带来的经济损失,通常会向保险公司购买保险。万一企业遭受这类损失,保险公司将会给予相应的赔偿。这样企业就可以不承担或不完全承担这类损失,风险得以转移。与保险类似的还有期权。对于将来准备以外币支付来进口某项产品的企业来说,汇率上升极为不利。于是,为避免汇率上升带来的损失,该企业将愿意支付一定的费用购买"保险",即买入一个期权。

除保险之外,风险转移还有许多非保险技术,这些技术一般需要通过签订协议或合同来转移风险。如在进出口贸易中,进口商要求货款以进口国货币支付,这一要求在合同中确定下来,这样进口国货币对出口国货币的汇率风险就被转移给出口商。又如在某种商品的销售过程中,买方为了防止卖方不能及时交货或者提供不符合合同要求的商品,在合同中订立相应的违约金和赔偿条款。总之,风险本身并未消失,而是从一方转移到了另一方。

转移风险的途径一般有以下三种:

(1) 转移风险源。如出售承担风险的财产或将财产租赁,使财产所有人部分转移自己面临的风险,或者利用分包合同转移风险等。

(2) 签订免除责任协议。出口商不可能因害怕汇率变动而不进行出口贸易,可行的做法是事先订立免责合同,如国际贸易中对不可抗力的责任免除协议即属此类。

(3) 利用合同中的转移责任条款。如由于国际贸易历时较长,国际市场价格和汇率变动频繁,出口商可要求在合同中写明若出于进口商原因使交货期延长,则合同价格需相应上调。转移责任条款在运用中需注意以下问题:①转移责任条款必须是一个合法、有效合同的有效组成部分;②在合同中使用转移责任条款可能产生费用问题,如把产品责任风险转移给经销商,则制造商也许不得不降低供货价格,这可以视作转移风险的成本;③转移责任条款是否科学合理,风险是否真能得到转移。

尽管经济主体可以运用各种技术阻止风险损失,但风险不可能被完全转移或消除,因此在一定限度内,经济主体自担风险的可能性还是很大的。积极的做法是对风险损失进行合理预计,在仔细分析研究的基础上,确立相应的准备金或基金,坏账准备金就是一个例子。消极地自担风险往往使企业陷入被动,但有时是不可避免的,因为企业不可能事先察觉所有风险。

第二节　国际贸易合同条款的风险管理

一、合同订立之前的风险防范

第一,对新交易伙伴的资信调查是合同订立环节风险规避的有效措施。做好交易伙伴的资信调查,主要是针对欺诈风险。掌握和了解交易伙伴的资信状况是防止上当受骗的最根本措施。资信调查一般包含企业的资本状况、人员情况、盈亏情况、业务内容等。中国出口信用保险公司是境外企业资信咨询机构之一。

第二,建立分类商品出口格式合同,例如成套设备出口合同,仪器、仪表及电子产品出口合同,化工原料及药品出口合同,食品出口合同。

第三,建立成交合同条款审查及合同会签制度。可以设立专门的合同条款审查员审查成交合同条款,也可由业务经办人员相互审查成交合同条款,对合同条款进行逐一审查,确保成交合同条款整体上没有明显错误或缺失。成交合同会签单显示合同的核心条件,如总价、价格术语、付款方式、客户资信状况等,由合同条款审查员报告条款审查意见,由业务经办人员、部门经理、分管总经理分别签字。成交合同会签单如表5-1所示。

表5-1　出口成交合同会签单

日期:

合同号			
签约日期		生效日期	
品名		数量	
		金额	
买方			
是否新客户		有无资信调查	
报价		成交价	
价格术语		交货期	
付款方式			

(续表)

对比价	
订货单位意见	
合同条款审查员意见	
备注	
业务经办人员		部门经理		分管总经理	

资料来源:笔者根据相关从业经验编制。

二、运输条款的风险防范[①]

国际货物运输主要涉及三类风险:第一,由自然灾害和意外事故造成的风险,这类风险通过购买货运保险进行风险转移;第二,由买卖双方风险转移界限界定错误或不清楚造成的风险,这类风险通过选择恰当的价格术语来加以避免,将在本书第六章详细讨论;第三,由运输单据(主要是提单)的操作造成的风险。

这里主要讨论提单套单风险。

(一) 提单套单的背景

在国际海运中,货运代理人接受托运人的委托后,本应将承运人(班轮船东)签发的提单转交给托运人。但在20世纪90年代,货运代理人自己签发一份提单给托运人,充当承运人的事实时有发生。同时,货运代理人自己则以托运人的主体资格与班轮船东签订运输合同,并最后取得班轮船东签发给自己的提单。虽然当时没有具体的法律规定货运代理人是否可以签发提单,但是根据当时的《中华人民共和国海商法》(以下简称《海商法》)和《中华人民共和国海上国际集装箱运输管理规定》(2002年废止)以及《中华人民共和国合同法》(2021年废止)等规定,货运代理人是没有权力签发提单的。2002年1月1日,《中华人民共和国国际海运条例》开始实施。根据这一条例的规定,许多货运代理人摇身变为无船承运人,获得了法定的签发提单权。由于该条例并未规定无船承运人何时何地才有权力签发提单,这就导致今天中国海运市场上的无船承运人可以轻易签发提单的局面。更有甚者,利用套单的权力实施诈骗行为。

(二) 提单套单的含义

提单套单是指对于同一个托运人托运的同一批货物,由无船承运人(货运代理人,即货代)签发一套提单(无船承运人提单),再由实际承运人签发另一套提单(实际承运人提单),买方通过信用证赎取无船承运人提单,换取实际承运人提单提货。

(三) 提单套单的程序

提单一般是根据买方向卖方开出的信用证来缮制的,而且不得有任何不符点,否则

[①] 本部分主要参考李秀芳等(2013:168—170)。

就会产生不能结汇的恶果。但是,在海运实践中,由于无船承运业务的存在,一票业务往往要签发两套提单,其主要目的是保证无船承运人能够收到运费以及其他可能产生的利益。无船承运业务签发两套提单的程序如下:

第一,在无船承运人与托运人履行运输合同后,签发一套与托运人的订舱要约完全相同的提单,即托运人、收货人、通知人、装运港、目的港和运费支付方式等,均与托运人的要约相同,这也是与信用证相同的内容。但由于一般情况下信用证不限定承运人的名称和所使用的提单样本,因此无船承运人就将自己的名称载于提单的承运人栏目里,并且采用的是自己的提单样本。这套提单是给托运人结汇使用的,但不能到目的港的实际承运人处提货,因为提单抬头不是实际承运人的名称,签发提单的也不是实际承运人。

第二,在接受了托运人委托后,无船承运人要向实际承运人发出要约(订舱等),在此要约中,无船承运人一般就是提单托运人栏目里载明的托运人,提单的通知人栏目里一般载明自己在国外的代理人的名称,如果是记名提单,则在收货人栏目里也载明自己在目的港的代理人的名称。在该提单中,装运港、目的港及货物名称等不会改变,但是运费支付方式可能有所变更,例如预付变更为到付。这主要是为解决托运人没有及时预付运费,无船承运人不必垫付运费的问题。这套提单的抬头是实际承运人,提单承运人栏目里载明的是实际承运人的名称,签发提单的人也是实际承运人或其代理人。只有这套提单才是可以在目的港向实际承运人提货的提单。

第三,无船承运人拿到实际承运人签发的提单以后,直接将该提单背书给自己在目的港的代理人。

第四,托运人拿到无船承运人签发的提单后,到银行结汇,并且提单通过银行流转到收货人的手中,也可能再经过转让流转到提单持有人的手中。该收货人或提单持有人拿这套提单到无船承运人在目的港的代理人处换取实际承运人签发的提单。也可能此时该代理人已经用实际承运人签发的提单到实际承运人处换取了到目的港提货的提货单(又称小提单D/O)。总之,收货人可以用无船承运人签发的提单到目的港无船承运人的代理人处换取实际承运人签发的提单或提货单。这样,收货人就可以到实际承运人处提到货物了。

上述第四条所讲的程序是,提单持有人到无船承运人在目的港的代理人处换取提单,而后再到班轮船东处提货。到了21世纪,有的无船承运人为了赚取更丰厚的利润,就指示目的港的代理人直接到班轮船东那里提取货物(集装箱),而后将集装箱运到自己的集装箱堆场或货运站,此时提单持有人只有到这个集装箱堆场或货运站才能提货。该无船承运人目的港的代理人向提单持有人收取的提货费用不仅仅是THC(Terminal Handing Charge,集装箱码头装卸作业费),而是增加了许多莫须有的费用名目,例如仓储费、保险费等。这些费用最多时可以高达海运费的一倍或两倍。

因此,无船承运人提单和实际承运人提单的区别如表5-2所示。

表 5-2 无船承运人提单与实际承运人提单对比

项目	无船承运人提单	实际承运人提单
托运人	出口商	无船承运人（货代）
承运人	无船承运人（货代）	实际承运人
收货人	凭指定	凭指定
运费支付方式	按照信用证规定列写	到付
用途	无船承运人能够收取运费并获得其他利益；出口商用于信用证押汇；进口商在信用证项下赎取此提单，进而用此提单在目的港向无船承运人的代理人换取实际承运人提单	进口商在目的港提货

（四）提单套单的风险

第一，由于提单必须与信用证保持一致，因此套单需要掌握娴熟的海运业务知识和信用证知识。如果无船承运人没有掌握好套单所必备的知识，则很可能因无船承运人签发的提单存在不符点等而不能结汇，这会给托运人造成极大的麻烦，有时甚至无法收到货款。

第二，如果无船承运人没有把握好自己与实际承运人之间的提单业务，或者在履行运输合同中出现问题，那么也可能导致这一环节的提单纠纷，而这种纠纷必然影响到无船承运人签发给托运人的那份提单。这种结局也是令人难以接受的。

第三，由于只有实际承运人签发的提单才可以提货，无船承运人签发的提单不能直接提货，这就对无船承运人所签发提单的物权效力提出了质疑，因为如果进口商用这份提单向实际承运人主张船载货物的物权，那么实际承运人可能会以提单托运人的名称与自己所签发的提单托运人的名称不符等为由而提出抗辩。

第四，如果提单收货人拒绝到开证行付款赎单，那么开证行也无法用无船承运人签发的提单向实际承运人主张提单质押的权利。

第五，本来无船承运人套单的主要目的是收到运费，其通常采取的手段是在自己签发的提单上注明是预付运费，而在实际承运人签发的提单上则注明是到付运费。但是，依据《海商法》第八十七条的规定，即使托运人不向无船承运人支付运费，无船承运人也无权留置船载货物，因为《海商法》第八十七条中的承运人是指实际承运人，即只有实际承运人在运费未付清时才有权留置船载货物。尽管第二套提单注明了到付运费，但对收货人或提单持有人向无船承运人支付运费也没有法律效力。因为收货人（买方）与托运人（卖方）的贸易合同可以证明运费是预付，第二套提单注明的到付运费只能证明无船承运人的欺诈行为。

（五）提单套单的风险控制

第一，在运输条款中规定不接受提单套单。

第二,在不得不使用提单套单的情况下,在运输条款中规定,实际承运人提单的承运人和被通知人的名称可以不同于无船承运人提单,除此以外,实际承运人提单的各项内容均应与无船承运人提单相同。

三、价格条款的风险防范[①]

价格条款的风险主要有两大类:一类是币种选择引致的汇率风险;另一类是价格术语使用不当造成的风险,这类风险可以通过选择恰当的价格术语来加以避免。这里主要是讨论第一类风险,第二类风险将在第六章详细讨论。

(一)汇率风险

1. 从出口的角度来看

出口增长主要受外部需求和实际有效汇率的影响。出口增长与外部需求增长成正比,与实际有效汇率上升也成正比,因为汇率上升(人民币贬值)将导致出口商品外币价格下降。出口可以分为两个部分:一般贸易出口(国外消费品或生产中间品出口)和加工贸易出口,这两个部分的出口都源自外部需求。汇率上升(人民币贬值)会导致加工贸易出口所需的中间品进口价格上升,而使其进口成本增加,同时也使加工贸易成品出口收益增加,从而对冲中间品进口的成本增加。实际有效汇率上升肯定使一般贸易出口出现增长,而对加工贸易出口没有显著影响。

中国某些原料类行业具有较强的价格竞争力,对汇率不甚敏感。这些行业包括焦炭、纺织面料中的有机棉纤维、有色金属(除铝外)等。面料是一种劳动密集型产品,绍兴生产的面料的出口价格远低于国际同类产品的价格,是因为激烈的国内竞争把出口价格压到了底线(竞争来自国内厂商之间)。人民币一旦升值,为了维持同样的人民币价格底线,中国出口产品的美元价格将有所提高,但由于之前中国出口产品的国际竞争优势明显,人民币升值之后的价格依然有竞争力,因此单纯的人民币升值对这些行业不会有明显的影响。鉴于焦炭、有色金属是高污染、高能耗产品,而且汇率、出口退税的调整也不会自动地带来这些产品出口的减少,因此从长远来说,国家应该采取其他措施对其进行控制。

制造业产品的出口普遍受汇率变动的影响较大,原因在于中国制造业出口产品多集中在低端,竞争优势不强,竞争方式也主要是通过价格手段。

总体来说,出口短期内将受人民币升值的影响。这显示出当前中国出口产品对价格优势的依赖程度很高,缺乏非价格方面的核心竞争力,这对改善出口产品结构、提高出口产品技术含量、实现出口的产业升级提出了迫切要求。人民币升值对中国出口的持续增长提出了挑战,也带来了机遇,反观日本的例子,其在日元大幅升值之初也受到过不同程

[①] 本部分主要参考李秀芳等(2013:103—107)。

度的负面影响,这种压力最终带来的是其出口的产业升级。

2. 从进口的角度来看

理论上,进口受实际有效汇率和内部需求的影响。进口与内部需求成正比,与实际有效汇率成反比,因为汇率上升(人民币贬值)将导致进口商品人民币价格上升。与出口相似,进口也可以分为两部分:一般贸易进口(国内消费品或生产中间品进口)和加工贸易进口,而加工贸易进口实质上来源于外部需求,完成加工装配之后必须再出口。实际有效汇率的上升将使一般贸易进口减少,加工贸易进口却可能随出口增加而增加。

人民币升值对不同行业的进口影响各异。首先将有利于中国对原料、能源类产品的进口。分行业来看,橡胶、原木、纸浆、毛料、铜矿石、塑料、原油和有色金属等产品进口对汇率比较敏感。虽然这些原料、能源类产品的总需求有一定的刚性,但人民币升值将降低进口商品的人民币价格,从而带来进口量的增长。值得注意的是,人民币升值未必导致钢材进口量的增长,这是因为中国国内钢铁产能的不断扩张带来了较强的进口替代效应,在剔除了经济增长导致的进口增长之后,中国的钢铁进口与汇率变化的关系不大。

其次集成电路的进口量与实际有效汇率呈反比,原因是集成电路的进口更多的是满足于加工贸易出口的需要,人民币升值后,集成电路进口将受加工贸易出口下降的影响而减少。

最后人民币升值也未必带来制造业产品进口量的显著增加,其原因在于进口替代效应在这些产品上表现突出,如电视机、汽车等。随着中国经济的增长,国内的制造能力不断提高,一些产品的国产化程度越来越高。原本需要进口的产品现在可由国内生产(虽然这些最终产品的原料或中间品仍需进口),这种进口替代效应主要体现为,这些产品的进口量虽随经济水平的提高而增长,但在剔除了经济增长因素之后的进口量与人民币呈现的总体升值趋势相关。

(二) 应对汇率风险的策略

人民币从汇改前的固定汇率制度到现在实行的有管理的浮动汇率制度,给中国的对外贸易发展带来了利好的一面,但与此同时也给一些企业带来了很大的损失。

一般来说,出口商可以从两方面规避汇率风险。

1. 通过金融工具手段,利用外汇市场和货币市场的业务规避汇率风险

常见的方式有即期交易法、远期交易法、期权交易法、期货交易法、互换法、借款法、投资法、BSI 法和 LSI 法等。

(1) 即期交易法。如果某外贸企业在业务经营中两天内存在汇率风险,则该企业可以与外汇银行签订买进或卖出外汇的即期合同来规避风险,实现资金的相反方向流动。

(2) 远期交易法。如果某外贸企业在未来的一定时期有一笔确定的外汇收入或支出,则该企业可以预先买进或卖出远期外汇,利用远期外汇锁定汇率。即使汇率变动,外贸企业也不会因此而遭受损失,在国际支付中,收付双方经常采用远期外汇交易来规避

汇率风险。

（3）期权交易法。如果某外贸企业在未来的一定时期有应收或应付外汇，则该企业可以通过外汇期权交易来抵补汇率风险。因为期权买方在付出一定比例的期权费后拥有了选择权，到期可以按照协议价格买进或卖出规定数额的某种外币进行交割；或者根据市场汇率情况放弃买卖权利，让协议过期作废，只承担预付保证费的损失。

（4）期货交易法。外汇期货交易是一种合约交易，是买卖双方在期货交易所通过公开叫价、买卖，在未来某一日期以约定的汇价交割特定标准数量外币的合同。期货市场的套期保值有两种常见的形式：多头套期保值和空头套期保值。多头套期保值是指在期货市场上先买后卖的套期交易，而空头套期保值的情况刚好相反，是指在期货市场上先卖后买的套期交易。外资企业运用外汇期货交易进行套期保值可以降低损失，但同时也降低了可能带来的收益。

（5）互换法。互换法也称掉期，是指两个或两个以上的当事人按照商定的条件，在约定的时间内交换一系列支付款项的金融交易。互换主要包括货币互换与利率互换两类。在汇率防范中主要运用的是货币互换。货币互换是指以一种货币表示的一定数量的资本以及在此基础产生的利息支付义务，与另一种货币表示的相应的资本以及在此基础上产生的利息支付义务进行互相交换。货币交换的原理是充分利用比较优势实现预期的目标，即成本最小，收益最大。

（6）借款法和投资法。借款法是指有远期外币应收账款的外贸企业通过银行借进一笔与远期外币应收账款相同金额、相同期限、相同币种的贷款以达到融通资金、防止汇率风险和改变汇率风险时间结构目的的一种办法。投资法是指有远期外币应付账款的外贸企业通过将一笔资金（一般为闲置资金）投放于某一金融市场，到期后连同利息收回这笔资金，而这笔资金的流入刚好与未来的外币应付账款的资金流出相对应。

（7）BSI法和LSI法。BSI(borrow-spot-invest)法即借款—即期外汇交易—投资法，指有关企业通过借款、即期外汇交易和投资的程序，争取规避汇率风险的风险管理办法。企业在有外币应收账款的情况下，为防止应收账款的汇价波动，首先借入与应收账款相同数额的外币，将汇率风险的时间结构转变到办汇日。借款后时间风险消除，但货币风险仍然存在，此风险可再通过即期交易法予以规避。LSI(lend-spot-invest)法即提前结汇—即期外汇交易—投资法，指有关企业通过提前结汇、即期外汇交易、投资或借款的程序，规避汇率风险的风险管理办法。LSI法与BSI法的全过程基本相似，只不过将第一步从银行借款对其支付利息，改变为请债务方提前支付，给其一定的折扣而已。

2. 通过外贸业务实际操作来规避汇率风险

（1）选择有利的货币计价法。包括：

第一，尽量选用本币结算。无论是进口还是出口，选用本币结算可以在结算日直接收付本币，无须进行货币兑换，从而从根本上消除风险因素。本币对外国人来说是外币，这意味着使用该办法的前提是对方能够接受从而不至于使企业丧失贸易机会,所以,一般只有在本币是可自由兑换的货币,而且企业在谈判中处于支配地位时才可运用此法,否则对方一般不会接受。

第二,在使用外币进行结算时,要选择可自由兑换的货币。就中国外贸企业而言,就是要选择那些有人民币报价的货币,如英镑、美元、欧元等主要货币。这些硬币将有助于降低货币汇率变动的风险,也便于外汇资金的调拨与运用。企业采用可自由兑换货币结算本身并不能降低汇率风险,但是它使企业在预测到汇率变动于己不利时,能够通过外汇交易将以后的汇率风险转嫁出去。

第三,在使用外币进行结算时,要坚持付汇选用软币(短期内趋于贬值的货币),收汇选用硬币(短期内趋于升值的货币)的原则。在进口贸易中,进口商应选择软币进行计价与结算,这样一旦在结算日软币的汇率下降,就意味着可少付本币,至少不会随汇率变动而受到损失。在出口贸易中,出口商应选择硬币进行计价与结算,这样一旦在结算日硬币的汇率上升,就意味着可多收本币。

第四,在使用外币进行结算时,还可以选择多种货币进行计价与结算。这种方法可以把单一货币汇率变动的风险分散,以升值货币带来的收益弥补贬值货币带来的损失。在货币的选择中必须注意软币与硬币的比例,同时只有选择汇率变动相关性小的可自由兑换货币组合,才能更有效地规避汇率风险。

(2)加列保值条款法。交易双方在签署合同时,加列一项保值条款,进行汇率锁定或规定平均分摊损益。这样可以使双方共同承担风险。锁定的汇率和分摊方法可以通过谈判确定。

第一,硬币保值。交易双方在合同中规定以硬币计价,软币支付,阐明两种货币当时的汇率。在执行合同的过程中,如果支付货币汇率下跌,则合同金额会等比例地进行调整,按照支付日支付货币的汇率计算,这样实收的计价货币金额与签订合同时相同,支付货币汇率下跌的损失则可以得到补偿。

第二,用"一篮子"货币保值。在签订合同时,确定支付货币与"一篮子"保值货币之间的汇率,并规定支付货币与"篮子"中各种货币之间汇率变化的调整幅度,到支付日时,若汇率变动超过了规定的幅度,则按合同中规定的汇率进行调整,从而达到保值的目的。多种货币的组合使汇率风险得到分散,但实际操作中选择哪种货币是个问题。

(3)运用经营决策。外贸企业还可以灵活地运用经营决策,实现风险转移。

第一,提前或推迟收付法(利用收付时间的调整来防范汇率风险的方法)。外贸企业通过预测收付货币汇率的变动,提前或推迟收付有关款项,以更改外汇资金的收付日期来规避汇率风险。

第二,平衡法。在同一时期内,创造一个与既有风险货币相同币种、相同金额和相同期限的资金反方向流动,以消除汇率变动的风险。由于相同资金流的互逆运动,因此不管汇率发生怎样的变化,均可以实现相互抵消。

第三,利用对销贸易法。对销贸易方式不涉及货币的实际收付,交易各方事先规定好互换商品的价格,因此交易各方都不必承受汇率变动的风险。

第四,调节价格法。外贸企业通过调整商品价格的办法将汇率风险分摊到价格中去,具体方法有加价保值和压价保值两种。

案例分析 5-1

【案情】

中国某外贸公司为国内用户引进一套涤纶拉链设备。合同条款对外商提供的设备规格、型号、性能、生产国别和制造日期等都没有明确的规定,对品质保证期、检验机构、检验标准和索赔期限也没有规定。该设备进口后,经多次安装、调试,始终无法正常投产,给国内用户造成了近百万美元的直接经济损失,外商见形势不妙,就单方面中止合同,不辞而别,给用户造成了难以挽回的重大损失。试分析发生本案的原因和我们应从中吸取的教训。

[发生本案的原因分析]

(1) 对出口商资信不了解,签约对象为一家信用极差、不负责任的公司。

(2) 业务人员业务素质极差,所签合同缺少最基本的标的物条款及检验和索赔条款。

(3) 外贸公司对签约环节管理不善,缺乏必要的合同审查和会签制度。

[从中吸取的教训]

(1) 对于新客户,尽量通过银行的征信机构调查其资信及银行信用记录。

(2) 对业务人员进行必要的培训,业务人员必须通过培训考试才能经办业务。

(3) 公司建立合同审查和会签制度。

中国实践

人民币成为区域国际支付货币的历程

1994年,中国实行以市场供求为基础的、单一的、有管理的浮动汇率制度。实行银行结售汇制,取消外汇留成和上缴,建立银行之间的外汇交易市场,改进汇率形成机制。

2005年,中国建立健全以市场供求为基础的、参考一篮子货币进行调节的、单一的、有管理的浮动汇率制度。

2015年10月8日,人民币跨境支付系统正式启动。

2015年12月,国际货币基金组织宣布,将人民币纳入特别提款权(SDR)货币篮子,2016年10月1日正式生效。SDR货币篮子中,美元、欧元、人民币、日元、英镑分别占比41.73%、30.93%、10.92%、8.33%、8.09%。2022年5月16日,美元、欧元、人民币、日元、英

镑所占比重分别调整为 43.38%、29.31%、12.28%、7.59%、7.44%

经过中国金融及外汇管理体制近三十年的不断改革,在中国经济尤其是对外贸易的伟大成就的支撑下,人民币已经成为区域国际支付货币。

本章小结

1. 狭义的风险是指损失的不确定性。广义的风险不仅是指损失的不确定性,还包括盈利的不确定性,它既可能给活动主体带来威胁,又可能带来机会。

2. 出口贸易风险包括企业外部因素导致的出口贸易外生风险和企业行为活动导致的出口贸易内生风险。出口贸易外生风险包括国家风险、金融风险、市场风险和技术风险等系统性风险;出口贸易内生风险是指企业经营层面的风险,是企业从事出口贸易过程中存在的出口贸易战略风险、运营风险等。

3. 国际贸易风险的控制方法有四种,即风险回避、风险隔离、风险结合、风险转移。

4. 提单套单是指对于同一个托运人托运的同一批货物,由无船承运人(货运代理人,即货代)签发一套提单(无船承运人提单),再由实际承运人签发另一套提单(实际承运人提单),买方通过信用证赎取无船承运人提单,换取实际承运人提单提货。

5. 价格条款的风险主要有两大类:一类是币种选择引致的汇率风险,另一类是价格术语使用不当造成的风险,这类风险可以通过选择恰当的价格术语来加以避免。

6. 出口商可以从两方面规避汇率风险。一方面,通过金融工具手段,利用外汇市场和货币市场的业务规避汇率风险。常见的方式有即期交易法、远期交易法、期权交易法、期货交易法、互换法、借款法、投资法、BSI 法和 LSI 法等。另一方面,通过外贸业务实际操作来规避汇率风险。包括选择有利的货币计价法、加列保值条款法、运用经营决策等。

重要术语

出口贸易外生风险 exogenous risks of export trade

出口贸易内生风险 endogenous risks of export trade

提单套单 B/L issued by non-vessel carrier in exchange for B/L issued by actual carrier

思考题

一、名词解释

风险,出口贸易外生风险,出口贸易内生风险,提单套单

二、简答题

1. 简述出口贸易外生风险的构成。
2. 简述出口贸易内生风险的构成。

3. 简述出口贸易风险的控制方法。

4. 简述汇率风险的控制方法。

三、案例分析

湖北 ITC 公司按 CIF（成本加运费加保险费）条件和 L/C（信用证）付款方式向美国 DTC 公司出售油脂一批，合同规定次年 1—3 月装运，但未约定开证日期。合同订立后，油脂市价下跌，DTC 公司遂拖延开证。到装运期即将届满时，湖北 ITC 公司连续催促 DTC 公司开证，DTC 公司拖到 3 月 14 日才开来信用证。鉴于时间紧迫，湖北 ITC 公司要求延展 L/C 装运期限，DTC 公司以天气变热为由，不同意展证，随后终止合同。湖北 ITC 公司对此未提出异议。请分析湖北 ITC 公司有哪些失误，DTC 公司有哪些过错。

参考文献

[1] 顾露露.中国中小企业出口贸易及风险研究[M].北京:中国财政经济出版社,2007.

[2] 李秀芳,刘娟,王策.进出口贸易实务研究:策略、技巧、风险防范[M].天津:天津大学出版社,2013.

[3] 金锡万.企业风险控制[M].大连:东北财经大学出版社,2001.

第六章　价格条件与INCOTERMS® 2020*

---

* 本章主要参考李昭华和潘小春（2012：99—146）。

[学习目标]

- 理解价格术语的含义
- 理解国际贸易惯例的约束力以及与价格术语有关的国际贸易惯例
- 了解 INCOTERMS® 2020 价格术语的分组
- 掌握经典术语组组内价格术语的扩展
- 掌握经典术语组与扩展术语组之间价格术语的扩展
- 掌握 INCOTERMS 11 个术语按风险点及交货点分组及风险变化规律
- 掌握并能正确拟定合同中的价格条款

[引导案例]

吴先生在商场购买电视机,某品牌 29 寸电视机的标价是"1 888 元,送货上门"。

标价中的"送货上门"有哪些含义,起何作用?

"送货上门"是关于电视机标价 1 888 元的附加条件,它在商场和顾客之间划分下列界限:

(1) 义务界限:由商场负责安排市内送货的车辆。

(2) 风险界限:由商场承担电视机抵达客户住宅以前的风险。

(3) 费用界限:商场支付电视机的市内送货运费及保险费。

本章将详细阐述国际贸易实务中如何采用价格条件与价格术语,对一笔具体交易在买卖双方中明确、简捷地划分费用界限、风险界限及义务界限。规范价格术语的国际贸易惯例有哪些?如何解读最重要的国际贸易惯例 INCOTERMS® 2020?

常言道"物美价廉",说明商品的品质和价格是其竞争力的两个核心因素。这句常言不仅适用于国内贸易,同样适用于国际贸易。

商品的价格直接关系到买卖双方的经济利益,而且与其他各项交易条件都有密切的关联。价格的高低决定其他各项交易条件的规定,其他条件的不同规定也会反映到价格上来。因此,商品的价格往往是买卖双方交易磋商的中心议题和矛盾的焦点(吴百福和徐小薇,2007:44)。正确掌握价格核算和拟定合同的价格条款,是外贸业务员必须具备的业务技能。

在国际货物买卖中,交易双方通过磋商,确定各自承担的义务。作为卖方,主要义务是根据销售合同的规定提交合格的货物和相关单据;而买方的对等义务是受领货物和单据并支付货款。在货物交接过程中,有关费用、风险和义务的划分问题,直接关系到商品的价格(黎孝先,2007:17),我们通常将这些称为"价格条件"。

第一节 价格条件、价格术语及相关国际贸易惯例

一、价格条件

本章引导案例中的"送货上门"就是电视机买卖的价格条件。从该案例可以看出,价格条件在国内贸易中也是存在的,只是人们没有明确和重视这个概念。

在国际贸易中,买卖双方分处两国,在卖方交货和买方接货的过程中会涉及许多问题。例如,货物的检验费、包装费、装卸费、运费、保险费、进出口税和其他杂项费用由何方支付;货物在运输途中可能发生的损失或灭失的风险由何方承担;安排运输和装卸、办理货运保险、申请进出口许可证和报关纳税等责任又由何方承担。对上述费用(cost)、风险(risks)和义务(obligations),买卖双方必须在合同中进行明确的划分和界定;但如果在每笔交易过程中买卖双方都就上述费用、风险和义务进行逐项磋商,则势必耗费大量的时间和费用,影响交易的达成(吴百福,1999:74)。因此,在国际货物买卖中,出现了一些专门的条款,用于划分买卖双方所承担的费用、风险和义务的界限,逐步形成了各种价格条件。

价格条件是针对价格对买卖双方所承担的费用、风险和义务的界限所做的划分。

"Free on Board"是指"船上交货",这是国际贸易中最早出现的价格条件,产生于18世纪末19世纪初。据有关资料记载,当时所谓的"Free on Board",是指买方事先在装运港口租定一条船,并要求卖方将其售出的货物交到买方租好的船上。买方自始至终在船上监督交货的情况,并对货物进行检查,如果他认为货物与先前看到的样品相符,就在当时当地偿付货款(黎孝先,2007:18)。

二、价格术语

19世纪以前,国际贸易中的主要通信手段是信函和电报。[①] 电报是按字数计费的,为了减少字数,以便节省电报费用,Free on Board 逐步演变成为缩略形式的 FOB,即所谓的价格术语。价格术语是价格条件的缩略语,是针对具体价格划分买卖双方所承担的费用、风险和义务界限的专门用语。

---

① 后来出现电话,但因费用昂贵、时差限制等,国际长途电话较少使用。

价格术语的使用不仅可以节省电报磋商的费用,还可以使通过信函的书面磋商、通过面谈和电话交谈的口头磋商更加简捷、明了。

Q&A 6-1　价格术语 VS.国际贸易术语

Q:在绝大多数国际贸易实务教材中,FOB 等术语都被称为国际贸易术语,为什么本书却将它们称为价格术语?

A:本书作者 1983—1998 年从事进出口业务工作期间,FOB 等术语在外贸企业中被称为价格条件或价格术语。本书作者注意到,从 20 世纪 90 年代中期开始,中国学院派的国际贸易实务教材将 FOB 等术语称为国际贸易术语。而本书作者认为,将 FOB 等术语称为国际贸易术语可能会窄化国际贸易术语的内涵,使学生误以为国际贸易实务仅仅在表示价格条件时使用术语。实际上,国际贸易术语不仅包括价格术语,还包括运输术语、保险术语、支付术语,如 FIO(装卸都不管)、FPA(平安险)、T/T(电汇)等。

三、有关价格术语的国际贸易惯例

(一)国际贸易惯例的由来

案例 6-1

对"送货上门"的理解分歧

吴先生在商场支付电视机的货款后,商场为吴先生送货到吴先生的住处。送货车抵达某小区 8 栋 1 单元楼宇入口处,送货员将电视机卸下,让吴先生前来取货。吴先生说:"我住 8 栋 1 单元 808,请将电视机送到 8 楼 808 室。"送货员答道:"我们所说的'送货上门'就是指送到楼宇入口,不包上楼。"双方为此发生争议。

【分析】虽然"送货上门"对买卖双方所承担的费用、风险、义务的界限加以划分,但是这个界限没有统一的规定,买卖双方可能因对界限的理解与解释不一致而发生争议和纠纷。

FOB 等价格术语在早期使用时,各国没有统一的定义和解释,容易导致争议和纠纷。为了避免争议和纠纷,国际商会等国际组织用书面形式制定了对价格术语的定义和解释,这些规则在国际贸易实务中被广泛使用,形成国际贸易惯例。

国际贸易惯例,从广义的层面来讲,是指国际贸易的习惯做法;而从狭义的层面来讲,是指国际组织或商业团体用书面形式为国际贸易术语及习惯做法所制定的定义、解释和规则。

(二)国际贸易惯例的约束力

国际贸易惯例本身不是法律,对买卖双方不具备强制管辖权,其约束力体现在:

第一,如果当事人明确采用某项惯例,该惯例就对当事人产生约束力。

第二,如果当事人明确排除某项惯例,该惯例就对当事人没有约束力。

第三,如果当事人没有明确排除某项惯例,发生纠纷时,法院或仲裁机构可以引用该惯例判决或裁决。

但是,关于价格术语的国际贸易惯例一般都建议或希望买卖双方在合同中明确规定该合同受某国际贸易惯例的约束;而在国际贸易实务中,买卖双方一般也依据国际贸易惯例行事。因此,国际贸易惯例虽然不具有强制约束力,但它对国际贸易实务的规范作用不容忽视。

(三)有关价格术语的国际贸易惯例

有关价格术语的国际贸易惯例主要有三种:《1932年华沙—牛津规则》(Warsaw-Oxford Rules 1932)、《1990年美国对外贸易定义修订本》(Revised American Foreign Trade Definitions 1990)和《国际贸易术语解释通则》(INCOTERMS)。

1.《1932年华沙—牛津规则》

《1932年华沙—牛津规则》是国际法协会为解释价格术语CIF(成本、保险费加运费)而制定的规则。19世纪中叶,CIF价格术语在国际贸易中被广泛采用,但由于各国对其解释不一,影响了CIF合同的履行。为了对CIF合同双方的权利和义务做出统一的规定与解释,国际法协会于1928年在波兰华沙制定了CIF合同的统一规则,共22条,称为《1928年华沙规则》。此后,在1930年纽约会议、1931年巴黎会议和1932年牛津会议上,相继将此规则修订为21条,最终形成《1932年华沙—牛津规则》。

《1932年华沙—牛津规则》对CIF合同的性质、买卖双方所承担的费用、风险和义务的界限划分以及货物所有权转移的方式等问题,都做了具体的规定和说明,为那些按CIF价格术语成交的买卖双方提供了一套易于使用的统一规则,供买卖双方自愿采用,在缺乏标准合同格式或共同交易条件的情况下,买卖双方可约定采用此项规则。凡在CIF合同中订明采用《1932年华沙—牛津规则》的,合同当事人的权利和义务就应按此规则的规定办理;但由于现代国际贸易惯例并不具有强制约束力,因此买卖双方经过协商后在CIF合同中也可变更、修改规则中的任何条款或增添其他条款,当此规则的规定与CIF合同的内容相抵触时,仍以合同规定为准。

2.《1990年美国对外贸易定义修订本》

《1990年美国对外贸易定义修订本》由美国商业团体制定。它最早于1919年在纽约制定,原称为《美国出口报价及其缩写条例》。后来在1940年美国第27届全国对外贸易会议上提出做进一步的修订和澄清,并于1941年由美国商会、美国进口商协会及全国对外贸易协会所组成的联合委员会通过,由全国对外贸易协会予以公布,1990年再次被修订。

《1990年美国对外贸易定义修订本》定义和解释了六种价格术语:

(1) Ex (Point of Origin),产地交货;

(2) FOB（Free on Board），船上交货；

(3) FAS（Free Alongside Ship），船边交货；

(4) C&F（Cost and Freight），成本加运费；

(5) CIF（Cost Insurance and Freight），成本和运保费；

(6) Ex Dock（Named Port of Importation），目的港码头交货。

《1990年美国对外贸易定义修订本》主要在北美一些国家采用，由于它对价格术语的解释，特别是对FOB和FAS的解释与INCOTERMS® 2020有明显的差异，因此在同北美国家进行交易时应加以注意。

3.《国际贸易术语解释通则》

INCOTERMS是国际商会制定、解释各种价格术语的一套规则，反映货物买卖合同中企业对企业的贸易实务，划分货物由卖方交付给买方过程中所涉及的费用、风险和义务界限。

一般认为，INCOTERMS由International Commercial Terms三词合成。INCOTERMS的许多版本的封面都含有副标题：International Rules for the Interpretation of Trade Terms，中国通常译为《国际贸易术语解释通则》，简称《通则》。

INCOTERMS的最初版本是INCOTERMS 1936，最新版本是INCOTERMS® 2020。20世纪80年代以来，中国使用过INCOTERMS 1980、1990、2000、2010和2020五个版本。INCOTERMS版本演变情况大致如下：

(1) 1936—1989年，INCOTERMS的发展期。INCOTERMS经历了多个版本，术语的个数、表达式及分组不断调整、变化。

(2) 1990—2009年，INCOTERMS的定型期。INCOTERMS经历了1990和2000两个版本，术语的个数、表达式及分组（按术语首字母分组）相对稳定，没有出现显著调整。

(3) 2010年至今，INCOTERMS进入创新期。①在贸易范围上，2010版首次从国际贸易延伸到国内贸易；②在交易次数上，2010版首次将链式销售（String sales）引入船运，2020版再将链式销售从船运拓展到所有运输方式；③在术语分组上，2010版首次按运输方式分组；④在术语适用的条款范围上，2020版首次明确术语不仅仅是价格指标，使术语超越价格条款的局限；⑤在买卖双方的划分界限上，2010版首次去掉沿用近百年的船舷界限；⑥在规则的呈现方式上，2020版首次采用横向版式，在同一条款标题下对比列出所有术语的条款内容。

与INCOTERMS® 2010及其他以往版本相比，INCOTERMS® 2020有如下重大变化：

(1) 首次声明虽然INCOTERMS术语是用于价格计算的公式，但这些术语并不仅仅是价格指标，而是买卖双方相互承担的一般义务的清单。

(2) 对买卖双方费用、风险和义务划分的十项条款顺序做出重大调整，交货和风险转移更换到更加显著的位置。

（3）对各项条款首次采用在同一条款标题下对比列出所有术语的条款内容，即所谓横向版式。

（4）链式销售的适用范围从船运方式拓展到所有运输方式。

（5）明确 INCOTERMS 规则与销售合同之间的关系。INCOTERMS 规则本身并不是销售合同，它们只有在被订入一份已经存在的合同后才成为合同的一部分。明确 INCOTERMS 规则与附属合同之间的关系：如果 INCOTERMS 规则被订入销售合同的附属合同，如运输合同、保险合同、信用证等，则 INCOTERMS 规则并不构成附属合同的一部分，INCOTERMS 规则适用于并且仅仅管辖销售合同的特定方面。

（6）DAT（Delivered at Terminal，目的地或目的港的集散站交货）改为 DPU（Delivered at Place Unloaded，目的地卸货后交货）。

鉴于 INCOTERMS 存在各种版本，所以如果合同当事方意图在销售合同中订入 INCOTERMS 规则，那么清楚地指明所引用的 INCOTERMS 版本是很重要的。同时，如果买卖双方愿意采用 INCOTERMS® 2020 的价格术语，则应在价格条件后面标明 INCOTERMS® 2020。

与其他两个惯例相比，INCOTERMS 所包含的价格术语最多，使用的国家最多，产生的影响最大。

第二节　INCOTERMS® 2020 的价格术语

INCOTERMS® 2020 包含了国际贸易中普遍使用的 11 种价格术语，并按价格术语所适用的运输方式将术语分成两组。第一组为适用于各种运输方式的术语，包括 EXW、FCA、CPT、CIP、DAP、DPU、DDP 7 种术语；第二组为仅适用于海洋和内河运输的术语，包括 FAS、FOB、CFR、CIF 4 种术语，如表 6-1 所示。

表 6-1　INCOTERMS® 2020 的 11 种价格术语及其分组

组别	价格术语	英文价格条件	中文价格条件	费用及风险特征
第一组适用于各种运输方式	EXW	Ex Works	工厂交货	装运地至目的地运费未付
	FCA	Free Carrier	货交承运人	
	CPT	Carriage Paid To	运费付至	装运地至目的地运费已付
	CIP	Carriage and Insurance Paid To	运费和保险费付至	
	DAP	Delivered at Place	目的地交货	风险及费用到达目的地
	DPU	Delivered at Place Unloading	目的地卸货后交货	
	DDP	Delivered Duty Paid	完税后交货	

(续表)

组别	价格术语	英文价格条件	中文价格条件	费用及风险特征
第二组适用于海洋和内河运输	FAS	Free Alongside Ship	船边交货	装运港至目的港运费未付
	FOB	Free on Board	船上交货	
	CFR	Cost and Freight	成本加运费	装运港至目的港运费已付
	CIF	Cost Insurance and Freight	成本、保险费加运费	

对于每种价格术语项下买卖双方各自承担的10项义务，INCOTERMS® 2020对卖方义务A与买方义务B采用镜像对照排列方式，以便对双方的义务互相比照，一目了然，如表6-2所示。

表6-2　INCOTERMS® 2020每种价格术语规定的卖方和买方应承担的义务

A. 卖方义务（The Seller's Obligations）	B. 买方义务（The Buyer's Obligations）
A1 一般义务 General obligations	B1 一般义务 General obligations
A2 交货 Delivery	B2 提货 Taking delivery
A3 风险转移 Transfer of risks	B3 风险转移 Transfer of risks
A4 运输 Carriage	B4 运输 Carriage
A5 保险 Isurance	B5 保险 Isurance
A6 交货/运输单据 Delivery/transport document	B6 交货/运输单据 Delivery/transport document
A7 出口/进口清关 Export/import clearance	B7 进口/出口清关 Import/export clearance
A8 查验/包装/标记 Checking/packaging/marking	B8 查验/包装/标记 Checking/packaging/marking
A9 费用划分 Allocation of costs	B9 费用划分 Allocation of costs
A10 通知 Notices	B10 通知 Notices

资料来源：根据国际商会中国国家委员会（2020）整理。

在国际贸易实务中，FOB、CFR、CIF、FCA、CPT和CIP是6种常用的价格术语，故本节将重点解析这6种价格术语及其应用，而简略介绍其余5种。同时，这6种常用价格术语可按交货点的异同分为货交装运港术语组（包括FOB、CFR、CIF）和货交承运人术语组（包括FCA、CPT、CIP）。这样"跳出"INCOTERMS® 2020的分组，主要是因为每一组的3个术语具有相同的交货点和风险点。

本节的讨论分三步进行：①首先介绍最原始的术语FOB，由FOB扩展出CFR，进而扩展出CIF，这三个术语形成经典术语组。本组组内的术语变化是卖方的费用及义务不断增加，而运输方式保持船运不变。这一步称为"举一反三"。②由FOB、CFR及CIF分别扩展为FCA、CPT及CIP，后三个术语形成扩展术语组。经典术语组到扩展术语组的变化是运输方式多样化，而两组间两两对应的三对术语在买卖双方的费用、风险及义务划分上呈现相似或同构特征。这一步称为"从传统到扩展"。③INCOTERMS® 2020 11种术语概览。前两步的讨论体现原始术语 FOB 的两个演变阶段:前期演变,在船运方式之内,卖方的费用和义务逐步加大;后期演变,价格术语所适用的运输方式从船运过渡到所有运输方式。

一、经典术语组

(一) FOB

1. FOB 的图解和简略定义

FOB 的图解如图 6-1 所示。

图 6-1　FOB 图解

在图 6-1 中,以出口国装运港船只为界限,卖方承担货物装上船只以前的一切费用、风险和义务,买方承担货物装上船只以后的一切费用、风险和义务。

在国际贸易实务中,FOB 条件的表达形式为:FOB+指定装运港+INCOTERMS® 2020,例如 FOB Shanghai,China INCOTERMS® 2020。所谓"指定装运港",是指买卖双方在货物买卖合同中所约定的装运港。

FOB 的简略定义:FOB 条件是指买方安排船只,支付装运港至目的港运费,卖方在指定装运港交货。货物装上船只时,费用和风险从卖方转移到买方。FOB 仅适用于船舶运输。

上述简略定义包含如下信息:①义务——买方负责租船订舱;②费用——买方支付装运港到目的港运费;③风险界限——装运港船只;④卖方交货点——出口国装运港;⑤价格构成——FOB 价格,不包括装运港至目的港运费。

2. INCOTERMS® 2020 对 FOB 的定义及说明①

FOB defined in INCOTERMS® 2020:

"Free on Board" means that the seller delivers the goods to the buyer on board the vessel, nominated by the buyer, at the named port of shipment, or procures the goods already so delivered. The risk of loss of or damage to the goods transfers when the goods are on board the ves-

---

① INCOTERMS® 2020 对 FOB 的定义及说明的英文皆引自 INCOTERMS® 2020 关于 FOB 的用户解释说明 (Explanatory notes for users)(国际商会中国国家委员会,2020,英文部分第 103 页)。本书将用户解释说明拆分为术语的定义及说明,"FOB defined in INCOTERMS® 2020"及"Remarks on the above definition"系本书作者所加,拆分后的行文顺序与用户解释说明的行文顺序略有不同。

sel, and the buyer bears all costs from that moment onwards.

Remarks on the above definition:

This rule is to be used only for sea or inland waterway transport where the parties intend to deliver the goods by placing the goods on board a vessel. Thus, the FOB is not appropriate where goods are handed over to the carrier before they are on board the vessel, for example where goods are handed over to a carrier at a container terminal. Where this is the case, parties should consider using the FCA rule rather than the FOB rule.

The seller is required either to deliver the goods on board the vessel or to procure goods already so delivered for shipment. The reference to "procure" here caters for multiple sales down a chain(string sales), particularly common in the commodity trades.

FOB requires the seller to clear the goods for export, where applicable. However, the seller has no obligation to clear the goods for import or for transit through third countries, to pay any import duty or to carry out any import customs formalities.

INCOTERMS® 2010 对 FOB 的定义：

FOB 是指卖方在指定装运港买方指定的船只上交货给买方或买下已经交付到船只上的货物。货物灭失或损坏的风险在货物交到船上时转移，同时，买方承担自该时起的一切费用。

对上述定义的说明：

本术语仅适用于海洋或内河运输，在此方式下买卖双方以将货物交到船上的方式交货。

FOB 可能不适用于货物在交到船上之前已经移交给承运人的情形，例如用集装箱运输的货物通常在某个运输终端交货。在此类情况下，双方应当考虑使用 FCA 术语。

卖方要么需将货物交付到船只上，要么需买下已经交付到船只上的货物。此处"买下"一词适用于多次转卖所形成的交易链（链式销售），在货物贸易中尤其常见。

在需要办理出口清关手续的情况下，FOB 要求卖方办理出口清关手续。但卖方无义务办理进口或转运至第三国的清关手续、支付任何进口关税或办理任何进口海关手续。

Q&A 6-2　链式销售及中间卖方的义务

Q：INCOTERMS® 2020 在第二组术语的用户解释说明中都涉及链式销售，什么是链式销售？

A：链式销售也称连环贸易或路货交易（王淑敏，2011），是指货物在运输过程中被多次转卖。

Q：在链式销售中，为什么中间卖方只需买下已经交付到船只上的货物？

A：链式销售的中间卖方实际上并不需要将货物交付到船只上，因为货物已经由处于销售链起点的初始卖方交付到船只上。因此，链式销售的中间卖方对买方承担的义务不是将货物交付到船只上,而是买下已经交付到船只上的货物。为明晰起见,INCOTERMS® 2020 在相关术语中用"买下已经交付到船只上的货物"的义务来替代"交付货物到船只上"的义务。

Q&A 6-3 链式销售的风险转移界限

Q:在 INCOTERMS® 2020 对 FOB 的定义中,首次交易的风险转移界限是明确的:货物装上船只时,风险从卖方转移到买方。第二次及以后交易的风险转移界限如何确定?

A:仅仅从 INCOTERMS® 2020 的文本来看,第二次及以后交易的风险转移界限仍然是货物装上船只时,风险从卖方转移到买方。但是,有经验的买方会把 INCOTERMS® 2020 所确定的风险转移界限修改为:货物买卖合同生效时,风险从卖方转移到买方。也就是说,把风险界限从货物装上船只后移至转手交易生效。让转手交易的买方承担货物装上船只至转手交易生效的这段风险,显然是不合理的。

需要指出的是,本书第 164 页的 FOB 简略定义和 INCOTERMS® 2020 定义所确定的费用及风险界限都只针对正常情况。INCOTERMS® 2020 中有关 FOB 的 A3 和 B3、A9 和 B9 不仅包括正常情况下的费用及风险界限划分,而且包括非正常情况下的费用及风险界限划分。在下列四种非正常情况下,买卖双方的风险以某一时间而不是以货物装上船只为划分界限,买卖双方的费用以货物装上船只为划分界限,但买方还要承担非正常情况导致的额外费用:

(1) 买方未将租船信息及时通知卖方;
(2) 买方指定的船只未按时到达导致卖方不能履行交货义务;
(3) 船只不能接收货物;
(4) 船只提前截止装货。

在上述非正常情况下,买卖双方风险转移的时间界限为:
(1) 双方约定的日期;
(2) 在无约定日期的情况下,卖方在约定交货期之内按照 A7 的规定所通知的日期;
(3) 在无卖方通知日期的情况下,任何约定交货期限届满之日。

以货物装上船只或某一时间为费用及风险划分界限的前提条件是,货物已清楚地确定为合同项下之货物。

Q&A 6-4 船舷为界 VS. 装上船只为界

Q:INCOTERMS® 2020 的风险界限是货物装上船只,INCOTERMS 过去版本的风险界限则是货物越过船舷。为什么要把船舷为界改为装上船只为界?

A:在 INCOTERMS® 2020 出现之前,每当作者讲授 FOB 的风险划分以货物越过船舷为界时,常常会有学生提问:如果货物恰好在船舷上方砸下来,所发生的货损由买方承担还是由卖方承担?这个问题不仅存在于课堂之上,也存在于实际业务之中。船舷为界的弊端在于,由于船舷的宽度并不等于零,因此货物越过船舷实际上需要经过三个空间范围:货物位于船舷之外,货物位于船舷正上方,货物位于船舷之内。以船舷为界实际上无法精确地划分货物位于船舷正上方的风险界限。

以装上船只为界,货物所经过的空间范围只有两个:没有装上船只,已装上船只。

在 INCOTERMS® 2020 出现之前,从事国际贸易的商人们用这样的办法弥补以船舷为界的上述缺陷:买卖双方约定卖方提供清洁已装船提单,实际上就是把风险划分以货物越过船舷为界改成了以货物已装上船只为界。INCOTERMS® 2020 只不过是把这种多年采用的弥补方式固化到惯例的条款之中。

Q&A 6-5　FOB 不适用于集装箱和滚装滚卸

Q:FOB 可能不适用于货物在上船之前已经交付给承运人的情况,例如集装箱和滚装滚卸,为什么?

A:在集装箱情况下,货物在 CFS(container freight station,集装箱货运站)或 CY(container yard,集装箱堆场)装入集装箱时,货物控制权从卖方转移到承运人,如果仍然使用 FOB,则由于 FOB 是在货物装上船只时货物风险才从卖方转移到买方,这导致自货物在 CFS 或 CY 装入集装箱到集装箱装上船只之前的区间内,卖方没有控制货物却仍要承担货物风险的不合理现象。如果改用 FCA,则货物在 CFS 或 CY 装入集装箱时,货物控制权就从卖方转移到承运人,同时风险也从卖方转移到买方。

在滚装情况下,货物装上运载车辆时,货物控制权从卖方转移到承运人,如果仍然使用 FOB,则由于 FOB 是在货物装上船只时货物风险才从卖方转移到买方,这导致自货物装上运载车辆到运载车辆驶上船只之前的区间内,卖方没有控制货物却仍要承担货物风险的不合理现象。如果改用 FCA,则货物在装上运载车辆时,货物控制权就从卖方转移到承运人,同时风险也从卖方转移到买方。

基于 INCOTERMS® 2020 对 FOB 的费用、风险和义务界限的详细划分,结合进出口业务的实际情况,本书对 FOB 的费用、风险和义务界限的简略划分如表 6-3 所示。

表 6-3　FOB 风险、费用和义务的简略划分

情形	当事人	费用	风险	义务
正常情况	卖方	承担货物装上船只之前的费用	承担货物装上船只之前的风险	(1) 将货物送交到装运港买方指定的船只上 (2) 办理出口清关手续
正常情况	买方	承担货物装上船只之后的费用,特别是装运港至目的港运费	承担货物装上船只之后的风险	(1) 租船订舱,将船期、船名通知卖方 (2) 办理进口清关手续
非正常情况		以货物装上船只为界限,但买方还要承担非正常情况导致的额外费用	以双方约定的日期,或卖方通知日期,或最后装期为界限	

3. 使用 FOB 的注意事项

(1) 船货衔接问题。在 FOB 价格术语下,卖方的一项基本义务是在规定的日期或期限内,将货物交至装运港买方指定的船只上。而 FOB 价格术语下,办理租船订舱工作的是买方,因此,存在一个船货衔接的问题。买方在合同规定的期限内安排船只到合同指定的装运港接受装货。如果买方未能按时派船,包括未经卖方同意提前将船只派到装运港或者延迟将船只派到装运港,卖方都有权拒绝交货,而且由此产生的各种损失,如空舱费(dead freight)、滞期费(demurrage)及卖方增加的仓储费等均由买方承担。如果买方指派的船只按时到达装运港,而卖方却未能及时备妥货物,则由此产生的费用由卖方承担。因此,在 FOB 价格术语下,应注意船货衔接的问题,买方应尽早将船期、船名通知卖方,以便卖方顺利交货。

(2) FOB 的变形。FOB 的变形是为了在租船运输情况下,解决装船费用在买卖双方之间的划分问题,主要包括以下几种变形:

FOB liner terms(FOB 班轮条件),指按照班轮运输的做法,装船费用包含在运费中,由支付运费的一方(买方)承担。

FOB under tackle(FOB 吊钩下交货),指卖方将货物置于轮船吊钩可及之处,从货物起吊开始的装船费用由买方承担。

FOB stowed(FOB 理舱),指卖方承担将货物装入船舱并支付包括理舱费在内的装船费用。理舱费是指货物入舱后进行安置和整理的费用。

FOB trimmed(FOB 平舱),指卖方承担将货物装入船舱并支付包括平舱费在内的装船费用。平舱费是指对装入船舱的散装货物进行平整所需的费用。

(3) FOB 的界限。FOB 在 INCOTERMS® 2020 中的界限是费用、风险、义务三界合一,以货物装上船只为界。"货物装上船只为界"表明货物在装上船只之前的风险,包括在装船过程中货物跌落码头、海中或船甲板所造成的损失,均由卖方承担。而货物装上船只之后,包括在起航前和在运输过程中所发生的损坏或灭失,均由买方承担。但在实际使用中,费用界限常常前后移动。例如 FOB under tackle 则将费用界限从船上前移到船边的吊钩半径范围之内。

(4) INCOTERMS® 2020 与《1990 年美国对外贸易定义修订本》(以下简称《美国外贸定义》)对 FOB 的不同解释。以上有关 FOB 的解释都是根据 INCOTERMS® 2020 做出的,但是不同的国家和不同的惯例对 FOB 的解释并不完全统一。北美国家采用的《美国外贸定义》将 FOB 分为如下六种[1]:

(2.1)[2] FOB(named inland carrier at named inland point of departure)

在指定内陆发货地点的指定内陆运输工具上交货

---

[1] Revised American Foreign Trade Definitions 1990 英文转引自 http://www.360docs.net/doc/7a7564973.html。
[2] 采用序号(2.1)—(2.6),是因为 FOB 在《美国外贸定义》的六种术语中排序第二。

(2.2) FOB(named inland carrier at named inland point of departure) freight prepaid to(named point of exportation)

在指定内陆发货地点的指定内陆运输工具上交货,运费预付到指定的出口地点

(2.3) FOB(named inland carrier at named inland point of departure) freight allowed to(named point)

在指定内陆发货地点的指定内陆运输工具上交货,减除至出口地点的运费

(2.4) FOB(named inland carrier at named inland point of exportation)

在指定出口地点的指定内陆运输工具上交货

(2.5) FOB Vessel(named port of shipment)

在指定装运港的船上交货

(2.6) FOB(named inland point in country of importation)

在进口国的指定内陆地点交货

上述六种 FOB,前三种 FOB 的交货点和风险点均在出口国内陆发货地,但这三种 FOB 具有不同的费用点;第四、第五种 FOB 的交货点、风险点和费用点在相同出口地的不同地点;第六种 FOB 的交货点、风险点和费用点均在进口国之内。案例 6-2 是这六种 FOB 的示例。

案例 6-2

《美国外贸定义》六种 FOB 示例

出口国内陆发货地:湖北黄石市;

出口地:湖北武汉市;

出口地内陆交货点:关山二路;

出口地装运港:江汉关码头;

进口国目的地:Los Angeles,USA(美国洛杉矶)。

《美国外贸定义》六种 FOB 的交货点、风险点及费用点如表 6-4 所示。

表 6-4 《美国外贸定义》六种 FOB 的交货点、风险点及费用点

FOB 类别	交货点	风险点	费用点
2.1	黄石	黄石	黄石
2.2	黄石	黄石	武汉(运费预付)
2.3	黄石	黄石	武汉(运费到付)
2.4	武汉(关山二路)	武汉(关山二路)	武汉(关山二路)
2.5	武汉(江汉关码头)	武汉(江汉关码头)	武汉(江汉关码头)
2.6	Los Angeles, USA	Los Angeles, USA	Los Angeles, USA

从表 6-4 中可以看出,《美国外贸定义》第一、第二、第三、第六种 FOB 与 INCOTERMS® 2020 的 FOB 不具有可比性,因为前者第一、第二、第三种 FOB 的交货点均在出口国内陆发货地,第六种 FOB 的交货点在进口国目的地。《美国外贸定义》第四、第五种 FOB 与 INCOTERMS® 2020 的 FOB 具有相似之处,因为二者的交货点均在出口地,其区别如表 6-5 所示。

表 6-5　INCOTERMS® 2020 与《美国外贸定义》(第四、第五种)对 FOB 的不同解释

项目	INCOTERMS® 2020	《美国外贸定义》第四种	《美国外贸定义》第五种
FOB 的表达形式	FOB Wuhan, China INCOTERMS® 2020	FOB Wuhan, China	FOB Vessel Wuhan, China
交货点	武汉港口船上交货	武汉内陆运输工具上交货	武汉港口船上交货
风险点	船只	武汉内陆运输工具	船只
出口手续	卖方负责办理出口许可证和出口清关	卖方协助买方办理出口许可证,且买方承担费用	卖方协助买方办理出口许可证,且买方承担费用

中国公司与北美公司签订进口合同时应注意下列事项:

第一,使用 FOB Vessel (named port of shipment),避免使用 FOB (named port of shipment);

第二,应书面确定卖方负责办理出口许可证和出口清关,并承担费用。

Q&A 6-6　价格术语的演变(1/2)

Q:FOB 出现之后,价格术语发生了怎样的演变?

A:FOB 是国际贸易实务中最原始的价格术语,出现于 18 世纪末 19 世纪初。此后,价格术语经历了以下两个阶段的演变:①前期演变,在船运方式之内,卖方的费用和义务逐步加大;②后期演变,价格术语所适用的运输方式从船运过渡到所有运输方式。

价格术语的前期演变局限在船运方式之内,新的术语保持卖方在 FOB 中的风险界限不变,而其费用和义务逐步加大:FOB 的第一步演变是从由买方租船订舱、支付主运费演变成为由卖方租船订舱、支付主运费,形成 CFR。第二步演变是卖方不仅租船订舱、支付主运费,而且为装运港到目的港的货物运输投保、支付保费,形成 CIF。FOB、CFR、CIF 组成价格术语家族中的经典术语组。

此后,卖方的费用、风险和义务三者略微减小,形成 FAS,FAS 与 FOB、CFR、CIF 组成广义的经典术语组。

FOB 之所以发生卖方费用、风险和义务逐步加大的演变,其原因是:①逐步为买方减少租船订舱、投保的麻烦;②尽量为卖方从货运和保险中争取盈利机会。

我们将在"扩展术语组"末尾再转入价格术语的后期演变。

（二）CFR

1. CFR 的图解和简略定义

CFR 的图解如图 6-2 所示。

图 6-2　CFR 图解

在图 6-2 中,买卖双方的风险界限仍然是出口国装运港船只,但费用和义务①界限则移至进口国目的港船只,与 FOB 相比,卖方的义务增加了租船订舱,卖方的费用增加了支付主运费。

在国际贸易实务中,CFR 条件的表达形式为:CFR+指定目的港+INCOTERMS® 2020,例如 CFR Los Angeles, USA INCOTERMS® 2020。所谓"指定目的港",是指买卖双方在货物买卖合同中所约定的目的港。

CFR 的简略定义:CFR 条件是指卖方安排船只,支付装运港至目的港运费,在指定装运港交货。货物装上船只时,风险和其他费用从卖方转移到买方。CFR 仅适用于船舶运输。

上述简略定义包含如下信息:①义务——卖方负责租船订舱;②费用——卖方支付装运港至目的港运费;③风险界限——装运港船只;④卖方交货点——出口国装运港;⑤价格构成——CFR 价格,包括装运港至目的港运费。

2. INCOTERMS® 2020 对 CFR 的定义②

CFR defined in INCOTERMS® 2020：

"Cost and Freight" means that the seller delivers the goods to the buyer on board the vessel, or procures the goods already so delivered. The risk of loss of or damage to the goods transfers when the goods are on board the vessel, such that the seller is taken to have performed its obligation to deliver the goods whether or not the goods actually arrive at their destination in sound condition, in the stated quantity or, indeed, at all. The seller must contract for the carriage of the goods from delivery to the agreed destination.

---

① 这里的义务是指卖方租船订舱、办理运输。
② INCOTERMS® 2020 对 CFR 的定义及说明的英文皆引自 INCOTERMS® 2020 关于 CFR 的用户解释说明(Explanatory notes for users)(国际商会中国国家委员会,2020,英文部分第 113 页)。本书将用户解释说明拆分为术语的定义及说明,"CFR defined in INCOTERMS® 2020"及"Remarks on the above definition"系本书作者所加,拆分后的行文顺序与用户解释说明的行文顺序略有不同。

Remarks on the above definition:

This rule is to be used only for sea or inland waterway transport. Where more than one mode of transport is to be used, which will be commonly the case where goods are handed over to the carrier at a container terminal, the appropriate rule to use is CPT rather than CFR.

In CFR, two ports are important: the port where the goods are delivered on board the vessel and the port agreed as the destination of the goods. Risk transfers from seller to buyer when the goods are delivered to the buyer by placing them on board the vessel at the shipment port or by procuring the goods already so delivered. However, the seller must contract for the carriage of the goods from delivery to the agreed destination.

While the contract will always specify a destination port, it might not specify the port of shipment, which is where risk transfers to the buyer. If the shipment port is of particular interest to the buyer, as it may be, for example, where the buyer wishes to ascertain that the freight element of the price is reasonable, the parties are well advised to identify it as precisely as possible in the contract.

The parties are well advised to identify as precisely as possible the point at the named port of destination, as the costs to that point are for the account of the seller.

The reference to "procure" here caters for multiple sales down a chain (string sales), particularly common in the commodity trades.

It is possible that carriage is effected through several carriers for different legs of the sea transport, for example, first by a carrier operating a feeder vessel from Hong Kong to Shanghai, and then onto an ocean vessel from Shanghai to Southampton, ……, the default position is that risk transfers when the goods have been delivered to the first carrier, ……, thus increasing the period during which the buyer incurs the risk of loss or damage.

CFR requires the seller to clear the goods for export, where applicable. However, the seller has no obligation to clear the goods for import or for transit through third countries, to pay any import duty or to carry out any import customs formalities.

INCOTERMS® 2020 对 CFR 的定义：

CFR 是指在船只上交货给买方或买下已经交付到船只上的货物。货物灭失或损坏的风险在货物交到船上时转移,因此卖方即被视为已履行交货义务,而无论货物是否实际以良好的状况、约定的数量到达目的港,或者是否确实到达目的港。卖方必须签订运输合同,将货物从装运港运输到约定的目的港。

对上述定义的说明：

本术语仅适用于海洋或内河运输,在使用一种以上的运输方式的情况下(这常见于货物在交到船上之前已经在集装箱终端移交给承运人的情况),适合使用的术语是 CPT 而不是 CFR。

在 CFR 术语中,有两个港口很重要:货物交到船上的港口及约定为货物目的港的港口。当货物在装运港用装上船只的方式向买方交货或买下如此交货的货物时,风险从卖方转移到买方。但是,卖方必须签订货物从装运港到约定目的港的运输合同。

虽然合同总是会规定目的港,但不一定会规定装运港,而装运港却是风险转移到买方的地方。如果装运港对买方利害攸关,例如装运港可能是买方希望在合理价格中确定运费构成的参照地,则建议买卖双方在合同中尽可能确切地规定装运港。

由于卖方要承担将货物运至目的港具体地点的费用,建议买卖双方在指定目的港中尽可能确切地规定具体地点。

此处"买下"一词适用于多次转卖所形成的交易链(链式销售),在货物贸易中尤其常见。

海运的不同航段可能由多个承运人负责,例如货物先由承运人营运的香港至上海的近海船舶运输,再由(另一承运人营运的)上海至南安普顿的远洋船舶续运……风险的默认转移点是货物交付给第一个承运人时……这就延长了买方发生货物灭失或损坏的风险的时间。

在需要办理出口清关手续的情况下,CFR 要求卖方办理出口清关手续。但卖方无义务办理进口或转运至第三国的清关手续、支付任何进口关税或办理任何进口海关手续。

基于 INCOTERMS® 2020 对 CFR 的费用、风险和义务界限的详细划分,结合进出口业务的实际情况,本书对 CFR 的费用、风险和义务界限的简略划分如表 6-6 所示。

表 6-6　CFR 费用、风险和义务划分

当事人	费用	风险	义务
卖方	承担货物装上船只之前的费用,以及装运港至目的港运费	承担货物装上船只之前的风险	(1)租船订舱,将货物送交到装运港船只上 (2)将装船情况及时通知买方 (3)办理出口清关手续
买方	承担货物装上船只之后的费用,不包括装运港至目的港运费	承担货物装上船只之后的风险	办理进口清关手续

3. 使用 CFR 的注意事项

(1)船险衔接。卖方应尽早将装船情况通知买方,以便买方及时投保。

(2)CFR 的变形。CFR 的变形是为了在租船运输情况下,解决卸船费用在买卖双方之间的划分问题,主要包括以下几种变形:

CFR liner terms(CFR 班轮条件),卖方承担卸船费用。

CFR landed(CFR 卸至岸上),卖方承担卸船费用。

CFR ex tackle(CFR 吊钩下交货),卖方承担卸船费用(船舶不能靠岸时,不含驳船费用)。

CFR ex ship's hold(CFR 舱底交货),买方承担卸船费用。

(3) CFR 的别名。CFR = C&F = CNF = C and F。需要说明的是,C&F、CNF 及 C and F 均为 INCOTERMS 1980 及以前版本的术语。

(三) CIF

1. CIF 的图解和简略定义

CIF 的图解如图 6-3 所示。

图 6-3 CIF 图解

在图 6-3 中,与 CFR 类似,在 CIF 条件下,买卖双方的风险界限仍然是出口国装运港船只,费用和义务①界限移至进口国目的港船只,但与 CFR 相比,卖方的义务增加了购买海运保险,卖方的费用增加了支付货运保险费。

在国际贸易实务中,CIF 条件的表达形式为:CIF+指定目的港 +INCOTERMS® 2020,例如 CIF Los Angeles,USA INCOTERMS® 2020。所谓"指定目的港",是指买卖双方在货物买卖合同中所约定的目的港。

CIF 的简略定义:CIF 条件是指卖方安排船只、投保,支付装运港至目的港运费及货运保险费,在指定装运港交货。货物装上船只时,风险和其他费用从卖方转移到买方。CIF 仅适用于船舶运输。

上述简略定义包含如下信息:①义务——卖方负责租船订舱,并购买海运保险;②费用——卖方支付装运港至目的港运费以及货运保险费;③风险界限——装运港船只;④卖方交货点——出口国装运港;⑤价格构成——CIF 价格,包括装运港至目的港运费及货运保险费。

2. INCOTERMS® 2020 对 CIF 的定义②

CIF defined in INCOTERMS® 2020:

---

① 这里的义务是指卖方租船订舱、办理运输和购买海运保险。

② INCOTERMS® 2020 对 CIF 的定义及说明的英文皆引自 INCOTERMS® 2020 关于 CIF 的用户解释说明 (Explanatory notes for users)(国际商会中国国家委员会,2021,英文部分第 123 页)。本书将用户解释说明拆分为术语的定义及说明,"CIF defined in INCOTERMS® 2020"及"Remarks on the above definition"系本书作者所加,拆分后的行文顺序与用户解释说明的行文顺序略有不同。

"Cost Insurance and Freight" means the seller delivers the goods to the buyer on board the vessel or procures the goods already so delivered. The risk of loss of or damage to the goods transfers when the goods are on board the vessel, such that the seller is taken to have performed its obligation to deliver the goods whether or not the goods actually arrive at their destination in sound condition, in the stated quantity or, indeed, at all. The seller must contract for the carriage of the goods from delivery to the agreed destination.

The seller must also contract for insurance cover against the buyer's risk of loss of or damage to the goods from the port of shipment to at least the port of destination.

The buyer should also note that under CIF INCOTERMS® 2020 rule the seller is required to obtain limited insurance cover complying with Institute Cargo Clauses(C) or similar clause, rather than with the more extensive cover under Institute Cargo Clauses (A). It is, however, still open to the parties to agree on a higher level of cover.

Remarks on the above definition:

This rule is to be used only for sea or inland waterway transport. Where more than one mode of transport is to be used, which will commonly be the case where goods are handed over to a carrier at a container terminal, the appropriate rule to use is CIP rather than CIF.

In CIF, two ports are important: the port where the goods are delivered on board the vessel and the port agreed as the destination of the goods. Risk transfers from seller to buyer when the goods are delivered to the buyer by placing them on board the vessel at the shipment port or by procuring the goods already so delivered. However, the seller must contract for the carriage of the goods from delivery to the agreed destination.

While the contract will always specify a destination port, it might not specify the port of shipment, which is where risk transfers to the buyer. If the shipment port is of particular interest to the buyer, as it may be, for example, where the buyer wishes to ascertain that the freight or the insurance element of the price is reasonable, the parties are well advised to identify it as precisely as possible in the contract.

The parties are well advised to identify as precisely as possible the point at the named port of destination, as the costs to that point are for the account of the seller.

The reference to "procure" here caters for multiple sales down a chain(string sales), particularly common in the commodity trades.

It is possible that carriage is effected through several carriers for different legs of the sea transport, for example, first by a carrier operating a feeder vessel from Hong Kong to Shanghai, and then onto an ocean vessel from Shanghai to Southampton, ……, the default position is that risk transfers when the goods have been delivered to the first carrier, ……, thus increasing the period during which the buyer incurs the risk of loss or damage.

CIF requires the seller to clear the goods for export, where applicable. However, the seller has no obligation to clear the goods for import or for transit through third countries, to pay any import duty or to carry out any import customs formalities.

INCOTERMS® 2020 对 CIF 的定义：

CIF 是指在船只上交货给买方或买下已经交付到船只上的货物。货物灭失或损坏的风险在货物交到船上时转移，因此卖方即被视为已履行交货义务，而无论货物是否实际以良好的状况、约定的数量到达目的港，或者是否确实到达目的港。卖方必须签订运输合同，将货物从装运港运输到约定的目的港。卖方还必须为从装运港到至少目的港由买方承担的货物灭失或损坏的风险订立保险合同。

买方应该注意到，在 INCOTERMS® 2020 的 CIF 条件下，卖方只需投保符合《伦敦保险协会货物保险条款》（C）款或类似条款的有限险别，而不是《伦敦保险协会货物保险条款》（A）款的较高险别。但是，双方仍可约定较高的险别。

对上述定义的说明：

本术语仅适用于海洋或内河运输，在使用一种以上的运输方式的情况下（这常见于货物在交到船上之前已经在集装箱终端移交给承运人的情况），适合使用 CIP 术语而不是 CIF 术语。

在 CIF 术语中，有两个港口很重要：货物交到船上的港口及约定为货物目的港的港口。当货物在装运港用装上船只的方式向买方交货或买下如此交货的货物时，风险从卖方转移到买方。但是，卖方必须签订货物从装运港到约定目的港的运输合同。

虽然合同总是会规定目的港，但不一定会规定装运港，而装运港却是风险转移到买方的地方。如果装运港对买方利害攸关，例如装运港可能是买方希望在合理价格中确定运费构成的参照地，则建议买卖双方在合同中尽可能确切地规定装运港。

由于卖方要承担将货物运至目的港具体地点的费用，建议买卖双方在指定目的港中尽可能确切地规定具体地点。

此处"买下"一词适用于多次转卖所形成的交易链（链式销售），在货物贸易中尤其常见。

海运的不同航段可能由多个承运人负责，例如货物先由承运人营运的香港至上海的近海船舶运输，再由（另一承运人营运的）上海至南安普顿的远洋船舶续运……风险的默认转移点是货物交付给第一个承运人时……这就延长了买方发生货物灭失或损坏的风险的时间。

在需要办理出口清关手续的情况下，CIF 要求卖方办理出口清关手续。但卖方无义务办理进口或转运至第三国的清关手续、支付任何进口关税或办理任何进口海关手续。

基于 INCOTERMS® 2020 对 CIF 的费用、风险和义务界限的详细划分，结合进出口业务的实际情况，本书对 CIF 的费用、风险和义务界限的简略划分如表 6-7 所示。

表 6-7 CIF 费用、风险和义务划分

当事人	费用	风险	义务
卖方	承担货物装上船只之前的费用，以及装运港至目的港运费、货运保险费	承担货物装上船只之前的风险	(1) 租船订舱，将货物送交到装运港船只上 (2) 购买海运保险 (3) 办理出口清关手续
买方	承担货物装上船只之后的费用，不包括装运港至目的港运费、货运保险费	承担货物装上船只之后的风险	办理进口清关手续

3. 使用 CIF 的注意事项

（1）关于"到岸价"。CIF 的风险界限与 FOB 相同，都是以装运港船只为界，因此，从风险界限的角度来看，CIF 价格并不是"到岸价"。

（2）CIF 的变形。CIF 的变形是为了在租船运输情况下，解决卸船费用在买卖双方之间的划分问题，主要包括以下几种变形：

CIF liner terms（CIF 班轮条件），卖方承担卸船费用；

CIF landed（CIF 卸至岸上），卖方承担卸船费用；

CIF ex tackle（CIF 吊钩下交货），卖方承担卸船费用（船舶不能靠岸时，不含驳船费用）；

CIF ex ship's hold（CIF 舱底交货），买方承担卸船费用。

（3）FOB、CFR、CIF 对比。FOB、CFR、CIF 是最经典的三种价格术语，故也被称为传统术语组。这三种价格术语在交货地点、运输方式、风险界限、租船订舱、投保、支付运费、支付保险费及交货性质上的对比如表 6-8 所示。

表 6-8 FOB、CFR、CIF 对比

术语	交货地点	运输方式	风险界限	租船订舱	投保	支付运费	支付保险费	交货性质
FOB	装运港	船舶运输	装运港船只	买方	/	买方	/	实际交货
CFR	装运港	船舶运输	装运港船只	卖方	/	卖方	/	象征性交货
CIF	装运港	船舶运输	装运港船只	卖方	卖方	卖方	卖方	象征性交货

Q&A 6-7　FOB 条件下买方的投保义务

Q：在 FOB 条件下，买方有义务投保吗？

A：按照 INCOTERMS® 2020 的规定，在 FOB 条件下，买方不承担投保义务，也就是说，买方可以自行选择投保或不投保。需要提及的是，在 INCOTERMS 1990 及以前的版本中，在 FOB 条件下，买方承担投保义务。

类似地，按照 INCOTERMS® 2020 的规定，在 CFR 条件下，买方也不承担投保义务。

Q&A 6-8 实际交货 VS. 象征性交货

Q:何谓实际交货、象征性交货?

A:实际交货是指交货与收货同时发生的交货,卖方将货物交付给买方或买方的代理人,例如买方指定的承运人,这些都是交货与收货同时发生。象征性交货是指交货发生时收货并未发生的交货,卖方将货物交付给自己的代理人,例如卖方指定的承运人,此时,买方收货并未发生。

Q&A 6-9 价格术语的演变(2/2)

Q:Q&A 6-3 介绍了价格术语的前期演变,价格术语的后期演变情况是怎样的?

A:在船运方式之后,相继出现了铁路、公路、航空等运输方式。运输单位从单个的散件货物发展到以集装箱为代表的集成化货物,通过集装箱这一新的运输单位将原本是相互分离的船运、铁路、公路、航空等传统运输方式串联成为多式联运。对应运输方式的变化,价格术语也发生了后期演变。

INCOTERMS 1953 定义了 FOR-FOT(Free on Rail-Free on Truck),分别适用于铁路和公路运输;INCOTERMS 1967 定义了 DAF(Delivered at Frontier),适用于接壤两国的火车和公路运输;INCOTERMS 1967 还定义了 FOB Airport,适用于航空运输;INCOTERMS 1980 定义了 Free Carrier 及 Freight or Carriage Paid to,适用于集装箱运输(《进出口业务》编写组,1982:156)。FOR-FOT、FOB Airport 等过渡性术语的出现体现了国际商会为使价格术语所适用的运输方式从船运过渡到各种运输方式所做的努力。这一过渡在 INCOTERMS 1990 中基本完成,使 INCOTERMS 的术语在此后的版本中形成相对固定的形式:FCA、CPT、CIP 分别由 FOB、CFR、CIF 扩展而成,后者仅适用于船运,而前者则适用于各种运输方式,包括集装箱方式。INCOTERMS® 2020 按术语适用的运输方式将术语分为两组,凸显了价格术语为适应运输方式的发展而演变的轨迹。

在适用于各种运输方式的术语中,EXW 所划分的卖方费用、风险和义务最小,DDP 所划分的卖方费用、风险和义务最大。

二、扩展术语组

在船舶运输方式之后,相继出现了公路、铁路及航空运输方式。20 世纪 70 年代又出现了可以将船舶、公路、铁路及航空等传统运输方式串联起来的集装箱运输。为了适应新的运输方式的需要,经典术语 FOB、CFR、CIF 分别扩展成为 FCA、CPT、CIP,其衍生关系如表 6-9 所示。

表 6-9　经典术语组与扩展术语组价格术语

Free on Board	FOB	named port of shipment
↓		
Free Carrier	FCA	named place
Cost and Freight	CFR	named port of destination
↓		
Carriage Paid To	CPT	named place of destination
Cost Insurance and Freight	CIF	named port of destination
↓		
Carriage and Insurance Paid To	CIP	named place of destination

（一）FCA

1. FCA 的图解和简略定义

FCA 的图解如图 6-4 所示。

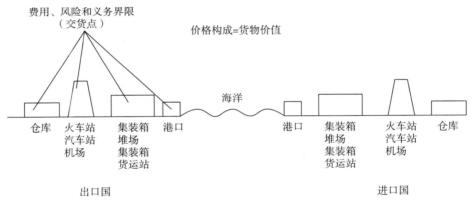

图 6-4　FCA 图解

在图 6-4 中,交货点不再仅限于装运港。对应于不同的运输方式,交货点可以是出口国的火车站、汽车站、机场,也可以是出口国的集装箱堆场或集装箱货运站,还可以是出口国的港口。买卖双方的风险界限不再是传统术语组中具体的装运港船只,而是交货点。卖方承担货物在交货点交付之前的一切费用、风险和义务,买方承担货物在交货点交付之后的一切费用、风险和义务。

在国际贸易实务中,FCA 的表达形式为:FCA+指定装运地+INCOTERMS® 2020,例如 FCA Shanghai, China INCOTERMS® 2020。所谓"指定装运地",是指买卖双方在货物买卖合同中所约定的装运地。

FCA 的简略定义:FCA 是指买方指定承运人,支付装运地到目的地运费,卖方在指定装运地交货。风险和其他费用在交货点从卖方转移到买方。FCA 适用于各种运输方式。

上述简略定义包含如下信息：①义务——买方安排运输；②费用——买方支付装运地到目的地运费；③风险界限——交货点；④卖方交货点——出口国指定装运地；⑤价格构成——FCA 价格，不包括装运地到目的地运费。

Q&A 6-10　装运地与交货点

Q：装运地和交货点二者是什么关系？它们是同一个地点吗？

A：在适合各种运输方式的术语中，装运是指将货物交付给承运人，而交货是指卖方完成向买方交货的义务，并且风险从卖方转移到买方。

在 FCA 中，卖方在装运地完成向买方交货的义务，装运地与交货点恰好重叠，也就是说，它们是同一个地点，像这样的术语还有 EWX、CFR、CIF、CPT、CIP、FOB、FAS。但是在 DAP、DPU 及 DDP 中，卖方在目的地而不是装运地完成向买方交货的义务，此时装运地与交货点相互分离，换句话说，它们并不是同一个地点。

2. INCOTERMS® 2020 对 FCA 的定义[①]

FCA defined in INCOTERMS® 2020：

"Free Carrier(named place)" means that the seller delivers the goods to the buyer in one or other of two ways. First, when the named place is the seller's premises, the goods are delivered when they are loaded on the means of transport arranged by the buyer. Second, when the named place is another place, the goods are delivered when, having been loaded on the seller's means of transport, they reach the named other place, and are ready for unloading from that seller's means of transport, and at the disposal of the carrier or of another person nominated by the buyer. Whichever of the two is chosen as the place of delivery, that place identifies where risk transfers to the buyer and the time from which costs are for the buyer's account.

Remarks on the above definition：

This rule may be used irrespective of the mode of transport selected and may also be used where more than one mode of transport is employed.

A sale under FCA can be concluded naming only the place of delivery, either at the seller's premises or elsewhere, without specifying the precise point of delivery within that named place. However, the parties are well advised also to specify as clearly as possible the

---

① INCOTERMS® 2020 对 FCA 的定义及说明的英文皆引自 INCOTERMS® 2020 关于 FCA 的用户解释说明（Explanatory notes for users）（国际商会中国国家委员会，2020，英文部分第 29 页）。本书将用户解释说明拆分为术语的定义及说明，"FCA defined in INCOTERMS® 2020" 及 "Remarks on the above definition" 系本书作者所加，拆分后的行文顺序与用户解释说明的行文顺序略有不同。

precise point of delivery within that named place of delivery.

The reference to "procure" here caters for multiple sales down a chain (string sales), particularly, although not exclusively, common in the commodity trades.

FCA requires the seller to clear the goods for export, where applicable. However, the seller has no obligation to clear the goods for import or for transit through third countries, to pay any import duty or to carry out any import customs formalities.

INCOTERMS® 2020 对 FCA 的定义：

FCA 是指卖方通过以下两种方式之一向买方完成交货：第一，如果指定地点是卖方所在地，则货物完成交付是当货物装上买方的运输工具之时；第二，如果指定地点是另一地点，则货物完成交付是当货物装上卖方的运输工具，货物已抵达该指定的另一地点，并且已做好从卖方运输工具上卸载的准备，交由买方指定的承运人或其他人处置之时。无论选择二者之中的哪个地点作为交货点，该地点即是确定风险转移给买方且买方开始承担费用的地点。

对上述定义的说明：

本术语适用于所选择的任何单一运输方式，也适用于所采用的多种运输方式。

以 FCA 术语成交的销售，FCA 仅需要指定交货点，既可以位于卖方所在地，又可以位于其他地方，无须在该地规定准确的交货点。但是，建议双方还是在指定的交货地范围内尽可能准确地规定交货点。

此处"买下"一词适用于多次转卖所形成的交易链（链式销售），在货物贸易中尤其常见。

在需要办理出口清关手续的情况下，FCA 要求卖方办理出口清关手续。但卖方无义务办理进口或转运至第三国的清关手续、支付任何进口关税或办理任何进口海关手续。

Q&A 6-11　FCA 的交货点选择对卖方装卸货义务的影响

Q：FCA 的交货点有哪些？选择不同的交货点对卖方的装卸货义务有何影响？

A：INCOTERMS® 2020 在 FCA 的 A2 中对卖方完成交货义务的表述如下：

Delivery is completed either:

a) If the named place is the seller's premises, when the goods have been loaded on the means of transport provided by the buyer; or

b) In any other case, when the goods are placed at the disposal of the carrier or another person nominated by the buyer on the seller's means of transport ready for unloading.

If no specific point has been notified by the buyer under B10(d) within the named place of delivery, and if there are several points available, the seller may select the point that best suits its purpose.

FCA 的交货点有两个:卖方所在地,非卖方所在地。例如,卖方是湖北 ITC 公司,卖方所在地是武汉,其他中国城市都是非卖方所在地,比如上海;买方是美国 DTC 公司。

如果以卖方所在地武汉为交货点,即 FCA Wuhan,则卖方湖北 ITC 公司将货物装上买方 DTC 公司指定的运输工具后即完成交货义务,风险从卖方转移到买方。

如果以非卖方所在地,比如上海为交货点,即 FCA Shanghai,则卖方湖北 ITC 公司安排运输工具将货物运送到交货点上海,该运输工具置于买方 DTC 公司指定的承运人的处置范围之内即完成交货义务,风险从卖方转移到买方。

(二) CPT

1. CPT 的图解和简略定义

CPT 的图解如图 6-5 所示。

在图 6-5 中,买卖双方的风险界限仍然是出口国指定装运地交货点(第一个承运人),但义务和费用界限则移至进口国指定目的地,与 FCA 相比,卖方的义务增加了办理运输,卖方的费用增加了支付主运费。

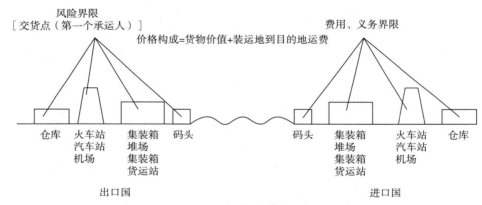

图 6-5　CPT 图解

在国际贸易实务中,CPT 条件的表达形式为:CPT+指定目的地+INCOTERMS® 2020,例如 CPT Los Angeles, USA INCOTERMS® 2020。所谓"指定目的地",是指买卖双方在货物买卖合同中所约定的目的地。

CPT 的简略定义:CPT 是指卖方指定承运人,支付装运地到目的地运费,卖方在指定装运地交货。风险和其他费用在交货点(交付给第一个承运人时)从卖方转移到买方。CPT 适用于各种运输方式。

上述简略定义包含如下信息:①义务——卖方安排运输;②费用——卖方支付装运地到目的地运费;③风险界限——交货点(交付给第一个承运人);④卖方交货点——出口国指定装运地;⑤价格构成——CPT 价格,包括装运地到目的地运费。

2. INCOTERMS® 2020 对 CPT 的定义[①]

CPT defined in INCOTERMS® 2020:

"Carriage Paid To" means that the seller delivers the goods—and transfers the risk—to the buyer, by handling them over to the carrier, contracted by the seller, or by procuring the goods so delivered. The seller may do so by giving the carrier physical possession of the goods in the manner and at the place appropriate to the means of transport used. Once the goods have been delivered to the buyer in this way, the seller does not guarantee that the goods will reach the place of destination in sound condition, in the stated quantity or indeed at all.

Remarks on the above definition:

This rule may be used irrespective of the mode of transport selected and may also be used where more than one mode of transport is employed.

In CPT, two locations are important: the place or point (if any) at which the goods are delivered (for the transfer of risk) and the place or point agreed as the destination of the goods (as the point to which the seller promises to contract for carriage).

Identifying the place or point (if any) of delivery as precisely as possible is important to cater for the common situation where several carriers are engaged, each for different legs of the transit from delivery to destination. Where this happens and the parties do not agree on a specific place or point of delivery, the default position is that risk transfers when the goods have been delivered to the first carrier at a point entirely of the seller's choosing and over which the buyer has no control.

The parties are also well advised to identify as precisely as possible in the contract of sale the point within the agreed place of destination, as this is the point to which the seller must contract for carriage and this is the point to which the costs of carriage fall on the seller.

The reference to "procure" here caters for multiple sales down a chain (string sales), particularly common in the commodity trades.

CPT requires the seller to clear the goods for export, where applicable. However, the seller has no obligation to clear the goods for import or for transit through third countries, or to pay any import duty or to carry out any import customs formalities.

INCOTERMS® 2020 对 CPT 的定义:

CPT 是指卖方通过以下方式向买方交货并转移风险:把货物交付给卖方签约的承运人或买下如此交付的货物。为此,卖方可根据所使用的运输工具之合适方式和地点让承

[①] INCOTERMS® 2020 对 CPT 的定义及说明的英文皆引自 INCOTERMS® 2020 关于 CPT 的用户解释说明(Explanatory notes for users)(国际商会中国国家委员会,2020,英文部分第 41 页)。本书将用户解释说明拆分为术语的定义及说明,"CPT defined in INCOTERMS® 2020"及"Remarks on the above definition"系本书作者所加,拆分后的行文顺序与用户解释说明的行文顺序略有不同。

运人实际掌握货物。一旦货物以此种方式交付买方,卖方并不保证货物将以良好的状况、约定的数量到达目的地,或者是否确实到达目的地。

对上述定义的说明:

本术语适用于所选择的任何单一运输方式,也适用于所采用的多种运输方式。

在CPT术语中,有两个地点很重要:货物的交货地或交货点(如果有的话)(用于风险转移)以及约定为货物目的地的交货地或交货点(作为卖方承诺签订运输合同的送达地点)。

对于涉及多个承运人各自负责自交货地至目的地之间不同运程的常见情况,尽可能准确地确定交货地或交货点(如果有的话)对于匹配该情况至关重要。如果发生这种情况,而双方又未约定交货地或交货点,则风险的默认转移点是货物在完全由卖方选择且买方毫无控制的地点交付给第一个承运人时。

由于卖方必须签订至目的地卸货点的运输合同并承担将货物运至该点的费用,建议买卖双方在销售合同所约定的目的地范围内尽可能确切地规定卸货点。

此处"买下"一词适用于多次转卖所形成的交易链(链式销售),在货物贸易中尤其常见。

在需要办理出口清关手续的情况下,CPT要求卖方办理出口清关手续。但卖方无义务办理进口或转运至第三国的清关手续、支付任何进口关税或办理任何进口海关手续。

(三) CIP

1. CIP的图解和简略定义

CIP的图解如图6-6所示。

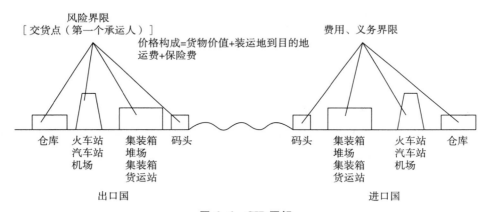

图6-6 CIP图解

在图6-6中,与CPT类似,在CIP条件下,买卖双方的风险界限是出口国指定装运地交货点(第一个承运人),费用和义务界限则移至进口国指定目的地;但与CPT相比,卖方的义务增加了购买保险,卖方的费用增加了支付保险费。

在国际贸易实务中,CIP条件的表达形式为:CIP+指定目的地+INCOTERMS® 2020,

例如 CIP Los Angeles，USA INCOTERMS® 2020。所谓"指定目的地"，是指买卖双方在货物买卖合同中所约定的目的地。

CIP 的简略定义：CIP 是指卖方指定承运人、投保，支付装运地到目的地运费、保险费，卖方在指定装运地交货。风险和费用在交货点（交付给第一个承运人时）从卖方转移到买方。CIP 适用于各种运输方式。

上述简略定义包含如下信息：①义务——卖方安排运输、投保；②费用——卖方支付装运地到目的地运费及保险费；③风险界限——交货点（交付给第一个承运人时）；④卖方交货点——出口国指定装运地；⑤价格构成——CIP 价格，包括装运地到目的地运费及保险费。

2. INCOTERMS® 2020 对 CIP 的定义①

CIP defined in INCOTERMS® 2020：

"Carriage and Insurance Paid to" means that the seller delivers the goods—and transfer the risk—to the buyer by handling them over to the carrier, contracted by the seller, or by procuring the goods so delivered. The seller may do so by giving the carrier physical possession of the goods in the manner and at the place appropriate to the means of transport used. Once the goods have been delivered to the buyer in this way, the seller does not guarantee that the goods will reach the place of destination in sound condition, in the stated quantity or indeed at all.

The seller must also contract for insurance cover against the buyer's risk of loss of or damage to the goods from the point of delivery to at least the point of destination.

The buyer should also note that under CIP INCOTERMS® 2020 rule the seller is required to obtain extensive insurance cover complying with Institute Cargo Clauses (A) or similar clause, rather than with the more limited cover under Institute Cargo Clauses (C). It is, however, still open to the parties to agree on a lower level of cover.

Remarks on the above definition：

This rule may be used irrespective of the mode of transport selected and may also be used where more than one mode of transport is employed.

In CIP two locations are important：the place or point at which the goods are delivered (for the transfer of risk) and the place or point agreed as the destination of the goods (as the point to which the seller promises to contract for carriage).

Identifying the place or point (if any) of delivery as precisely as possible is important to

---

① INCOTERMS® 2020 对 CIP 的定义及说明的英文皆引自 INCOTERMS® 2020 关于 CIP 的用户解释说明（Explanatory notes for users）（国际商会中国国家委员会，2020，英文部分第 51 页）。本书将使用说明拆分为术语的定义及说明，"CIP defined in INCOTERMS® 2020" 及 "Remarks on the above definition" 系本书作者所加，拆分后的行文顺序与用户解释说明的行文顺序略有不同。

cater for the common situation where several carriers are engaged, each for different legs of the transit from delivery to destination. Where this happens and the parties do not agree on a specific place or point of delivery, the default position is that risk transfers when the goods have been delivered to the first carrier at a point entirely of the seller's choosing and over which the buyer has no control.

The parties are also well advised to identify as precisely as possible in the contract of sale the point within the agreed place of destination, as this is the point to which the seller must contract for carriage and insurance and this is the point to which the costs of carriage and insurance fall on the seller.

The reference to "procure" here caters for multiple sales down a chain(string sales), particularly common in the commodity trades.

CIP requires the seller to clear the goods for export, where applicable. However, the seller has no obligation to clear the goods for import or for transit through third countries, or to pay any import duty or to carry out any import customs formalities.

INCOTERMS® 2020 对 CIP 的定义：

CIP 是指卖方通过以下方式向买方交货并转移风险：把货物交付给卖方签约的承运人或买下如此交付的货物。为此，卖方可根据所使用的运输工具之合适方式和地点让承运人实际掌握货物。一旦货物以此种方式交付买方，卖方并不保证货物将以良好的状况、约定的数量到达目的地，或者是否确实到达目的地。

卖方还必须为从交货点到至少目的地由买方承担货物灭失或损坏的风险订立保险合同。

买方应该注意到，在 INCOTERMS® 2020 的 CIP 条件下，卖方须投保符合《伦敦保险协会货物保险条款》（A）款或类似条款的较高险别，而不是《伦敦保险协会货物保险条款》（C）款的有限险别。但是，双方仍可约定较低的险别。

对上述定义的说明：

本术语适用于所选择的任何单一运输方式，也适用于所采用的多种运输方式。

在 CIP 术语中，有两个地点很重要：货物的交货地或交货点（如果有的话）（用于风险转移）以及约定为货物目的地的交货地或交货点（作为卖方承诺签订运输合同的送达地点）。

对于涉及多个承运人各自负责自交货地至目的地之间不同运程的常见情况，尽可能准确地确定交货地或交货点（如果有的话）对于匹配该情况至关重要。如果发生这种情况，而双方又未约定交货地或交货点，则风险的默认转移点是货物在完全由卖方选择且买方毫无控制的地点交付给第一个承运人时。

由于卖方必须签订至目的地卸货点的运输和保险合同并承担将货物运至该点的运

费和保险费,建议买卖双方在销售合同所约定的目的地尽可能确切地规定卸货点。

此处"买下"一词适用于多次转卖所形成的交易链(链式销售),在货物贸易中尤其常见。

在需要办理出口清关手续的情况下,CIP 要求卖方办理出口清关手续。但卖方无义务办理进口或转运至第三国的清关手续、支付任何进口关税或办理任何进口海关手续。

经典术语组(FOB、CFR、CIF)与扩展术语组(FCA、CPT、CIP)对比如表 6-10 所示。

表 6-10 经典术语组与扩展术语组对比

项目	经典术语组(FOB、CFR、CIF)	扩展术语组(FCA、CPT、CIP)
运输方式	海洋、内河运输	海、陆、空,多式联运
运输单据	已装船清洁提单	各种运输单据
交货地点	装运港	卖方工厂/仓库、装运地运输终端
风险界限	船只	交货点(第一个承运人)
装卸费用	租船运输时要进一步明确	包括在运费中
链式销售	有	有

三、INCOTERMS® 2020 11 种术语概览

货交装运港术语组与货交承运人术语组分别具有各组相同的交货点和风险点。实际上,可以按照交货点和风险点将 INCOTERMS® 2020 的 11 种术语分为四组,如图 6-7 所示。

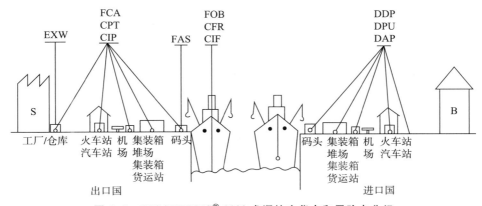

图 6-7 INCOTERMS® 2020 术语按交货点和风险点分组

两端分别为卖方义务最小术语组(EXW)与卖方义务最大术语组(DDP、DPU、DAP)。中间各组依次为扩展术语组(FCA、CPT、CIP)、广义的经典术语组[①](FOB、CFR、CIF、

---

① 本书将前述 FOB、CFR、CIF 称为狭义的经典术语组,狭义的经典术语组再加上 FAS,即构成广义的经典术语组。

FAS)。从出口国到进口国,卖方的义务逐渐增加,买方的义务逐渐减少。

位于出口国的三组术语,装运点与交货点相重合,货物装运时风险从卖方转移到买方;位于进口国的一组术语,装运点与交货点相分离,货物到达时风险从卖方转移到买方。

在卖方义务最小术语组及广义的经典术语组中,每个术语对应一个交货点,其余两组中,每个术语对应多个交货点。

卖方义务最小术语组的首要特点是卖方义务最小,也即卖方的费用、风险、义务最小。其性质类似于国内贸易。卖方在本国完成交货,所承担的费用、风险、义务局限于国内(黎孝先,2007:27)。在 EXW 条件下,卖方不负责出口包装、内陆运输、出口清关,其交货点和风险点都为卖方工厂/仓库。

EXW 术语的作用:

第一,卖方不愿意承担任何装货义务时使用(黎孝先,2000:60);

第二,在实际业务中,卖方常利用此术语减少折扣基数。

【例 6-1】

EXW Wuhan, China INCOTERMS® 2020:USD 10 000.00

export packing:USD 800.00

inland freight & charges:USD 500.00

FOB Shanghai, China INCOTERMS® 2020:USD 11 300.00

10% discount based on EXW Wuhan, China INCOTERMS® 2020:USD 1 000.00

精明的卖方会指出,包装费与国内运费属成本,不应作为价格折扣的基数,故采用 EXW Wuhan,China INCOTERMS® 2020 价格作为 10% 折扣的基数,减让价格为 USD 1 000.00。如果采用 FOB Shanghai,China INCOTERMS® 2020:USD 11 300.00 作为 10%折扣的基数(10% discount based on FOB Shanghai,China INCOTERMS® 2020:USD 11 300.00),则要减让 USD 1 130.00。

卖方义务最大术语组的首要特点是交货点和风险点均为目的地,即进口国码头、集装箱堆场、集装箱货运站、机场、火车站、汽车站所在地点及其他地点,货物做好从到达的运输工具上卸下的准备,交由买方处置。其中,DDP 条件下由卖方负责进口清关、缴纳进口关税,故卖方义务最大;DPU、DAP 条件下由买方负责进口清关、缴纳进口关税,卖方义务分别为次大和第三大。

扩展术语组的风险点是交货点(第一个承运人),交货点为装运地运输终端,包括出口国的卖方工厂/仓库、汽车站、火车站、机场、集装箱货运站、集装箱堆场、码头。

广义的经典术语组中的 FOB、CFR、CIF 的交货点在出口国装运港,风险点为装运港船只;FAS 的交货点也在出口国装运港,但其风险点为装运港船只吊钩半径范围内的船边。

上述四组价格术语可归纳为表 6-11。

表 6-11　价格术语按交货点和风险点分组

术语分组	交货点	风险点	本组特点
EXW	卖方工厂/仓库	卖方工厂/仓库	卖方义务最小,具有国内贸易的性质
DDP、DPU、DAP	进口国指定目的地	进口国指定目的地	交货点和风险点均为目的地
FCA、CPT、CIP	卖方工厂/仓库及装运地运输终端	卖方工厂/仓库及装运地运输终端	货交承运人
FOB、CFR、CIF FAS	出口国装运港(船只) 出口国装运港(船边)	船只 船边(吊钩半径)	货交装运港

Q&A 6-12　INCOTERMS 定义术语的个数

Q:既然 INCOTERMS 不是法律,可以根据需要选择改变它所定义的价格术语,为什么 INCOTERMS 要包含 11 种术语,而不是包含一两种基准术语,实际使用中再根据需要对基准术语进行更改?

A:价格术语的国际惯例的作用是:①统一界限,使各国商人对交易过程中买卖双方的费用、风险、义务界限有一个统一的规定,以免在价格条件的界限上产生歧义。②简化交易谈判,只要使用了价格术语,也就明确了双方的义务界限,而不需要双方再去烦琐地划分界限,简化交易中的谈判内容。

如果只有一两种基准术语,商人们在每次交易的个案中都要根据需要对基准术语加以改变,也就是说,需要双方对义务再划分一遍,那么这个只有一两种基准术语的国际惯例就无法体现统一界限和简化谈判的作用。

INCOTERMS 目前的术语个数是国际商会长期总结实际业务需求逐步确定下来的。正如作者在本章第一节所述,INCOTERMS 在 1936—1989 年的发展期中,术语个数不断调整、变化,在 1990—2009 年的定型期中,术语个数定型为 13 个,2010 年微调为 11 个。

案例 6-3

价格术语的选用[①]

【案情】

湖北 ITC 公司于 2021 年 6 月向英国出口 B 产品 1 200 件。出口合同的价格条件为 FOB 天津新港,支付方式为即期信用证,货物必须装集装箱,装船期限为 2021 年 6 月 25 日之前。ITC 公司在天津设有办事处,6 月 10 日便将货物运到天津,由天津办事处负责订箱装船。货物在天津存仓后,仓库于 6 月 13 日午夜着火,抢救不及,1 200 件 B 产品全

---

① 根据徐进亮(2000:48)改编。

部被焚。天津办事处立即通知ITC湖北总部并要求尽快补发B产品1 200件,否则无法按期装船。ITC公司因货源不济,不得不要求英国客户将信用证的装船期限和有效期限各延长15天。为此,ITC公司不仅要自行承担1 200件B产品被焚的损失,而且要承担迟延交货罚款。

(1) 按照INCOTERMS® 2020的解释,上述合同采用FOB条件是否合适?请说明理由。

(2) 出口合同采用何种价格条件可以同时满足:①出口合同的单价及总价不变;②在发生上述事故之后,既可使ITC公司不承担货物被焚的损失,又可使上述推迟装运不构成ITC公司迟延交货?请说明理由。

【解析】

(1) 按照INCOTERMS® 2020的解释,本案合同采用FOB条件不合适。因为FOB不适用于集装箱运输。

(2) 可采用FCA天津新港。因为FCA天津新港与FOB天津新港的价格构成相同,故出口合同的单价及总价不变。若本案采用FCA天津新港,则货物交给承运人时风险就转移给英国公司,ITC公司不必承担货物被焚的损失,因火灾导致推迟装运自然也不构成ITC公司迟延交货。

案例 6-4

FOB对仓至仓条款的影响[①]

【案情】

有一份FOB合同,买方已向保险公司投保仓至仓条款的一切险。货物从卖方仓库运往装运港码头途中发生承保范围内的损失,事后卖方以保险单含有仓至仓条款要求保险公司赔偿,遭拒赔。卖方又请买方以买方名义凭保险单向保险公司索赔,同样遭到拒赔。

本案中货物是在从卖方仓库运往装运港码头途中发生承保范围内的损失,所投保一切险又含仓至仓条款,请分析保险公司为什么拒赔。

【解析】

可以从保险公司的赔付起讫责任和索赔人的保险利益两个角度分析。

在FOB合同下,风险以船只为界从卖方转移到买方。买方购买的保险只保其应该负责的风险,即转移后的风险,而风险转移前(如从卖方仓库运往装运港码头期间)发生的风险损失,买方概不负责,买方投保的保险公司当然也不负责。这意味着,FOB合同将保险公司仓至仓的起讫责任改变成为船至仓的起讫责任。本案的风险损失不在保险公司的责任范围之内。

---

① 根据徐进亮(2000:51)改编。

在 FOB 合同下,货物装上船只之前,风险由卖方负责,此时卖方对货物拥有保险利益;若卖方向银行进行押汇,则在买方付款赎单之前,向卖方议付的银行控制货运单据,对货物拥有保险利益;若买方已付款赎单,则对货物拥有保险利益的只能是买方。无论如何,只有拥有保险利益的人,才能向保险公司提出索赔。

本案中,保险公司拒赔卖方,是因为损失发生时虽然他拥有保险利益,但他不是保险单的被保险人或合法受让人,本无权向保险公司索赔。保险公司拒赔买方,是因为损失发生时虽然他是保险单的被保险人和合法持有人,但他对货物不拥有保险利益。

总之,保险公司只对其承保责任范围内的损失,向拥有保险利益的被保险人和保险单的合法持有人/受让人赔偿损失,否则有权拒赔。

案例 6-5

风险转移的前提条件①

【案情】

有一份 CPT 合同,A 公司出口 3 000 吨小麦给 B 公司。A 公司按规定的时间和地点,将 5 000 吨散装小麦装到火车上,其中的 3 000 吨属于卖给 B 公司的小麦。货物运抵目的地后,有货运公司负责分拨。A 公司装运货物后,及时向 B 公司发出装运通知。承载火车在途中遇险,使该批小麦损失了 3 000 吨,其余 2 000 吨安全运抵目的地。买方要求卖方交货,卖方宣称卖给 B 公司的 3 000 吨小麦已全部灭失,而且,按照 INCOTERMS® 2020 对 CPT 的风险划分,货物的风险在装运地交至火车上时即转移给 B 公司,卖方对此项损失不负任何责任。试分析 A 公司的说法是否成立。

【解析】

INCOTERMS® 2020 在 FOB、CFR、CIF 及 FCA、CPT、CIP 的风险划分中,对风险转移设置了前提条件:货物已清楚地确定为合同项下之货物。② 该前提条件既适用于在正常情况下以船只/交货点(第一个承运人)为风险界线,也适用于在非正常情况下以某一时间为风险界线。如果不满足这个前提条件,即使货物装上船只或在交货点交付给承运人,风险也不能从卖方转移给买方。

本案中,小麦从装到火车上直至发生火灾,货运公司并未从 5 000 吨散装小麦中将属于 B 公司的 3 000 吨小麦划拨出来。因此,该 3 000 吨小麦的风险,在装运地交至火车上时不能从 A 公司转移给 B 公司。故 A 公司的说法不成立。

---

① 根据徐进亮(2000:57)改编。
② 国际商会中国国家委员会(2020)英文部分。

第三节 合同中的价格条款

货物的价格是国际贸易的主要交易条件,价格条款是销售合同必不可少的内容。价格条款的确定不仅直接关系到交易双方的利益,而且与合同中的其他条款有密切的联系。

一、价格条款的要素

在国际贸易中,商品价格的表述与国内贸易不同。合同的价格条款通常包含四个组成部分,即计量单位、计价货币、价格术语、单位价格金额与总值。

1. 计量单位

一般来说,价格条款中的计量单位应与数量条款中的计量单位相一致。如数量条款中的成交量为"公吨",则价格条款中的单价也应该用"公吨",而不要用"长吨"或"短吨"。

2. 计价货币

在国际贸易中,计价货币通常与支付货币为同一种货币。这些货币可以是出口国的货币,也可以是进口国的货币,还可以是第三国的货币,由买卖双方协商确定。

买卖双方选择使用何种计价货币时,必须考虑两个方面的因素:第一,货币是不是可自由兑换的货币。使用可自由兑换的货币有利于调拨和运用,也有助于在必要时转移货币汇率风险。第二,货币汇率的稳定性。在当前国际金融市场普遍实行浮动汇率的情况下,由于汇率的波动,买卖双方都将承担一定的外汇风险,因此,买卖双方在确定计价货币时不能不考虑汇率变动的风险。一般来讲,尽可能地选择汇率变动对自己有利的货币。在出口业务中,一般尽可能地争取使用从成交至收汇这段时间内汇价比较稳定且有升值趋势的货币,即所谓的"硬币"或"强币"。而在进口业务中,尽可能地争取使用从成交至付汇这段时间内汇价比较疲软且有贬值趋势的货币,即所谓的"软币"或"弱币"。除此以外,为了规避外汇风险,还可以采用"软""硬"币相结合,或者在合同中订立外汇保值条款的方法。

3. 价格术语

价格术语直接关系到交货过程中买卖双方的费用、风险和义务,因此,买卖双方应根据市场运输情况、运价水平,并结合自身条件和经营意图,酌情选择对自己有利的价格术语。

多年来,中国各外贸公司总习惯于使用 FOB、CFR 和 CIF 三种常用的价格术语,因为这三种价格术语都是以装运港船只/船舷为风险划分的界限,买卖双方不用承担对方国家内所发生的风险,同时,也不必到对方国家办理货物的交接,对买卖双方都比较方便。但随着国际贸易的发展和运输方式的变化,出现了一些新的价格术语,故在选择价格术语时,也应该随机应变。例如,按装运港交货条件成交,在采用滚装、滚卸或集装箱运输,或要求卖方在船舶到港前即将货物交到港口货站时,由于货物费用和风险以船只/船舷为界来划分已失去意义,故在此情况下,就不宜再沿用 FOB、CFR 或 CIF 三种价格术语。对卖方而言,明智的做法是,根据 INCOTERMS® 2020 的规定,分别采用 FCA、CPT 或 CIP 更为适宜。这是因为,在按 FCA、CPT 或 CIP 价格术语成交时,只要卖方将其出售的货物交给承运人处置,风险即随之转移。如果仍沿用 FOB、CFR 或 CIF 价格术语,则实际上,卖方将多承担将货物交给承运人处置时起至货物装上船只为止这段时间与空间的费用和风险。若单价相同,显然,这对卖方是不利的(黎孝先,2007:187)。

另外,随着中国对外开放的扩大、对外贸易的发展,各外贸公司可以采用更加灵活的贸易方式,根据不同交易的具体情况适当地选择使用其他价格术语,如 EXW、FAS、DPU、DAP 和 DDP 等。

4. 单位价格金额与总值

单位价格金额应根据买卖双方协商一致的价格,正确填写在书面合同中。单位价格金额与成交商品数量的乘积,即为商品的总值,它是指一笔交易的货款总金额,合同的总值也必须填写在价格条款中,并同时反映大小写金额。另外,价格条款中的总值与单位价格金额所使用的货币应当一致。

二、约定价格条款的注意事项

为了约定好合同中的价格条款,外贸从业人员对外洽商价格和约定价格条款时,必须注意以下事项(黎孝先,2007:187):

第一,应在充分调研的基础上,根据国际市场供求状况和价格走势,并遵循中国进出口商品作价原则和每笔交易的经营意图,合理约定适当的成交价格,防止盲目定价而导致成交价格偏离国际市场价格。

第二,参照国际贸易的习惯做法,注意佣金和折扣的合理运用,以便有效地利用中间代理商的购销渠道并扩大交易。

第三,若在买卖合同中,对交货品质、数量规定了机动幅度,即约定了品质机动幅度条款和溢短装条款,则应一并标明其机动部分的作价,以利于合同的履行。

第四,若交易双方商定商品的包装材料和包装费另行计价,则其计价办法也应一并在销售合同中订明,以便履约行事。

第五,鉴于合同中的价格条款是一项核心条款,它与其他相关条款有着内在联系,故价格条款的内容与其他条款内容的规定应当彼此衔接,不能相互矛盾,以利于合同的履行。

三、价格条款示例

【例 6-2】

Commodity and Specification	Qty	Unit Price	Amount
Plush Toy Bear Size24″	10000pcs	US $ 1.99	US $ 19900.00
Quality as per sample No. HBITC001		CIF San Francisco, USA INCOTERMS® 2020	
		packing charges included	

Total contract value: U.S. Dollars Nineteen Thousand Nine Hundred only, CIF San Francisco, USA INCOTERMS® 2020, packing charges included.

中国实践

中国国际商会专家在制定 INCOTERMS® 2020 中所发挥的重要作用

在 INCOTERMS 的发展史上,INCOTERMS® 2020 起草小组首次出现中国籍国际贸易专家简宝珠(Virginie Jan),她是华为技术有限公司海关业务部海关与贸易专家,在 INCOTERMS 的修订中,发出了中国企业的声音(国际商会中国国家委员会,2020)。

本章小结

1. 价格术语界定了交接货物时买卖双方费用、风险和义务的划分,明确了买卖双方在交接货物过程中应尽的责任和义务。国际贸易惯例不是法律,但一旦在合同中被买卖双方采纳,就对买卖双方具有约束力。有关价格术语的国际贸易惯例主要有三个,分别是《1932 年华沙—牛津规则》《1990 年美国对外贸易定义修订本》和《国际贸易术语解释通则》。

2. INCOTERMS® 2020 定义和解释了 11 种价格术语,对每种价格术语中买卖双方费用、风险和义务的划分及其使用注意事项是外贸业务员必须掌握的常识。根据每种价格术语风险点和交货点的特点,INCOTERMS® 2020 定义的 11 种价格术语可分成货交装运港术语组(4 种)、货交承运人术语组(3 种)、卖方义务最小术语组(1 种)和卖方义务最大术语组(3 种)。其中,货交装运港术语组中的 FOB、CFR 和 CIF 及货交承运人术语组中的 FCA、CPT 和 CIP 是国际贸易中最常使用的价格术语。

3. 合同的价格条款包括计量单位、计价货币、价格术语、单位价格金额与总值四个要素,价格条款是销售合同的核心内容,而且与合同中的其他条款有密切的联系。

重要术语

价格条件 price terms
价格术语 price terms in three letters
INCOTERMS
FOB
CFR
CIF
FCA
CPT
CIP

思考题

一、名词解释

价格条件，价格术语，国际贸易惯例，INCOTERMS® 2020，FOB，CFR，CIF，FCA，CPT，CIP

二、简答题

1. 试述国际贸易惯例对合同当事人的约束力。
2. 试述 FOB、CFR、CIF 三种价格术语的异同。
3. 试述 FOB、CFR、CIF 和 FCA、CPT、CIP 两组价格术语的区别。
4. The FOB is not appropriate where the goods are handed over to the carrier before they are on board the vessel, for example where goods are handed over to a carrier at a container terminal. Where this is the case, parties should consider using the FCA rule rather than the FOB rule. 请将此句译为汉语，并阐述 INCOTERMS 做出此说明的原因。
5. 为什么会出现常用价格术语的变形？FOB、CIF 各有哪些变形？
6. FOB 的 INCOTERMS 界限与实务界限有何联系？
7. INCOTERMS® 2020 如何对价格术语进行分组？各组有何特点？
8. 按照交货点和风险点划分，INCOTERMS® 2020 的 11 种价格术语分为哪几组？各组有何特点？
9. 简述 INCOTERMS 的版本演变。
10. 结合实例说明 FCA 交货点的选择对卖方装卸货义务的影响。
11. 价格术语如何演变？为什么会出现这样的演变？

三、案例分析

中国 H 进出口公司与英国 D 公司签订一份 CIF 合同，由 H 公司向 D 公司出口一批轻工产品。合同订有两项特殊条款：①货物于 2021 年 6 月由上海港运往英国某港口，D

公司须于当年 4 月底前将信用证开到 H 公司,H 公司则保证载运船只不迟于 8 月 1 日抵达目的港。②如果载运船只迟于 8 月 1 日抵达目的港,则 D 公司可以取消合同,如届时货款已收妥,则 H 公司须将款项如数退交 D 公司。

按照 INCOTERMS® 2020 的定义,该合同是否为真正的 CIF 合同?说明理由。如果不是,哪一个价格术语适合本题的规定?说明理由。

参考文献

[1] 国际商会中国国家委员会.国际贸易术语解释通则 2020[M].北京:对外经济贸易大学出版社,2020.
[2] 《进出口业务》编写组.国际贸易管理与规则汇编[M].北京:中国财政经济出版社,1982.
[3] 黎孝先.国际贸易实务[M].3 版.北京:对外经济贸易大学出版社,2000.
[4] 黎孝先.国际贸易实务[M].4 版.北京:对外经济贸易大学出版社,2007.
[5] 李昭华,潘小春.国际贸易实务[M].2 版.北京:北京大学出版社,2012.
[6] 王淑敏.Incoterms 2010:自由穿梭于国际贸易与运输之间的新规则[J].中国海商法年刊,2011,22(1):109-113.
[7] 吴百福.进出口贸易实务教程[M].修订本.上海:上海人民出版社,1999.
[8] 吴百福,徐小薇.进出口贸易实务教程[M].5 版.上海:格致出版社,2007.
[9] 徐进亮.最新国际商务惯例与案例[M].南宁:广西科学技术出版社,2000.

第七章　国际货款收付与相关国际惯例*

---

* 本章主要参考李昭华和潘小春（2012：147—188）。

[学习目标]

- 理解汇票、本票、支票
- 理解汇款的三种方式（M/T、T/T、D/D）的主要特点及其业务流程
- 理解跟单托收的三种方式及 URC522
- 理解典型跟单信用证的业务流程
- 掌握信用证的基本内容，读懂信用证
- 理解信用证的常见种类及信用证方式的特点
- 理解 UCP600
- 理解从汇款到托收再到信用证买卖双方的风险变化
- 掌握信用证的单据欺诈风险及软条款风险
- 理解银行保函、备用信用证及相关国际惯例
- 掌握并能正确拟定合同中的支付条款

[引导案例]

中国出口商湖北 ITC 公司结识新客户美国 DTC 公司，双方同意先做一小单交易试试。在付款方式上，DTC 公司坚持在收到 ITC 公司正本提单的扫描件后 3 天内 T/T（电汇）支付 40% 的货款给 ITC 公司，其余 60% 货款采用即期 L/C（信用证）支付。ITC 公司认为，此种组合支付方式有风险，如果 DTC 公司收到提单扫描件后一直不 T/T 支付 40% 的货款，随着 L/C 交单期限临近，ITC 公司将处于两难地位：若不及时向银行押汇，则可能连 60% 的货款也拿不到；若押汇获得 60% 的货款，则 DTC 公司可以取得提单提货，对 40% 的货款更加可能赖账。ITC 公司与 DTC 公司已接触近一年，现在样品、价格都已经过 DTC 公司确认，但 DTC 公司不同意在支付方式上让步。那么，有哪些方法既能满足 DTC 公司所提出的支付方式要求，又可使 ITC 公司避免处于两难地位？

本章首先讨论国际贸易实务中常用的支付工具，进而从如何降低卖方收款风险的角度阐述各种支付方式及相应的国际贸易惯例。

在国际贸易实务中，卖方的主要权利是收款，买方的主要权利是领受货物，国际货款的收付直接关系到卖方能否安全收款和买方能否及时提货，因此，合同中的支付条款是买卖合同的主要条款之一。

由于使用的货币不同,不同国家的外汇管制政策、法律、惯例和银行习惯不同,国际货款收付远比国内货款结算复杂。另外,由于目前国际货款大多使用非现金进行结算,且通过银行中介进行,因此,国际货款收付主要涉及支付工具的使用和支付方式的选择。支付工具是指代替现金作为流通手段和支付手段的票据,主要有汇票、本票和支票三种;支付方式是指买卖双方之间债权债务的清偿方式,主要有汇款、托收、信用证、银行保函与备用信用证等。

第一节 支付工具

一、汇票

案例 7-1

吴先生向海尔公司订购 100 台空调,每台 2 000 元,合计 20 万元。吴先生从李先生处获得 20 万元的借款(如图 7-1 所示)。

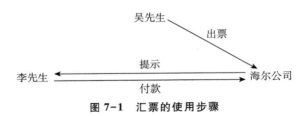

图 7-1 汇票的使用步骤

【分析】

在本次借款行为中,吴先生只需开具以李先生为受票人、海尔公司为收款人的汇票。结算时,由海尔公司向李先生提示汇票,李先生完成付款。

汇票是国际货款收付中使用最为广泛的主要票据。

Q&A 7-1 汇票的意义

Q:为什么会发明汇票?汇票有什么意义?

A:自国际贸易产生至 10 世纪,国际贸易以金银为支付工具,这一过程持续了 1 200 多年。自 11 世纪,地中海沿岸的城邦国家开始出现兑换证书(bill of exchange),也就是票据的原始形态,后来逐步完善成为现今的汇票,汇票再衍生出其他金融票据,取代金银成为支付工具。①

---

① 自 11 世纪至今,以票据为支付工具的过程持续了 1 000 多年,这 1 000 多年的演变详见李昭华和潘小春(2015:8—10)。

在兑换证书出现之前,对金银的占有与金银索偿权是相连接的。换句话说,谁占有金银谁就拥有资金权利。这种金银的占有与金银索偿权相连接最突出的缺陷就是,金额越大,资金的空间转移及不同国家的货币兑换就越困难。

汇票最重要的意义就在于它将金银的占有与金银索偿权相分离,使任何金额的资金的空间转移及不同国家的货币兑换都易于完成。

(一)汇票的定义

英国《1882年票据法》对汇票的定义如下[①]:

A bill of exchange is an unconditional order in writing, addressed by one person to another, signed by the person giving it, requiring the person to whom it is addressed to pay on demand, or at a fixed or determinable future time a sum certain in money to or to the order of a specified person, or to bearer.

汇票(bill of exchange,draft)是一人(如案例7-1中的吴先生)以另一人(如案例7-1中的李先生)为受票对象的无条件书面支付命令,由发出命令的人(如案例7-1中的吴先生)签字,要求受票人(如案例7-1中的李先生)见票时或者在将来的固定时间或可以确定的时间,将确定数额的钱款支付给某人(如案例7-1中的海尔公司)或其指定的人或持票人。

上述汇票定义包含了三个方面的内容:

1. 基本当事人

(1)出票人(drawer),指签发汇票的人,如案例7-1中的吴先生。

(2)受票人(drawee),又称付款人(payer),指接受支付命令付款的人,如案例7-1中的李先生。

(3)收款人(payee),又称受款人,指受领汇票所规定金额的人,如案例7-1中的海尔公司。

2. 付款期限

(1)见票时(即期)。

(2)固定的将来时间(如2022年10月1日)。

(3)可以确定(推算)的将来时间(如见票后30天)。

3. 收款人(汇票抬头)的填写方式

(1)某人(如海尔公司)。

(2)某人指定的人(如海尔公司所指定的人)。

[①] 英国《1882年票据法》(Bills of Exchange Act 1882)全文可在英国政府网站OPSI(Office of Public Sector Information)查阅,网址 www.opsi.gov.uk。该法对汇票的定义载于 http://www.opsi.gov.uk/RevisedStatutes/Acts/ukpga/1882/cukpga_18820061_en_2#pt2-pb1-l1g3。

(3) 持票人。

(二) 汇票的基本内容

汇票没有一个统一的样式,但是一般会包含以下基本内容:

(1) 载明"汇票"(bill of exchange, draft)字样;

(2) 无条件支付命令;

(3) 确定数额的钱款;

(4) 付款期限;

(5) 基本当事人,包括、出票人、受票人(付款人)、收款人。

【实例 7-1】

以下是英国 Unicam Limited 签发的汇票。

EXCHANGE FOR USD 41 084.34   Cambridge   8th April   2021

At   Sight   *pay this*   Second   **Bill of Exchange**
First of same tenor and date unpaid   **to the Order of**

 Unicam Limited Atomic Absorption, PO Box 207, York Street, Cambridge CB1 2SU

"Drawn under Irrevocable Documentary Credit No. LC42111103A of Industrial and Commercial Bank of China, China."

US Dollars Forty-one Thousand & Eighty-four Dollars. 34

Value Received   Which place to Account

To   INDUSTRIAL AND COMMERCIAL BANK   UNICAM LIMITED
         OF CHINA   BILL No: 5765   ATOMIC ABSORPTION
         CHINA   100032-1

(三) 汇票的分类

1. 按出票人和受票人的不同情况分类

按出票人和受票人的不同情况,汇票可以分为:

(1) 银行汇票(banker's draft),指出票人和受票人都是银行的汇票。

(2) 商业汇票(commercial draft),指出票人是工商企业或个人,而受票人可以是工商企业、个人或银行的汇票。

2. 按是否附带商业单据分类

按是否附带商业单据,汇票可以分为:

(1) 光票(clean draft),指不附带任何商业单据的汇票,银行汇票一般是光票。

(2) 跟单汇票(documentary draft),指附带有关单据的汇票,附带单据可能是发票、提单、保险单、产地证明等。商业汇票多为跟单汇票。

3. 按付款期限的不同分类

按付款期限的不同,汇票可以分为:

(1)即期汇票(sight draft/demand draft),指持票人向付款人提示汇票后,付款人立即付款的汇票,即"见票即付"。即期汇票的付款期限表示方式:①At 0 day sight;②On demand。

(2)远期汇票(time draft),指持票人向付款人提示汇票后,付款人并不马上付款,而是在一定期限之后的未来时间付款的汇票。远期汇票的付款期限表示方式:①固定的将来时间,如 On Oct.1,2022;②可推算的将来时间,如 At 30 days sight。

4. 按收款人的填写方式不同分类

按收款人(即汇票的抬头)的填写方式不同,汇票可以可分为限制性抬头、来人抬头、指示性抬头三种。三种抬头的汇票比较如表 7-1 所示。

表 7-1 不同抬头的汇票

抬头种类	收款人	能否转让	实现转让的方式	汇票权利人	是否独立的追索凭证
限制性抬头	ABC	否	/	ABC	/
来人抬头	Bearer	能	单纯交付	持票人	否
指示性抬头	The order of ABC	能	记名背书	确定的被背书人	是
			不记名背书	不确定的被背书人	是

(四)汇票的票据行为及汇票的使用步骤

汇票的使用步骤如图 7-2 所示。

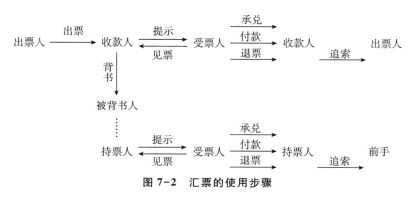

图 7-2 汇票的使用步骤

图 7-2 中,第一个水平方向表示汇票在使用过程中没有发生背书转让;经过直角转弯到第二个水平方向表示汇票在使用过程中发生了背书转让,其中的省略号是指汇票可以经过多次背书转让。

1. 出票

出票(issue)由两个行为构成:

(1) To draw the bill,原始的汇票一定是绘制出来的,现在实际上是用空白汇票填写并签名,统称"开票"。

(2) To deliver it to the payee,出票人将汇票交付给收款人。

出票创设了汇票的债权,使收款人持有汇票就拥有债权。交付意指实际的或推定的所有权从一个人移至另一个人的行为。交付之前,填写、签名的完整汇票并未生效,可以撤销。一旦交付给收款人,汇票即告生效,而且不可撤销。

2. 提示

提示(presentation)是指持票人将汇票提交受票人要求承兑或要求付款的行为。提示必须同时符合下列条件,才能有效地获得票据权利:

(1) 必须在规定的期限内办理。

(2) 必须在营业时间内进行。

(3) 必须在汇票载明的付款地点向受票人提示。

3. 承兑

承兑(acceptance)是指远期汇票的受票人在汇票上签名表示接受出票人的命令、到期付款的行为。

有效的承兑由两个行为构成:

(1) 受票人在汇票上写明"已承兑"(accepted)字样,签名;

(2) 交付。

承兑汇票一经交付,立即生效,并且不可撤销。

远期汇票变成承兑汇票,受票人变成承兑人。承兑人是汇票的主债务人,出票人退居从债务人位置。

承兑也默示了承兑人对票据真实性、有效性的认可,承兑人被禁止翻供。承兑人交付承兑汇票之后,不得以出票人的签名是伪造的、背书人无行为能力等为由来拒付。

4. 付款

付款(payment)是指持票人进行付款提示时,受票人或承兑人支付票款的行为。付款是票据流通过程的终结,是汇票上所列债务的最后清偿。受票人、承兑人之外的其他当事人(如出票人或背书人)对持票人支付票款,则汇票上的债务不能被视为最后清偿。

付款行为中有一种特殊的类型,即正当付款(payment in due course),它是指在汇票到期日或其后由受票人或承兑人对持票人做出的善意的付款。

构成正当付款的条件:

(1) 必须出于善意,即不知道持票人权利的缺陷。

(2) 付款对象是持票人,即鉴定了背书的连续性。

(3) 在汇票到期日或其后付款。

(4) 由受票人或承兑人支付。

5. 退票

退票(dishonor)是指持票人进行付款提示或承兑提示时,遭到受票人或承兑人拒绝的行为,也被称为"拒付"。

退票有实际退票和推定退票两种。实际退票是指持票人实际提示时,受票人或承兑人不愿意或无能力进行付款或承兑。推定退票是指受票人避而不见或纯属虚构,从而无法找到受票人,或者受票人、承兑人已经死亡或宣告破产,则按票据法规定可免于提示,直接作为退票处理。

6. 拒绝证书

拒绝(protest)证书是由拒付地点的公证机关或其他有权公证的当事人出具的证明汇票退票事实的书面文件,是证明退票的法律文件。

英美票据法规定,国内汇票遭到退票时,拒绝证书不是行使追索权的必需文件,但国外汇票遭到退票时,拒绝证书则是行使追索权的必需文件。日内瓦《统一汇票本票法公约》规定,拒绝证书是汇票退票后持票人行使索赔权的必需文件。

7. 追索

追索(recourse)是指持票人在票据被退票时,对背书人、出票人及其他票据债务人请求偿还票款及其他有关费用的行为。

追索者的三个资格条件是:

(1) 提出追索者必须是持票人。追索权是持票人的权利,只有通过合格的票据记载和连续有效的背书方能确保最后当事人的持票人地位。

(2) 持票人在遵循票据法规定的程序方面尽心尽责,即持票人严格按照票据法的规定做正式的提示,在退票时及时发出退票通知,并出示公证机关签发的拒绝证书,只有这样他才能保全追索的资格。

(3) 持票人在采取若干票据行为时遵守票据法规定的时效,也就是说做到了"守时"。

其中,追索金额包括三个部分:

(1) 汇票金额;

(2) 到期日至付款日的利息;

(3) 制作退票通知、办理拒绝证书等的费用,除非票据有免除条款的记载,否则持票人有权向前手收取这些费用。

8. 背书

背书(endorsed)是指持票人在汇票背面签名。有效的背书也由两个行为构成:

(1) 在汇票背面签名;

（2）背书人将汇票交付给被背书人。

背书使票据权利从一个持票人（背书人）转移至另一持票人（被背书人）。交付之前，背书并未生效，可以撤销。一旦交付，背书即告生效，而且不可撤销。

背书有记名背书和不记名背书两种：

（1）记名背书，又称特别背书、完全背书。记名背书是指背书人签名，同时写明被背书人名称的背书方式。记名背书不改变指示性抬头汇票的流通性。

【例 7-1】记名背书

汇票背面的记载内容为：

Pay to the order of B　　支付给 B 公司
For and on behalf of A：　A 公司代表：
<u>Signature</u>　　　　　　　<u>签名</u>

【解析】

背书人：A 公司；被背书人：B 公司。

（2）不记名背书，又称空白背书。不记名背书是指只有背书人签名，而不写明被背书人的背书方式。

【例 7-2】不记名背书

汇票背面的记载内容为：

For and on behalf of A：　A 公司代表：
<u>Signature</u>　　　　　　　<u>签名</u>

【解析】

背书人：A 公司；被背书人：未写明。

注意：

（1）指示性抬头汇票+不记名背书=来人抬头汇票。

（2）"指示性抬头汇票+不记名背书"随时可以转化成"指示性抬头汇票+记名背书"，而来人抬头汇票则不能通过背书进行转化。

（3）不记名背书使指示性抬头汇票的流通性最大化。

Q&A 7-2　汇票的演变

Q：汇票出现之后，它经历了怎样的演变呢？

A：汇票被誉为有价证券之父（沈瑞年等，1999：45），汇票不仅衍生出支票、本票等以获得钱款支付为目的的金融票据（支付工具），而且衍生出提单等广义票据。汇票最早出现于 11—12 世纪的货币兑换商票据时期，目的是使对金钱的索偿权与占有相分离，用兑换证书（bill of exchange）的异地转移取代金银的异地转移，用以克服金银支付的空间障碍，故称汇兑功能是流通票据的原始功能。汇票经历了下述三个方面的演变：

其一,基本当事人及付款期限特定化。汇票对三个基本当事人(出票人、受票人、收款人)的身份没有任何限制,付款期限既可以是即期,也可以是远期。将汇票的出票人限定为银行存款人、受票人限定为银行,同时将付款期限限定为即期以后,就变成了支票,所以说支票是汇票的一个特例。事实上,最早的英国《1882年票据法》就将支票包括在汇票范围内。用支票支付取代金银支付,使商品交换介质不再依赖贵重金属,克服了金银支付的介质障碍。支票电子化就成为借记卡。

其二,票据性质改变。汇票是出票人签发的要求受票人付款给收款人的无条件书面支付命令,将要求他人付款的书面支付命令这一票据性质改变为保证出票人自己付款的书面支付承诺,就变成了本票。在使用金银作为支付工具时,如果买方向卖方赊账,即"现在"支付"将来"的钱,买方就必须向卖方打欠条。本票取代的是金银支付中的欠条,签票人承诺向收款人"兑现"确定数额的钱款。但金银支付中的欠条不能贴现、流通,本票却可以贴现、流通。故本票克服了金银支付的时间障碍。银行本票电子化就成为贷记卡。

其三,票据目的改变。汇票、支票和本票的目的都是使对金钱的索偿权与占有相分离,将票据改变为对货物的所有权与占有相分离,就变成了提单。用交付提单取代交付货物,使货物在运输过程中其所有权仍可进行转让与交割,并使金银支付中"一手交钱、一手交货"的钱货交割方式得以移植到票据支付中,形成"凭付款交单"的款单交割方式。

二、支票

(一) 支票的定义

澳大利亚《1986年支票法》对支票的定义如下[①]:

A cheque is an unconditional order in writing that:

(a) is addressed by a person to another person, being a financial institution; and

(b) is signed by the person giving it; and

(c) requires the financial institution to pay on demand a sum certain in money.

支票(cheque, check)是无条件书面支付命令:

(1) 该命令由一人以另一人即金融机构[②]为受票对象;

(2) 该命令由发出命令的人签字;

(3) 该命令要求金融机构见票时支付确定数额的钱款。

上述支票定义包含了以下两个方面的基本内容:

1. 基本当事人

(1) 出票人:指签发支票的当事人,是银行的存款人。

[①] 澳大利亚《1986年支票法》(Cheques Act 1986)全文可在澳大利亚政府网站查阅,网址 http://www.comlaw.gov.au。该法对支票的定义载于 http://www.comlaw.gov.au/comlaw/Legislation/ActCompilation1.nsf/0/879CFC702A30E7CBCA257368000D4A76/$file/Cheques86.pdf。

[②] 按照澳大利亚《1986年支票法》的相关注释,此处金融机构主要指银行。

(2) 受票人:又称付款人,是出票人的开户银行。

(3) 收款人:指受领支票金额的当事人。

2. 付款期限

支票的付款期限只有见票即付一种,即即期付款。

对比汇票与支票的定义,不难看出,支票是汇票的特例,其特殊性体现在:

(1) 基本当事人的特定化,将受票人限定为出票人的开户银行,也就是将出票人限定为银行的存款人;

(2) 付款期限限定为即期。

支票的定义最早源于英国《1882 年票据法》,将支票包括在汇票范围内,并声明除非另有规定,凡适用于凭票即付之汇票之本法条文也适用于支票。

英国《1882 年票据法》第 73 条对支票的定义如下[①]:

A cheque is a bill of exchange drawn on a banker payable on demand.

支票是以银行为受票人的即期汇票。

1957 年英国又公布了《支票法》,共 8 条,该《支票法》并没有对支票进行完整的定义,实际上只是《1882 年票据法》的补充。

综上所述,支票是以存款人为出票人、以银行为受票人的即期汇票。

支票的一项特殊功能是,在没有收款人账户信息时使用支票付款。

(二) 支票实例

【实例 7-2】[②]

以下是日本 The Hokuetsu Bank, Ltd. 签发的支票。

THE HOKUETSU BANK, LTD.

Chuo-ku, Tokyo　　　　　Date　Oct, 5, 2020　　　　　Ref　DD78040839
　　　　　　　　　　　　　　　　USD 37 000.00

Pay against this
check to the order of EVERGREEN COUNTRY CLUB CO., LTD (SHANGHAI) the sum of
US DOLLARS THIRTY SEVEN THOUSAND ONLY

TO:MARINE MIDLAND BANK, N. A.　　　　　　**THE HOKUETSU BANK, LTD.**
　　Marine Midland Building　　　　　　　　**INTERNATIONAL DIVISION**
　　140, Broadway
　　New York
　　NY 10015 USA　　　　　　　　　　　　　Authorized Signature:

---

① 英国《1882 年票据法》对支票的定义载于 http://www.opsi.gov.uk/RevisedStatutes/Acts/ukpga/1882/cukpga_18820061_en_4#pt3-l1g73。

② 本实例主要参考徐秀琼(1996)。

【分析】

出票人:The Hokuetsu Bank, Ltd.

受票人:Marine Midland Bank, N. A.

收款人:Evergreen Country Club Co., Ltd (ShangHai)

支票的重要用途是在没有收款人账户信息的情况下向既定的收款人支付款项。

三、本票

(一) 本票的定义

英国《1882年票据法》对本票的定义如下①:

A promissory note is an unconditional promise in writing made by one person to another, signed by the maker, engaging to pay, on demand or at a fixed or determinable future time a sum certain in money to, or to the order of, a specified person, or to bearer.

本票(promissory note)是一人向另一人所做的无条件书面支付承诺,由做出承诺的人签字,保证见票时或者在将来的固定时间或可以确定的时间,将确定数额的钱款支付给某人或其指定的人或持票人。

上述本票定义包含了以下三个方面的内容:

1. 基本当事人

(1) 签票人:签发本票的当事人,他同时也是本票的付款人。

(2) 收款人:指受领本票金额的当事人。

2. 付款期限

(1) 见票时(即期)。

(2) 固定的将来时间(2022年10月1日)。

(3) 可以确定(推算)的将来时间(见票后30天)。

3. 收款人的填写方式

与汇票类似,本票收款人的填写方式也有以下三种:

(1) 某人。

(2) 某人指定的人。

(3) 持票人。

(二) 本票的不同形式

1. 商业本票

商业本票是指由工商企业或个人签发的本票。

---

① 英国《1882年票据法》对本票的定义载于 http://www.opsi.gov.uk/RevisedStatutes/Acts/ukpga/1882/cukpga_18820061_en_5#pt4-l1g88。

【实例 7-3】①

以下是 William Taylor 签发的普通商业本票。

PROMISSORY NOTE

£ 60 000.00　　　　　　　　　　London, 15th May, 2019

Three months after date I promise to pay John Tracy or order the sum of SIXTY THOUSAND POUNDS for value received.

William Taylor

2. 银行本票

银行本票是指由银行签发的本票。在国际贸易结算中使用的本票,大都是银行本票。

【实例 7-4】②

以下是 Asian International Bank, Ltd. 签发的银行本票。

ASIAN INTERNATIONAL BANK, LTD.

18 Queen's Road, Hong Kong

CASHIER's ORDER

Hong Kong, 8th August, 2019

Pay to the order of Dockfield & Co.

the sum of Hong Kong Dollars Eighty Thousand and Eight Hundred only.

For Asian International Bank, Ltd.

HK ＄80 800.00

Manager

3. 国际小额本票

国际小额本票(international money order)是由设在货币清算中心③的银行作为签票行,发行该货币的国际银行本票,交给购票的记名收款人持票,邮寄给该货币所在国以外的出口商,以支付小额货款(例如样品费),出口商将本票提交当地任何一家愿意兑付的银行,经审查合格,即可垫款予以兑付。兑付行将国际小额本票寄货币清算中心的代理行,经票据交换,收进票款归垫。代理行如有签票行账户,即可借记账户归垫。

---

① 本实例主要参考吴百福和徐小微(2011:152)。
② 同上。
③ 货币清算中心是国际清算中货币发行国对该货币进行最终清算的所在地。如美元清算中心在纽约,英镑清算中心在伦敦,日元清算中心在东京。

Q&A 7-3　国际小额本票 VS.支票

Q:与支票相比,国际小额本票手续更复杂、成本更高,进口商为什么不使用支票而是使用国际小额本票支付样品费?

A:从出票人的信用上看,国际小额本票是银行信用,支票是商业信用。从兑付时间上看,国际小额本票兑付所需时间很短,国际支票兑付所需时间较长。出口商通常接受使用国际小额本票而不是使用支票支付样品费。

【实例 7-5】①

以下是 Manufacturers Hanover Trust Company 签发的国际小额本票。

```
INTERNATIONAL MONEY ORDER
MANUFACTURERS HANOVER TRUST COMPANY
NEW YORK, N. Y. 10015

PAY TO THE
ORDER OF _____          _____ 2022

A                              PAY AT YOUR BUYING RATE
M                              FOR EXCHANGE ON NEW YORK
O                              UNITED STATES DOLLARS
U                                George D. Schiela
N                              ────────────────────
T                              NOT VALID UNLESS COUNTER
                               SIGNED ABOVE

Maximum of two thousand five
Hundred( USD 2 500.00) U.S.
Dollars                             Henry C. Prahel
                               ────────────────────
MANUFACTURERS HANOVER TRUST CO.   AUTHORIZED SIGNATURE
NEW YORK, N. Y. 10015
```

4. 旅行支票

旅行支票(traveller's cheque)是由银行或专门金融机构印制,以发行机构为最终付款人,以可自由兑换货币为计价结算货币,有固定面额的票据。

旅行支票是一种定额本票,供旅客购买和支付旅途费用。它与一般银行汇票、支票的不同之处在于,旅行支票没有指定的付款地点和银行,一般也不受日期限制,能在全世界通用,客户可以随时在国外的各大银行、国际酒店、餐厅及其他消费场所兑换现金或直

---

① 本实例主要参考苏宗祥和徐捷(2008:31)。

接使用,是国际旅行常用的支付凭证之一。

旅行支票具有双重性:它既是本票,又是支票。从付款人就是签票人这一点来看,旅行支票具有本票的性质。购票人在签票行存有无息存款,兑付旅行支票等于是支取此存款,从这一点来看,旅行支票又具有支票的性质。

购票时购票人当着签票行职员的面,在支票上初签,然后带到国外。需要兑付时,购票人在付款代理行当着职员的面,在支票上复签,代理行核对复签与初签相符,即予付款,但要扣除贴息。由于旅行支票的兑付需要购票人在付款代理行当面复签,故旅行支票的独特用途是,如果旅行携款中发生盗窃、遗失,则旅行支票不会被冒领。

【实例 7-6】①

以下是 Thos.Cook & Son (Bankers) Ltd 签发的旅行支票。

TRAVELLERS CHEQUE FOR TWENTY DOLLARS

$ 20 $ 20

_____   _____ 20____

COUNTER-SIGN HERE IN THE PRESENCE OF PAYING CASHIER

PLACE AND DATE

THOS. COOK & SON (BANKERS) LTD
NEW YORK AGENCY

UPON PRESENTATION OF THIS CHEQUE COUNTERSIGNED
BY THE PERSON WHOSE SIGNATURE IS SHOWN BELOW WILL

Pay to the Order of_____

IN UNITED STATES	IN OTHER COUNTRIES
TWENTY DOLLARS $ 20	THE EQUIVALENT AT BANKERS BUYING RATE FOR SIGHT DRAFTS ON NEW YORK

SIGNATURE   For THOS. COOK & SON (BANKERS) LTD
OF HOLDER_____

CHAIRMAN

5. 中央银行本票

中央银行本票(central banker's notes)即纸币,俗称钞票,会计称现金。它原来是中央银行可兑换成金银铸币的不记名定额本票,后来转变成为由国家立法强制无限期流通的不兑换金银铸币(即现金)的纸币,人们逐步称纸币为"现金"。

---

① 本实例主要参考苏宗祥和徐捷(2008:32)。

【实例 7-7】

以下是保留本票遗迹的英镑。

图 7-3 保留本票遗迹的英镑

（三）汇票、本票、支票的区别

汇票、本票和支票在票据性质、当事人、付款期限以及是否需要承兑上存在区别，如表 7-2 所示。

表 7-2 汇票、本票、支票对比

票据种类	票据性质	当事人	付款期限	承兑
汇票	付款命令	出票人 受票人 —— 收款人	即期 远期	远期要承兑
本票	付款承诺	签票人 ↕ 收款人	即期 远期	不需要承兑
支票	付款命令	出票人(存款人) 受票人(银行) —— 收款人	即期	不需要承兑

第二节 汇　款

汇款是国际贸易中经常采用的支付方式。按资金的流动方向与支付工具的传递方向，支付方式可以分为顺汇和逆汇两种。顺汇是指资金的流动方向与支付工具的传递方向相同,汇款采用的是顺汇方法;逆汇是指资金的流转方向与支付工具的传递方向相反,托收采用的是逆汇方法。

一、汇款的含义

汇款又称汇付,是指银行(汇出行)应汇款人的要求,以联行或代理行为付款行(汇入行),将钱款付给收款人的一种支付方式。

二、汇款的种类

汇款方式可以分为信汇、电汇和票汇三种,如表7-3所示。

表7-3 汇款的种类

划拨渠道	中文名称	英文名称	支付术语
通过银行划拨	信汇	Mail Transfer	M/T
	电汇	Telegraphic Transfer	T/T
借助银行即期汇票	票汇	Remittance by Banker's Demand Draft	D/D

三、汇款的业务流程

(一) 信汇

信汇是指汇出行应汇款人的申请,将信汇委托书邮寄给汇入行,授权解付一定金额给收款人的一种汇款方式。

信汇方式的特点是费用较为低廉,但资金在途时间长,收款人收到汇款的时间较迟(黎孝先,2007:201)。

(二) 电汇

电汇是指汇出行应汇款人的申请,拍发加押电报(telegram)、电传(telex)或通过SWIFT(Society of Worldwide Interbank Financial Telecommunication,环球银行金融电信协会)系统给另一国家的分行或代理行(汇入行),指示解付一定金额给收款人的一种汇款方式。

电汇方式的优点是收款人可迅速收到汇款且安全系数较高,但费用也较高(黎孝先,2007:201)。

信汇与电汇方式的支付流程大致相同,以买方湖北ITC公司向卖方UNICAM公司支付41 084.34美元为例,其业务流程如图7-4所示。

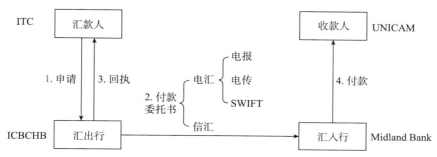

图 7-4 信汇、电汇业务流程

信汇与电汇的当事人：

汇款人，图 7-4 的汇款人是买方湖北 ITC 公司；

收款人，图 7-4 的收款人是卖方 UNICAM 公司；

汇出行，即汇款人所在地银行，图 7-4 的汇出行是湖北工商银行（ICBCHB）；

汇入行，即收款人所在地银行，图 7-4 的汇入行是英国米德兰银行（Midland Bank）。

（三）票汇

票汇是指汇出行应汇款人的申请，代汇款人开立以其分行或代理行为解付行的银行即期汇票（banker's demand draft），支付一定金额给收款人的一种汇款方式。

票汇与电汇、信汇的不同点在于，票汇的汇入行无须通知收款人取款，而由收款人持票登门取款。这种汇票除有限制转让和流通的规定外，经收款人背书，可以转让流通，而电汇、信汇的收款人则不能将收款权转让。因此，票汇具有较大的灵活性，使用也较为方便（黎孝先，2007：202）。以买方湖北 ITC 公司向卖方 UNICAM 公司支付 41 084.34 美元为例，票汇业务流程如图 7-5 所示。其中，票汇的当事人同信汇/电汇的当事人。

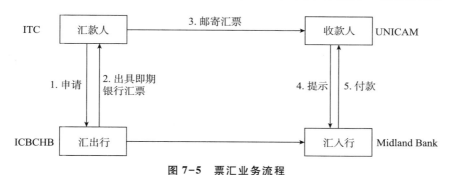

图 7-5 票汇业务流程

Q&A 7-4 票汇方式中汇票的当事人

Q：在票汇方式中，汇出行向汇款人开立即期银行汇票，该汇票的基本当事人分别是谁？

A：出票人是汇出行湖北工商银行（ICBCHB），受票人是汇入行米德兰银行（Midland Bank），收款人是卖方 UNICAM 公司。

(四) 三种汇款方式比较

信汇、电汇和票汇三种汇款方式在支付工具、银行证实方式、速度、安全性、费用及能否转让等方面存在不同,其比较如表 7-4 所示。

表 7-4　信汇、电汇、票汇的比较

项目	信汇	电汇	票汇
支付工具	邮寄	电报,电传,SWIFT 系统	即期银行汇票
银行证实方式	印鉴	密押,SWIFT 密押	印鉴
速度	慢	快	中
安全性	较安全	安全	较安全
费用	中	高	低
能否转让	否	否	能

四、汇款的特点

第一,商业信用。汇款虽是以银行为媒介进行国际结算,但银行在此过程中仅承担收付委托款项的责任,而对买卖双方在履行合同中的义务并不提供任何担保。汇款的实现,取决于工商企业和个人的信用,属于商业信用。

第二,风险大。对于货到付款的卖方或预付货款的买方来说,能否按时收款或能否按时收货,完全取决于对方的信用。如果对方信用不好,则可能钱货两空,因此,买卖双方必定有一方要承担较大的风险。这就要求经营者加强信用风险管理。

第三,资金负担不平衡。对于货到付款的卖方或预付货款的买方来说,资金负担较重,整个交易过程中需要的资金或者由卖方负担,或者由买方负担,资金负担极不平衡。

第四,手续简便与费用低廉。汇款结算的手续比较简单,银行收取的费用也较低。因此,在交易双方相互信任的情况下,或在跨国公司各子公司之间,或公司内部的贸易结算中,均可以采用汇款方式(黎孝先,2007:203—204)。

Q&A 7-5　汇款方式的缺陷

Q:汇款方式有什么缺陷?

A:在汇款方式下,买方向卖方支付货款与卖方向买方交付货物这两个环节互不制约,要么是预付货款,要么是货到付款。如果是预付货款,则买方存在卖方不履行交货义务的风险;反之,如果是货到付款,则卖方存在买方不履行付款义务的风险。

在金银结算中,"一手交钱、一手交货"的钱货交割方式体现了付款与交货的相互制约。把"一手交钱、一手交货"移植到票据结算中,用支付或承兑汇票与交付货运单据来相互制约,就形成跟单托收。

第三节 托收与 URC522

托收的英文表达是 collection。

一、托收的简略定义

托收是指债权人开立汇票委托银行向债务人收取款项。

二、托收的类别

根据委托人签发的汇票是否附带商业单据,托收可以分为光票托收和跟单托收。

光票托收(clean collection)是指委托人仅凭汇票而不附有商业单据的托收方式,即仅凭汇票委托银行代为收款。在国际贸易中,光票托收用于收取货款的尾数、佣金、样品费以及其他贸易从属费用等小额款项(黎孝先,2007:206)。

跟单托收(documentary collection)是指委托人签发的汇票中附有商业单据的托收,跟单托收所附商业单据主要有提单、保险单、装箱单等。在国际贸易中,货款的收取大多采用跟单托收。在跟单托收的情况下,按照代收行向进口方交单的不同条件,可以分为付款交单和承兑交单。[①] 其中,根据付款期限的不同,付款交单又可以分为即期付款交单和远期付款交单。跟单托收的种类可以用表 7-5 来归纳。

表 7-5 跟单托收的类别

代收行向进口方交单的条件	英文	术语	期限
付款交单	documents against payment	D/P	即期 D/P at sight
			远期 D/P ×× days
承兑交单	documents against acceptance	D/A	远期 D/A ×× days

三、托收的业务流程

(一)即期付款交单

即期付款交单(D/P at sight)是跟单托收的方式之一,代收行凭付款人即期付款向付款人交付单据。以卖方 UNICAM 公司委托银行向买方湖北 ITC 公司收取 41 084.34 美元为例,其业务流程如图 7-6 所示。

---

① 也分别称为凭付款交单和凭承兑交单。

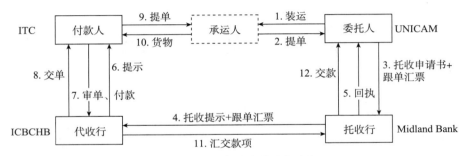

图 7-6　即期付款交单业务流程

注：承运人不是托收业务的当事人，但由于货物的装运、提单的签发以及货物的提取均涉及承运人，故在业务流程中用虚线框表示承运人。

即期付款交单的当事人：

委托人，图 7-6 的委托人是卖方 UNICAM 公司；

付款人，图 7-6 的付款人是买方湖北 ITC 公司；

托收行，图 7-6 的托收行是英国米德兰银行（Midland Bank）；

代收行，图 7-6 的代收行是工商银行湖北分行（ICBCHB）。

Q&A 7-6　付款交单方式中汇票的当事人

Q：在付款交单方式中，委托人出具汇票，该汇票的基本当事人分别是谁？

A：出票人是委托人 UNICAM 公司，受票人是付款人湖北 ITC 公司，收款人是委托人 UNICAM 公司。

（二）远期付款交单

远期付款交单（D/P after sight）是跟单托收的方式之一，代收行凭付款人远期付款向付款人交付单据。以卖方 UNICAM 公司委托银行向买方湖北 ITC 公司收取 41 084.34 美元为例，其业务流程如图 7-7 所示。其中，远期付款交单的当事人同即期付款交单的当事人。

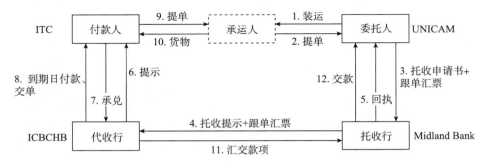

图 7-7　远期付款交单业务流程

注：承运人不是托收业务的当事人，但由于货物的装运、提单的签发以及货物的提取均涉及承运人，故在业务流程中用虚线框表示承运人。

Q&A 7-7 远期付款交单存在的问题

Q:代收行(工商银行湖北分行)向付款人(湖北 ITC 公司)提示单据,付款人承兑汇票后要等到汇票到期日,例如 30 天之后,才能付款、获得单据提货,这会导致什么问题?

A:货物运抵目的地时,买方因未获得单据而迟迟不能提货。其后果是产生报关滞报金、额外的仓储费。

(三) 承兑交单

承兑交单(D/A)是跟单托收的方式之一,代收行凭付款人承兑汇票向付款人交付单据。以卖方 UNICAM 公司委托银行向买方湖北 ITC 公司收取 41 084.34 美元为例,其业务流程如图 7-8 所示。

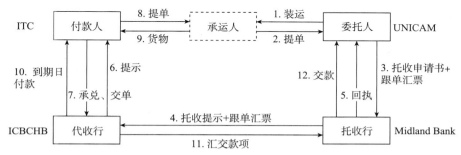

图 7-8 承兑交单业务流程

注:承运人不是托收业务的当事人,但由于货物的装运、提单的签发以及货物的提取均涉及承运人,故在业务流程中用虚线框表示承运人。

由图 7-6、图 7-7、图 7-8 可以看出,跟单托收的三种方式的区别主要是汇票期限不同、代收行向付款人的交单条件不同,以及由此造成进口方(付款人)的提货时间不同。下面假设代收行向付款人提示汇票的时间为 10 月 1 日,将 D/P 即期、D/P 远期、D/A 三种托收方式下付款人承兑、付款,代收行交单,以及付款人提货的时间比较如表 7-6 所示。

表 7-6 D/P 即期、D/P 远期、D/A 对比

托收类别	汇票期限	代收行提示/付款人见票	付款人承兑	付款人付款	代收行交单	付款人提货
D/P 即期	即期	10月1日	无	10月1日	10月1日	10月3日
D/P 30 天	见票后 30 天	10月1日	10月1日	11月1日	11月1日	11月3日
D/A 30 天	见票后 30 天	10月1日	10月1日	11月1日	10月1日	10月3日

Q&A 7-8 D/A 和 D/P 远期的意义

Q:在实际业务中,D/A 和 D/P 远期有何意义?

A:D/A 的意义在于,它实际上起到了为买方提供融资的作用:买方只需承兑汇票而不必付款即可获得提单提货,然后尽快出售货物,以使在汇票的付款到期日时有足够的

资金付款。因此,D/A 既是支付方式,又是融资方式。

D/P 远期仅仅是一种支付方式,对买方没有融资作用。进出口商们自然想到对 D/P 远期进行改良,使它既保留 D/P 的特征:凭付款交单,又具有 D/A 的融资作用。这就产生了下述 D/P·T/R。

（四）D/P 远期的变形:D/P·T/R

D/P·T/R 称为远期付款交单凭信托收据(trust receipt)借单,是指由出口商主动授权银行凭信托收据借单给进口商,进口商承兑汇票后凭信托收据先行借单提货,日后进口商到期拒付的风险由出口商自己承担。

信托收据是进口商向代收行借单时所出具的一种书面信用担保文件,用来表示愿意以托收行的委托人身份代为提货、报关、存仓、保险或出售,并承认货物所有权仍属银行。

D/P·T/R、D/A、D/P 即期/远期的区别如表 7-7 所示。

表 7-7 D/P·T/R、D/A、D/P 即期/远期对比

项目	D/P·T/R	D/A	D/P 即期/远期
交单条件	开立信托收据+承兑	承兑	付款
提货时间	即期	即期	即期/远期
付款期限	远期	远期	即期/远期
货物所有权	托收行	进口商	进口商
出口商风险	中	大	小

四、托收的国际惯例及其对托收的定义

目前使用的托收国际惯例是国际商会第 522 号出版物《托收统一规则》(Uniform Rules for Collection, ICC Publication No. 522),也被称为 URC522,1996 年开始实施。托收规则的最早版本于 1958 年制定。

URC522 对托收的定义如下(沈瑞年等,1999:561—562):

Collection defined in URC522

Article 2 Definition of Collection

For the purposes of these Articles:

a. "Collection" means the handling by banks of documents as determined in Sub-Article 2 (b), in accordance with instructions received, in order to

(ⅰ) obtain payment and/or acceptance, or

(ⅱ) deliver documents against payment and/or against acceptance, or

(ⅲ) deliver documents on other terms and conditions.

b. "Documents" means financial documents and/or commercial documents:

(ⅰ) "financial documents" means bills of exchange, promissory notes, cheques, or other similar instruments used for obtaining the payment of money,

(ⅱ) "commercial documents" means invoices, transport documents, documents of title or other similar documents, or any other documents whatsoever, not being financial documents.

第 2 条 托收的定义

就本条款而言:

a. 托收是指银行按照所得到的指示对第 2 条(b)款所确定的单据进行处理,以便

(ⅰ) 获得付款和/或承兑;

(ⅱ) 凭付款和/或凭承兑交付单据;

(ⅲ) 凭其他条款和条件交付单据。

b. 单据是指金融单据和/或商业单据:

(ⅰ) 金融单据是指汇票、本票、支票或用于获得钱款支付的其他类似工具;

(ⅱ) 商业单据是指发票、运输单据、所有权凭证或其他类似单据,或者是不属于金融单据的其他任何单据。

五、使用托收时应注意的问题

第一,托收属于商业信用。托收虽然通过银行中介进行结算,但银行只是接受卖方的委托,按卖方的指示办事,不承担付款的责任,也不提供银行信用,卖方能否按时收款和买方能否按时提货,完全取决于买卖双方的信用。

第二,托收方式对买方有利,对卖方不利。托收方式对于卖方来说是先发货后收款,如果是承兑交单,卖方还可能要在货到后才能收回全部货款,这实际上是卖方向买方提供信用。如果买方倒闭,丧失付款能力,或者因为市场行情下跌,买方借故不履行合同,拒不付款,那么此时将对卖方造成较大的损失。因此,对于新客户或信誉不好的客户,不宜使用托收方式。

第三,三种交单方式中,相对而言,即期付款交单对卖方最有利,承兑交单对买方最有利。因此,对于卖方而言,如果采用托收方式,那么也要尽量采用即期付款交单。

Q&A 7-9 托收方式中钱货制约的有效性

Q:跟单托收较好地解决了汇款方式中钱与货不能相互制约的问题。跟单托收的钱货制约在什么情况下有效、什么情况下失效?

A:跟单托收的钱、货制约在买方始终要货的情况下有效,在买方改变初衷、不再要货的情况下失效。

Q:什么因素会导致买方改变初衷、不再要货呢?

A:货物的行情下跌,或者买方出现资金困难、无力支付货款,等等,都会导致买方改变初衷、不再要货。

信用证方式的出现,一方面保留了托收的钱货制约机制,另一方面使承担付款义务的当事人从贸易公司升级为信用等级更高的银行,有效规避了托收方式中钱货制约机制失效的风险。

第四节 信用证与 UCP600

在汇款方式中,出口商向进口商交单(即交货)与进口商向出口商付款互不制约。托收克服了这一缺陷,它使代收行向进口商交单与进口商付款/承兑相互制约。但是,对出口商而言,托收仍未摆脱汇款的另一缺陷:付款人的信用基础仍是商业信用。出口商们一直在寻求新的支付方式,使付款责任由进口商承担转变为由信用等级更高的银行来承担。

随着银行参与国际贸易结算,逐步形成了信用证支付方式,这种支付方式实现了由银行取代进口商承担付款责任的历史性转变,保证了出口商安全迅速地收到货款,进口商按时收到货运单据。因此,信用证方式进一步提升了付款人的信用等级,同时也为进出口双方提供了资金融通的便利。所以,自信用证出现以来,这种支付方式发展得很快,并在国际贸易中被广泛应用。现在,信用证付款已成为国际贸易中一种重要的支付方式。

一、信用证的简略定义

信用证的英文表达是 letter of credit,支付术语为 L/C。

信用证是指银行(开证行)应买卖双方中一方(申请人)的请求,开给另一方(受益人),保证在一定条件下支付确定数额钱款的凭证,其条件通常是受益人提交符合信用证条款规定的单据。

二、信用证的业务流程

不同类别的信用证,其业务流程在具体环节上会有所不同,但其基本流程大致相同。这里介绍最典型的即期议付信用证的业务流程,以买方湖北 ITC 公司用信用证方式向卖方 UNICAM 公司支付 41 084.34 美元为例,其业务流程如图 7-9 所示。

即期议付信用证的当事人:
申请人,图 7-9 的申请人是买方湖北 ITC 公司;
受益人,图 7-9 的受益人是卖方 UNICAM 公司;
开证行,图 7-9 的开证行是工商银行湖北分行(ICBCHB);

通知行,图7-9的通知行是英国米德兰银行(Midland Bank);

议付行,图7-9的议付行可以是英国任意一家银行,例如议付行也可以是通知行,但议付行通常是受益人的往来银行。

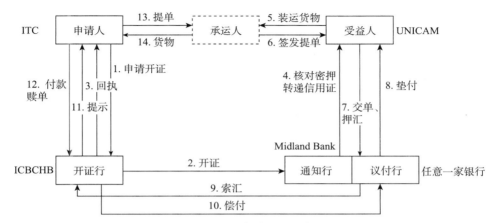

图7-9 即期议付信用证业务流程

注:承运人不是信用证业务的当事人,但由于货物的装运、提单的签发以及货物的提取均涉及承运人,故在业务流程中用虚线框表示承运人。

Q&A 7-10 通知行的作用

Q:为什么开证行不将信用证直接开给受益人,而要通过通知行转递?

A:如果开证行将信用证直接开给受益人,则受益人无法识别所收到的文件是否的确来自一家银行。通知行的作用主要是核对信用证确实由开证行所开立。

Q&A 7-11 即期议付信用证中汇票的当事人

Q:在即期议付信用证方式中,受益人出具即期汇票,该汇票的基本当事人分别是谁?

A:出票人是受益人 UNICAM 公司,受票人是开证行湖北工商银行(ICBCHB),收款人是受益人 UNICAM 公司。

三、信用证实例

【实例7-8】

以下是湖北 ITC 公司通过工商银行湖北分行开立、以 UNICAM 公司为受益人、金额为 USD 41 084.34 的即期议付信用证。

* Own Address:ICBKCNBJHUB　　　INDUSTRIAL AND COMMERCIAL BANK OF
*　　　　　　　　　　　　　　　　CHINA
*　　　　　　　　　　　　　　　　WUHAN

```
*                                  (HUBEI PROVINCIAL BRANCH)
* Input Message Type:700            ISSUE OF A DOCUMENTARY CREDIT
* Sent to:      MIDLGB22XXXX        MIDLAND BANK PLC
*                                   LONDON
*                                   (ALL U.K.OFFICES)
* Priority/Obsol. Period: Normal/100 Minutes
* 27      /SEQUENCE OF TOTAL
*         1/2
* 40A     /FORM OF DOCUMENTARY CREDIT
*         IRREVOCABLE
* 20      /DOCUMENTARY CREDIT NO.
*         LC42191103A
* 31C     /DATE OF ISSUE
*         200226
*                                                                    20-02-26
* 40E     APPLICALBLE RULES
         UCP LATEST VERSION
* 31D     /DATE AND PLACE OF EXPIRY
*         200515 IN U.K.
*                                                                    20-05-15
* 50      /APPLICANT
*         HUBEI PROVINCIAL INTERNATIONAL
*         TRADE CORPORATION
*         4, JIANGHAN BEILU, WUHAN, CHINA
* 59      /BENEFICIARY-NAME & ADDRESS
*         UNICAM LIMITED ATOMIC ABSORPTION
*         PO BOX 207, YORK STREET, CAMBRIDGE
*         CB1 2SU ENGLAND
*         FAX: 01223 374437 TEL: 01223 358866
* 32B     /CURRENCY CODE, AMOUNT
*         USD 41 084.34
*                                                                    US Dollar
*                                                                    41 084.34
* 41D     /AVAILABLE WITH.../BY-NAME, ADDRESS
*         ANY BANK
```

```
*              BY NEGOTIATION
*42C    /DRAFTS AT
*          SIGHT FOR 100 PCT OF THE INVOICE VALUE
*42A    /DRAWEE-BIC
*          ICBKCNBJHUB
*              INDUSTRIAL AND COMMERCIAL BANK OF CHINA
*              WUHAN
*              (HUBEI PROVINCIAL BRANCH)
*43P    /PARTIAL SHIPMENTS
*          NOT ALLOWED
*43T    /TRANSSHIPMENT
*          ALLOWED
*44E    /PORT OF LOADING/AIRPORT OF DEPARTURE
*          MAIN BRITISH AIRPORTS
*44F    /PORT OF DISCHARGE/AIRPORT OF DESTINATION
*          WUHAN AIRPORT CHINA
*44C    /LATEST DATE OF SHIPMENT
*          200430
*                                                          20-04-30
*45A    /DESCR GOODS AND/OR SERVICES
*          COMMODITY
*          989 AA SPECTROMETER AND ACCESSORIES ONE SET USD 28 000.00
*          CATALOG NUMBER 942339692352
*          HELOIS ALPHA PRISM SYSTEM SPECTROMETER ONE SET USD 8 000.00
*          AND ACCESSORIES
*          P/N 9423UVA1000E
*          HELOIS GAMMA UV-VISIBLE SPECTROMETER ONE SET USD 5 084.34
*          P/N 9423UVG1000E
*                                          TOTAL:    USD 41 084.34
*          CIP WUHAN AIRPORT INCOTERMS® 2020, PACKING CHARGES INCLUDED.
*          PACKING: BY STANDARD EXPORT PACKING
*          MANUFACTURER: UNICAM LIMITED, U.K.
*          SHIPPING MARK:19FGQM49-9001CE(LZH)
                                    WUHANCHINA
*71B    /CHARGES
```

```
*           ALL BANKING CHARGES AND INTEREST
*           IF ANY OUTSIDE THE OPENING BANK
*           WILL BE BORNE BY THE BENEFICIARY
*48     /PERIOD FOR PRESENTATION
*           15 DAYS
*49     /CONFIRMATION INSTRUCTIONS
*           WITHOUT
*78     /INSTRUCTIONS TO PAY/ACC/NEG BK
*           ALL DOCUMENTS MUST BE FORWARDED TO INDUSTRIAL N
*           COMMERCIAL BANK OF CHINA HUBEI PROVINCIAL BRANCH HANKOU
*           OFFICE ADD: 1/F., JINMAO BLDG. 4 NORTH JIANGHAN ROAD HANKOU,
*           CHINA IN ONE COVER UPON RECEIPT OF DOCUMENTS DRAWN IN
*           COMPLIANCE WITH TERMS AND CONDITIONS OF THE CREDIT, WE
*           SHALL REIMBURSE YOU BY T/T ACCORDING TO YOUR INSTRUCTIONS.
*72     /SENDER TO RECEIVER INFORMATION
*           /TELEBEN/
*27     /SEQUENCE OF TOTAL
*           2/2
*20     /DOCUMENTARY CREDIT NO.
*           LC42191103A
*46B    /DOCUMENTS REQUIRED
*           +SIGNED COMMERCIAL INVOICE IN 4 COPIES MENTIONING CONTRACT
*               NO.19FGQM49-9001CE(LZH) AND L/C NO.42191103A.
*           +AIR WAYBILLS SHOWING FREIGHT PREPAID INDICATING FREIGHT
*               AMOUNT AND CONSIGNED TO APPLICANT.
*           +INSURANCE POLICY/CERTIFICATE IN 2 FOR 110 PCT OF THE INVOICE
*               VALUE SHOWING CLAIMS PAYABLE IN CHINA IN CURRENCY OF THE
*               DRAFT, BLANK ENDORSED, COVERING AIR TRANSPORTATION ALL
*               RISKS.
*           +PACKING LIST/WEIGHT MEMO IN 4 COPIES INDICATING
*               QUANTITY/GROSS AND NET WEIGHTS OF EACH PACKAGE AND
*               PACKING CONDITIONS AS CALLED FOR BY THE L/C.
*           +CERTIFICATE OF QUALITY IN 2 COPIES ISSUED BY MANUFACTURER.
*           +BENEFICIARY'S CERTIFIED COPY OF FAX DISPATCHED TO THE
*               ACCOUNTEES WITHIN 24 HOURS AFTER SHIPMENT ADVISING AWB NO.
```

```
*            SHIPPING DATE, CONTRACT NO.
* 47A     /ADDITIONAL CONDITIONS
*          +A FEE OF USD 60.00 (OR EQUIVALENT IN OTHER CURRENCY) WILL BE
*           DEDUCTED FROM THE PROCEEDS OF DRAWING FOR EACH SET OF
*           DOCS PRESENTED WITH DISCRIPANCY(IES).
*          +DOCUMENTS ISSUED EARLIER THAN L/C ISSUING DATE ARE NOT
*           ACCEPTABLE.
```

四、信用证的基本内容

不同方式开立的信用证,其形式和格式有所区别,但都包含以下基本内容:

(1) 对信用证本身的说明,包括信用证种类、信用证号码、信用证金额、信用证有效期限和地点、交单期限;

(2) 对当事人的规定,明确申请人、受益人、开证行、指定行、通知行,说明对议付行有无限制;

(3) 对货物的要求,明确品名、品质、数量、包装、价格;

(4) 对运输的要求,规定装运期限、装运港(地)、目的港(地)、是否允许分批装运、是否允许转运;

(5) 对单据的要求,包括发票、装箱单、运输单据、保险单(CIF 条件下)、品质证、产地证、装运通知副本,等等;

(6) 信用证所适用的国际惯例。

五、信用证的开立方式

(一) 信开信用证

信开信用证(to open by airmail)一般先用纸张打印出来并由开证行签字盖章以后,用邮寄的方式送达通知行。

(二) 电开信用证

电开信用证(to open by cable, telex, or SWIFT)主要通过电报、电传或 SWIFT 系统,由开证行发送给通知行。

1. 简电本

简电本(brief cable)是指只列明内容梗概的信用证开立通知书,只做参考,不能作为正式有效的信用证。这里的"cable"实际上已经成为"概念意义上的电报"了,进入 20 世纪 90 年代以后,电报基本上不在国际贸易中使用了,信用证业务主要采用电传和 SWIFT

系统方式传递。但是,人们习惯上仍然沿用"电报"这种称谓。根据《跟单信用证统一惯例》(UCP600)第十一条的规定,银行一旦向通知行发出了开立信用证的通知书,它随后就必须不可撤销地开立相关的信用证,而且信用证的内容不得与通知书相矛盾。所以,在信用证业务中,那种先说了要开立随后又因故不予开立信用证的现象是根本不存在的,也是国际惯例所不允许的(田运银,2007:151)。

2. 全电本

全电本(full cable)是指开证行以电信方式开证,把信用证全部条款传递给通知行。全电本是一个内容完整的信用证,是受益人向银行交单以支取款项的依据。

3. SWIFT 信用证

SWIFT 是"环球银行金融电信协会"(Society for Worldwide Interbank Financial Telecommunication)的简称,于1973年在比利时布鲁塞尔成立。该组织设有自动化的国际金融电信网,该协会的成员银行可以通过该电信网办理信用证业务以及外汇买卖、证券交易、托收等。凡参加SWIFT组织的成员银行,均可使用SWIFT系统办理信用证业务,其安全性较普通电信方式高。

凡按照国际商会所制定的电开信用证格式,利用SWIFT系统设计的特殊格式(format),通过SWIFT系统传递信用证信息(message),即通过SWIFT系统开立或通知的信用证被称为SWIFT信用证,也有称"全银电协信用证"的。采用SWIFT系统,必须遵守SWIFT使用手册的规定,使用SWIFT手册规定的代号(tag),因而SWIFT信用证具有标准化、固定化和格式统一的特性,且传递速度快捷,成本也较低(黎孝先,2007:219)。

SWIFT信用证报文(text)由一些项目(field)组成,每一种报文格式(message type,MT)规定由哪些项目组成,每一个项目又严格规定由多少字母、多少数组或多少字符组成。

在一份SWIFT信用证报文中,有些规定项目是必不可少的,称为必选项目(mandatory field,M);有些规定项目可以由操作员根据业务需要确定是否选用,称为可选项目(optional field,O)(苏宗祥和徐捷,2008:398—399)。

现将SWIFT信用证MT700报文格式各项栏目名称及其代号和相关说明列表如表7-8所示。

表7-8 SWIFT信用证MT700报文格式

M/O	代号	栏目名称	说明	
M	27	Sequence of total	报文页次	"1/2"字样表明"该证共有2页,这是其中的第1页"
M	40A	Form of credit	跟单信用证形式	一般为不可撤销跟单信用证
M	20	Documentary credit number	跟单信用证号码	
O	23	Reference to pre-advice	预先通知编号	

(续表)

M/O	代号	栏目名称	说明	
O	31C	Date of issue	开证日期	
M	40E	Applicable rules	适用规则	跟单信用证遵循的规则
M	31D	Date and place of expiry	信用证的到期日及到期地点	事实上就是受益人的最迟交单日期和交单地点
O	51a	Applicant bank	开证申请人的银行	当开证行和开证申请人的银行不是同一家银行时,该项目要列明
M	50	Applicant	开证申请人的名称及地址	
M	59	Beneficiary	受益人的名称及地址	
M	32B	Currency code, amount	信用证的币种代码及金额	
O	39A	Percentage credit amount tolerance	信用证金额上下浮动最大允许范围	"05/05"字样表示"允许上下浮动5%"
O	39B	Maximum credit amount	信用证金额最高限额	
O	39C	Additional amounts covered	信用证涉及的附加金额	
M	41a	Available with…by…	兑付银行及信用证兑付方式	"Available with ×× bank"或"any bank";by 后面接付款方式,如即期付款、延期付款、承兑或议付等
O	42C	Drafts at…	汇票的付款期限	
O	42a	Drawee	汇票的付款人	
O	42M	Mixed payment details	混合付款细节	
O	42P	Deferred payment details	迟期付款细节	
O	43P	Partial shipments	分批装运条款	
O	43T	Transshipment	转运条款	
O	44A	Place of taking in charge/dispatch from…/Place of receipt	接管地/发运地/收货地	
O	44E	Port of loading/Airport of departure	装货港/起飞航空港	
O	44F	Port of discharge/Airport of destination	卸货港/目的地航空港	

(续表)

M/O	代号	栏目名称		说明
O	44B	Place of final destination/ For transportation to…/Place of delivery	货物发运最终目的地/转运至……/交货地	
O	44C	Latest date of shipment	最迟装运日期	
O	44D	Shipment period	装运期	
O	45A	Description of goods and/or services	信用证项下的货物或服务的描述	
O	46A	Documents required	信用证所需单据	
O	47A	Additional condition	附加条款	通常是对受益人的补充要求
O	71B	Charges	需由受益人承担的费用	如无此项,就表示除议付费和转让费外,其余概由开证申请人承担
O	48	Period of presentation	交单期限	受益人向银行提交单据的时限
M	49	Confirmation instruction	保兑指示	
O	53a	Reimbursing bank	偿付行	
O	78	Instruction to the paying/accepting/negotiating Bank	开证行对付款行、承兑行或议付行的指示	
O	57a	Advise through…bank	通知行	此证将通过收报行以外的其他银行通知给受益人
O	72	Sender to receiver information	附言	

资料来源:笔者根据苏宗祥和徐捷(2008:400—401)和田运银(2007:152—153)整理。

六、信用证的类别

(一) 按信用证所要求的单据区分

(1) 跟单信用证(documentary credit):指信用证要求的单据中包括货运单据的信用证。目前,在国际贸易中使用的信用证大部分都是跟单信用证。

(2) 光票信用证(clean credit):指信用证要求的单据中不包括货运单据的信用证。在采用信用证方式预付货款时,通常使用光票信用证(黎孝先,2007:221)。

(二) 按是否另有银行为开证行的付款责任进行担保区分

(1) 保兑信用证(confirmed L/C):指在开证行开立信用证之后,有另一家银行保证对符合信用证条款的单据履行付款义务的信用证。对信用证加具保兑的银行,称为保兑行(confirming bank)。保兑行一旦做出保兑,就和开证行一样承担第一性的付款责任,且保兑行在承付或议付后,对受益人或其他前手银行无追索权。对于受益人而言,保兑信用证相当于提供了一个"双保险",开证行和保兑行同时提供银行信用,承担第一性的付款责任。由于开证行一般是买方所在地的银行,卖方对开证行的信用并不了解,因此当受益人对开证行的信用有疑虑时,一般使用保兑信用证。

（2）无保兑信用证（unconfirmed L/C）：指在开证行开立信用证后,没有另一家银行进行保兑,由开证行独自承担第一性的付款责任的信用证。

在 SWIFT 信用证中,是否加具保兑要在第 49 栏（TAG-49）"Confirmation instruction"（是否加具保兑）中注明。

（三）按兑付方式区分

（1）即期付款信用证（credit available by sight payment）,是指开证行或其指定行凭受益人按信用证规定提交的单据即期（在 5 个工作日内）付款,一般不需要汇票。此时,指定行并不为开证行垫款,且兑付信用证款项后,对受益人无追索权。

（2）延期付款信用证（credit available by deferred payment）,是指开证行或其指定行凭受益人按信用证规定提交的单据远期付款,一般不需要汇票。此时,指定行并不为开证行垫款,且兑付信用证款项后,对受益人无追索权。

（3）承兑信用证（credit available by acceptance）,是指当受益人向开证行或其指定行开具远期汇票并提示汇票或单据时,开证行或其指定行审单无误后即行承兑,并于汇票到期日付款的信用证。

（4）议付信用证（credit available by negotiation）,是指开证行在信用证中邀请其他银行充当议付行,即对受益人提交的单据审核无误后,买入汇票及/或单据的信用证。

（四）按付款期限区分

（1）即期信用证（sight credit）：指在受益人提交符合信用证规定的单据后,付款行（开证行、指定行或议付行）即期付款的信用证。即期信用证包括即期付款信用证和即期议付信用证两种。

（2）远期信用证（usance credit）：指在受益人提交符合信用证规定的单据后,付款行（开证行、指定行或议付行）并不立即付款,而是在付款期限到期以后才付款的信用证。

远期信用证包括延期付款信用证、承兑信用证和远期议付信用证三种。其中,延期付款信用证项下的票据不能贴现。根据贴现利息由谁承担,承兑信用证和远期议付信用证又可分为买方远期信用证和卖方远期信用证。买方远期信用证由买方承担贴现利息,卖方远期信用证由卖方承担贴现利息。

买方远期信用证又称假远期信用证,是指卖方开立远期票据,付款行立即向卖方支付足额货款,但并不立即通知买方支付货款,付款期限到期后,买方才向付款行支付货款及到期利息。在假远期信用证中,贴现利息由买方负担,卖方按即期方式获得票面金额,因此,假远期信用证实质上对买方来说是远期,而对卖方来说是即期。一般而言,当开证行不能即期垫付,买方也没有即期支付能力时,使用假远期信用证。

卖方远期信用证又称真远期信用证,银行只有在付款期限到期以后才向受益人或汇票的善意持有人支付款项。如果受益人(卖方)向银行贴现远期汇票,则需要由卖方自己承担贴现利息。假远期信用证、即期信用证、真远期信用证的对比如表7-9所示。

表7-9 假远期信用证、即期信用证、真远期信用证对比

项目	假远期信用证	即期信用证	真远期信用证
汇票期限	远期	即期	远期
兑付期限	即期提前	即期	即期提前
兑付金额	全额	全额	扣除贴息
贴现利息由谁承担	申请人(买方)	无贴现利息	受益人(卖方)
申请人付款赎单期限	远期	即期	远期

(五) 出现第二受益人的信用证

当充当中间商的出口商需要对进口商和供货商实行信息隔离时,使用有第二受益人的信用证,分为可转让信用证(transferable credit)和背对背信用证(back-to-back credit)两种。

1. 可转让信用证

可转让信用证是指开证行允许被指定的转让行在受益人的要求下,将信用证部分或全部转让给一个或多个第二受益人使用的信用证。

除下列条款外,转让证的条款与原证相同:①信用证总金额和货物单价可比原证减少;②信用证效期、装期及交单期限可比原证提早和缩短;③投保的比例可比原证提高;④转让证的申请人可改为原证的受益人。

可转让信用证的业务流程如图7-10所示。

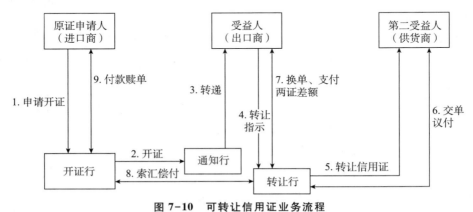

图7-10 可转让信用证业务流程

2. 背对背信用证

背对背信用证是指出口商将以自己为受益人的信用证作为担保,要求银行开立以供

货商为受益人的信用证。

背对背信用证的条款应与原证相似,但下列条款可与原证不同:①信用证总金额和货物单价可比原证减少;②信用证效期、装期及交单期限可比原证提早和缩短;③投保的比例可比原证提高;④背对背信用证的申请人可改为原证的受益人。

背对背信用证的业务流程如图 7-11 所示。

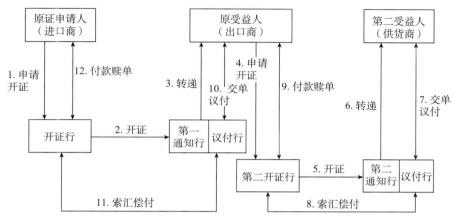

图 7-11　背对背信用证业务流程

转让信用证与背对背信用证的区别如表 7-10 所示。

表 7-10　转让信用证与背对背信用证的区别

项目	转让信用证	背对背信用证
与原证的关系	转让的信用证是原证的延展	背对背信用证与原证是两个独立的信用证
开证行	同为原证开证行	两个不同的开证行
前提	原证必须是可转让的	第二开证行接受开证
信用证条款是否受 UCP600 第三十八条约束	是	否
付款责任	转让行不必承担付款责任	第二开证行承担独立的付款责任
作为中间商的出口商所担任的角色	第一受益人	原证受益人,第二证申请人
进口商与第二受益人之间的信息隔离程度	部分隔离	完全隔离

(六) 循环信用证

循环信用证(revolving credit)是指信用证的金额在部分或全部使用后,能恢复到原金额,并能循环多次使用,直至达到信用证规定的循环次数、时间或累积金额。在普通信用证的基础上增加一条"循环条款",就可以实现循环。

一般而言,当同一份买卖合同项下分批交货,前后跨越时间较长,或累积金额较大时,可以使用循环信用证。循环信用证可以避免信用证保证金的利息损失(跨越时间较长),减少保证金金额(累积金额较大)。

1. 按时间循环

按时间循环的信用证是指信用证上规定受益人每隔某一段时间,可循环使用信用证上规定的金额。

循环条款举例:

This credit is available for up to USD 15 000 per month during January 2022 to May 2022. The aggregate amount under this credit is USD 75 000.

在2022年1月至2022年5月期间,本信用证每月兑付金额达15 000美元。本信用证总金额为75 000美元。

2. 按金额循环

按金额循环的信用证是指信用证项下的钱款付给受益人后,信用证恢复到原来的金额供受益人再度使用。按金额循环的信用证又可分为全自动循环、半自动循环和非自动循环三种。

(1) 全自动循环指信用证项下的钱款付给受益人后,不需要开证行通知,信用证自动恢复到原始金额。例如:

The amount of credit(USD 15 000) shall be renewable twice automatically after date of negotiation, thus making an aggregate amount of USD 45 000.

信用证金额(15 000美元)议付之日后自动恢复两次,总金额达45 000美元。

(2) 半自动循环指信用证项下的钱款付给受益人后若干天内,如开证行未提出终止循环的通知,则信用证恢复到原始金额。例如:

Should the negotiating bank not be advised of stopping renewal within 7 days after each negotiation, the amount of this credit shall be increased to the original amount on the 8th day after each negotiation.

若每次议付后7日内议付行未获通知停止循环,则每次议付后第8日信用证金额增至原始金额。

(3) 非自动循环指信用证项下的钱款付给受益人后,只有得到开证行的通知,信用证才恢复到原始金额。例如:

The amount of credit shall be renewable after each negotiation only upon receipt of issuing bank's notice stating that credit might be renewable.

每次议付后,只有收到开证行通知、表明信用证可以恢复金额,信用证金额才能恢复。

按照是否能够累积循环,循环信用证又可分为累积循环信用证和非累积循环信用证。累积循环信用证是指不论是按时间还是按金额循环,凡是上次未用完的信用证余额都可以移到下次一并使用的信用证。非累积循环信用证是指凡是上次未用完的信用证余额都不能移到下次一并使用的信用证。

需要说明的是,是否累积循环与按时间循环和按金额循环是可以结合在一起的,二者并不是两种彼此独立的循环方式。

【例 7-3】累积、按时间循环信用证

This credit is revolving at USD 100 000 covering shipment of _____ per calendar month cumulative operation from January 2020 to June 2020 inclusive up to a total of USD 600 000.

本信用证循环金额为 100 000 美元,装运 _____ 按历月累积循环,自 2020 年 1 月至 2020 年 6 月(含 1 月和 6 月),直至总金额 600 000 美元。

【例 7-4】非累积、按金额循环信用证

This credit is revolving for three shipments only. Each shipment should be effected at one month interval. The amount of each shipment is not exceeding USD 50 000. The total value of this revolving credit does not exceed USD 150 000. The unused balance of each shipment is not cumulative to the following shipment.

本信用证金额仅供三次装运循环。各次装运时间间隔一个月。每次装运金额不超过 50 000 美元。本循环信用证的总金额不超过 150 000 美元。每次装运的未用余额不得累积到下次装运。

七、信用证的国际惯例

随着国际贸易的发展,有关信用证使用过程中相关当事人之间的争议和纠纷经常发生,为此,国际商会为了规范信用证的使用,减少因解释不同而引起的纠纷,拟定了《跟单信用证统一惯例》,其最早版本于 1929 年制定。随着科学技术的发展和国际贸易方式的演变,国际商会也对《跟单信用证统一惯例》进行了多次修订,目前采用的是《跟单信用证统一惯例》国际商会第 600 号出版物(Uniform Customs and Practice for Documentary Credits, ICC Publication No. 600),简称 UCP600,由国际商会于 2006 年制定,2007 年开始实施。

UCP600 的适用范围体现在以下三个方面:

第一,UCP600 适用于跟单信用证。单据泛指信用证所要求的任何单据(如产地证、装箱单等),并不仅限于货运单据(如提单等)。

第二,UCP600 属于国际惯例性质。

第三,在开证行选择 UCP600 的情况下,除非信用证另有规定,否则 UCP600 的条款对信用证各当事人都有约束力。

UCP 是由国际贸易商人和银行在长期的国际贸易实践中发展起来,由国际商会加以成文,旨在确保在世界范围内将信用证作为可靠支付工具的一套国际惯例。

1. UCP 的产生背景①

对信用证业务的规范最初只是局限于国家层面。比如,在美国于 1920 年在纽约召开的"新型美国商业信用证大会"(New American Commercial Credit Conference)上,与会代表订下了一套标准规则"出口商业信用证规则"(Regulations Affecting Export Commercial Credits),供处理信用证业务的美国银行和企业使用。其他国家也在这一时期相继制定出本国的信用证业务规则,例如德国在 1923 年 1 月 1 日采用生效的"柏林邮政协会信用证业务规则"(Regulativ fur das Akkreditivgeschaft der Berliner Stempelvereinigung),法国在 1924 年 1 月 14 日采用生效的"巴黎及各省联合银行跟单信用证规则"(Clauses et modalities applicable aux ouvertures de credit documentaire par l'Union Syndicale des Banques de Paris et de la Province),等等。但这些规则往往仅是对一些通用术语的解释,对许多信用证业务的细节或实质性问题均未能深入涉及,同时由于缺乏国际统一的基础,不可避免地存在许多相互不一致的地方。

在国际层面上,主导信用证国际惯例发展的是 1919 年成立于美国大西洋娱乐城的国际商会。1926 年,国际商会的美国代表威尔伯特·韦尔(Wilbert Ware)向国际商会建议应该在信用证领域统一实务界的做法,以减少各国银行界和贸易界相互间的差异。于是,国际商会下属汇票和本票委员会专门成立了一个委员会(以下简称"专门委员会")来负责这一工作。1927 年 2 月,国际商会下属汇票和本票委员会审阅了由该委员会起草的《出口商业信用证统一规则》(Uniform Regulations on Export Commercial Credit)草案,并建议国际商会将该草案发送至各国征求意见。该草案是基于美国、法国、德国、意大利、瑞典、阿根廷和捷克斯洛伐克当时已有的实务规则起草的。1927 年 3 月,专门委员会对美国、德国、瑞士、捷克斯洛伐克、比利时、匈牙利、印度等国银行组织以及阿姆斯特丹银行家协会提交的意见进行了讨论。在 1927 年 6 月 27 日到 7 月 2 日召开的第四次年会上,专门委员会做出了关于出口信用证标准化的报告,同时提交了《出口商业信用证统一规则》(Uniform Regulations on Export Commercial Credits, ICC Publication No. 48)。

1929 年,国际商会在各国提交的意见的基础上,组织国际金融、法律专家成立工作组,起草了《商业信用证国际规则》(International Rules and Regulations for Commercial Letters of Credit)。该规则受前述《出口商业信用证统一规则》的影响颇大。该规则经过国际商会各成员讨论修改后,作为国际商会第 74 号出版物,于 1930 年 5 月颁布,正式命名为《商业信用证统一规则》(Uniform Regulations for Commercial Credits)。该规则全文分为信用证的形式、义务、单据、条款解释和转让五部分,共计 48 条。当时,明确接受此规则的国家只有比利时和法国。此规则就是 UCP 的前身。

2. UCP 的版本演变②

1933—1961 年,初创争议期:UCP 经历了 1933 年和 1951 年两个版本。1933 年版偏

---

① 本部分主要参考程军和贾浩(2007:3—4)。
② 本部分主要参考程军和贾浩(2007:4—7)。

向于维护银行而不是进出口商的利益,引起了争议,只被部分欧洲国家和美国的部分银行采用。1951 年版被美国和欧洲、亚洲、非洲的约 80 个国家的银行界采用,但英国和英联邦国家不在接受国之列。

1962—1973 年,广泛接受期:UCP 经历了 1962 年一个版本(UCP222),去掉了原来名称中的"商业"(Commercial)一词,更名为《跟单信用证统一惯例》(Uniform Customs and Practice for Documentary Credits),该名称一直沿用至今。英国积极参与了此次修订过程,因而该版本被英国以及几乎所有英联邦国家接受。至此,UCP 才真正成为在国际上被广泛接受和普遍采用的统一规则。

1974 年至今,稳定发展期:UCP 经历了 1974 年(UCP290)、1983 年(UCP400)、1993 年(UCP500)、2007 年(UCP600)等四个版本。UCP 的重要发展体现在:①适应了集装箱运输的兴起及与之相伴的多式联运等实务和单证的发展(UCP290);②增加了备用信用证和延期付款信用证,将原先的"电报或电传信息"(telegrams or telex messages)用"电信"(telecommunication)取代,从而可以涵盖 SWIFT 通信(UCP400);③适应了计算机网络通信和电子数据交换等的迅猛发展,澄清了非单据化条件及额外单据的处理(UCP500);④创设了承付(honour)、相符交单(complying presentation)等概念,将信用证限定为不可撤销(UCP600);⑤运输单据分类在 UCP 多个版本中加以调整。

3. UCP600 对信用证的定义①

Article 2   Definitions

For the purposes of these rules,

...

Credit means any arrangement, however named or described, *that is irrevocable* and thereby constitutes a definite undertaking of the issuing bank to *honour a complying presentation*.

Honour means:

a. to pay at sight if the credit is available by sight payment.

b. to incur a deferred payment undertaking and pay at maturity if the credit is available by deferred payment.

c. to accept a bill of exchange("draft") drawn by the beneficiary and pay at maturity if the credit is available by acceptance.

Issuing bank means the bank that issues a credit at the request of an applicant or on its own behalf.

Complying presentation means a presentation that is in accordance with the terms and conditions of the credit, the applicable provisions of these rules and international standard banking practice.

---

① 英文定义引自国际商会中国国家委员会(2007)。

Applicant means the party on whose request the credit is issued.

Beneficiary means the party in whose favour a credit is issued.

第二条　定 义

就本惯例而言，

……

信用证是指一项不可撤销的安排，不论其名称或描述如何，该项安排都构成开证行对相符交单予以承付的确定承诺。

承付是指：

a. 即期付款，若信用证以即期付款方式兑用。

b. 承诺延期付款并于到期日付款，若信用证以延期付款方式兑用。

c. 承兑由受益人出具的汇票并于到期日付款，若信用证以承兑方式兑用。

开证行是指按照申请人的要求或以自己的名义开立信用证的银行。

相符交单是指符合信用证的条款条件、本惯例的适用条款以及国际标准银行实务的交单。

申请人是指要求开立信用证的当事人。

受益人是指接受信用证并享受其利益的当事人。

在对信用证的定义上，UCP600 对 UCP500 有所保留，也进行了更新。主要体现在：第一，UCP500 定义中银行信用证、双名信用证、不称为信用证的信用证这三项要素在 UCP600 定义中仍然保留。第二，UCP500 在定义中将信用证分类为付款信用证、承兑信用证和议付信用证，而 UCP600 则在第六条"兑用方式、截止日和交单地点"中将信用证分类为即期付款信用证、延期付款信用证、承兑信用证和议付信用证。

八、信用证方式的特点

信用证方式具有以下特点和性质：

（1）信用证是一种银行信用，开证行承担第一性而且是独立的付款责任。

（2）信用证是一项自足文件。信用证虽然是根据买卖合同开立的，但信用证一经开出，就成为独立于买卖合同的一项约定。

（3）信用证是一种单据买卖，各有关当事人处理的是单据，而不是货物、服务和/或其他行为。银行只负责审核单证、单单之间的表面相符。单证相符是指单据符合信用证条款的规定。单单相符是指单据之间不发生矛盾。表面相符是指单据从表面上看符合规定或没有矛盾，对其实际上的真伪不予深究。例如，如果信用证要求厂商出具品质证书，那么只要交付的单据中有看起来是厂商出具的品质证书即可，银行并不深究这份品质证书是否确系该厂商所签发。

九、信用证欺诈[1]

1. 信用证欺诈认定标准的国际比较

中国《最高人民法院关于审理信用证纠纷案件若干问题的规定》第八条规定,凡有下列情形之一的,应当认定存在信用证欺诈:①受益人伪造单据或者提交记载内容虚假的单据;②受益人恶意不交付货物或者交付的货物无价值;③受益人和开证申请人或者其他第三方串通提交假单据,而没有真实的基础交易;④其他进行信用证欺诈的情形。

UCP 中没有信用证欺诈的规定,也没有规定信用证欺诈的救济。对于信用证欺诈,美国与英国以及其他各国在认定标准上存在差异。中国标准有几点值得注意:①未强调欺诈的"实质性";②但从第八条第二款中也能够体现出"实质性欺诈"的标准;③明确了信用证欺诈的形式——"提交记载内容虚假的单据"。

2. 寻求司法救济——信用证欺诈例外原则

信用证欺诈例外原则是指在肯定信用证独立性原则的前提下,允许银行在存在信用证欺诈的情况下,不予兑付,法院亦可以颁发止付令对银行的兑付行为予以禁止。

信用证欺诈例外原则的三个理论基础是:

(1) 欺诈使一切变得无效(fraus omnia corrumpit);

(2) 诚实信用原则;

(3) 公共秩序保留原则。

3. 开证申请人如何防范受益人欺诈

(1) 签署合同前对受益人进行资信调查。

(2) 通过合理设计信用证条款规避风险:①信用证单据中要求国际知名机构出具检验报告;②要求受益人发送已装船通知,并将通知副本作为信用证项下单据;③信用证类型尽量选择向开证行兑用(available with issuing bank)的即期付款或延期付款信用证。

4. 开证行如何防范受益人与申请人串通欺诈

(1) 多方了解开证申请人状况。

(2) 加强业务跟踪:①控制进口货权,必要时可与开证申请人一同到码头验货,并与仓储方签署货物监管协议;②对商品销售及货款回笼情况进行跟踪监控,防止货款挪用。

十、信用证软条款[2]

信用证软条款是申请人或开证行在信用证中所列的使受益人处于极端被动的地位,

---

[1] 本部分主要参考程军(2006)。
[2] 本部分主要参考李秀芳等(2013:317)。

而主动权始终控制在申请人或开证行手中的条款,申请人或开证行可以随时引用该条款,其直接法律后果是开证行可以单方面解除其保证付款的责任而使受益人难以收汇。

案例 7-2

信用证的软条款

不可撤销即期信用证用 SWIFT 方式开立,要求受益人提交下列单据:
(1) 以开证行为受票人的即期汇票;
(2) 空白抬头、空白背书提单;
(3) 商业发票;
(4) 装箱单;
(5) 申请人与受益人双方代表签署的货物验收报告。
试分析,受益人能否接受该信用证?

【分析】

信用证项下款项的支付,取决于受益人能否提交符合信用证规定的单据。上述五项单据中,受益人提交符合前四项规定的单据是可以达到的,而要受益人提交符合第五项规定的单据则不一定能够达到,因为这取决于申请人代表是否签署货物验收报告,换句话来说,这个信用证最终能否兑付实际上取决于申请人的商业信用。

在信用证条款中,人们将导致信用证由银行承担付款义务软化成为由申请人承担付款义务的条款称为"软条款"。软条款改变了信用证最本质的特征,故受益人不可接受含有软条款的信用证。

1. 信用证软条款的各种形式[①]

(1) 信用证暂不生效软条款。这类条款使不可撤销信用证变成可撤销信用证。例如,"待到货样经开证申请人确认通知生效""待进口许可证签发后再通知生效""由开证行签发通知后生效""由开证申请人检验货物样品合格后才通知信用证生效"。这些条款的本质就是:信用证必须在满足开证申请人提出的某些条件后才生效。这样,开证申请人完全掌握了信用证的主动权。如果开证申请人因市场变化而拒绝发送生效通知,则受益人手中的信用证将变成一张废纸。

(2) 装运软条款。这类条款是指开证申请人利用信用证中规定的装运港、目的港、装运时间、可否分装运或转运、船公司、船级、船龄等方面的内容,规定各种限制受益人的软条款。

第一种情况是在单据上规定目的港由开证申请人通知指定,如"目的港和装运日将

---

① 本部分主要参考李秀芳等(2013:317—318)。

以信用证修改通知的形式通知",这类条款使装运处于不确定状态。这种将风险转移至受益人的软条款同样在市场及国际形势不利的情况下成为开证申请人与开证行拒付的理由和借口。

第二种情况是指定船只和限制装运船龄。在这种情形下,由于船只在海上航行的不确定性因素很多,很难确定能否在特定日期内租到指定船只。对于船龄的限制也是如此。

第三种情况是指定转船船名。在海运实务中,转船时有发生,但是否可以转移到指定的船只上也是十分不确定的事。

第四种情况是规定货物必须在取得开证申请人的指定人签发的装船通知并以信用证修改通知的形式发出后才能装船。在这种情况下,开证申请人完全掌握了货物是否装船、何时装船的主动权,从而导致延迟装运或其他不符点的产生,给开证行拒付提供了理由。

(3) 限制付款软条款。信用证中如果对付款附加额外条件,可以随时解除银行的第一付款责任,那么这种规定也属于软条款。例如,货到目的港需通过进口商品检验后再付款。这一类型的条款,实际上对开证行的责任进行了改变。国际贸易实务中,通常只要出口商提交全套合格的单据,开证行就必须保证付款。若信用证中包含上述条款,就改变了开证行第一性的付款责任,出口商发货之后能否收回货款则取决于进口商,信用证便由银行信用转化为商业信用,使得出口商收汇风险大大增加。在美国的来证中,若出口产品系食品,则常见到这类条款:"PAYMENT WILL BE EFFECTIVE UP ON RECEIPT OF U.S. FOOD AND DRUG ADMINISTRATION NOTICE OF ACTION STATING THE PRODUCT HAS BEEN RELEASED."这往往出现在"银行致银行的指示"中,出口商难以注意到其隐患。

(4) 无法操作的软条款。信用证中存在这种软条款,使条款与实际操作的可行性之间相互矛盾,受益人不能做到两全其美,不可能做到单单相符或者单证相符。

第一种情况是要求提单发货人为信用证的申请人并且空白抬头、空白背书的条款,如"bill of lading made out to order and blankly endorsed, showing the applicant as the shipper"。空白背书应由实际发货人做出,而如果提单发货人做成信用证的申请人,那么这样的规定是相互矛盾的,实施起来也会很困难,并且提单发货人做成信用证申请人的话,受益人将失去提单下发货人应有的权利。

第二种情况是要求除发票外的所有单据不得显示发票编号的条款,如"except the commercial invoice, documents presented cannot show the invoice number"。在实际业务中,有些官方或半官方单据要求必须显示有关发票的编号及出具日期,比如原产地证或出口许可证等。因此,如果涉及这类单据,就根本无法操作。

第三种情况是非普惠制下的产品却要求提交普惠制原产地证明书(GSP Form A)的条款。出口商向给予中国普惠制待遇的国家出口货物,必须申请提供普惠制原产地证明书,作为进口国海关减免关税的依据;但是如果未实施或未给予中国普惠制待遇的国家要求提交普惠制原产地证明书,则本条款根本无法操作,相反会导致单证不符的情况。

第四种情况是与国际贸易惯例不符的条款。如采用 FOB 术语,但要求提单上标明 "freight prepare"(运费已付)以及要求受益人提供保险单等条款。按照惯例,FOB 与 freight to collect(运费到付)对应,而 CFR 和 CIF 与 freight prepare 对应。另外,FOB 项下的保险由买方办理,显然,要求受益人提供保险单是不可能的事情。

2. 出口商对信用证软条款的应对措施[①]

(1) 深入调查贸易伙伴的资信状况。做好贸易伙伴资信调查工作是防范信用证软条款最有效的方法。只有对贸易伙伴的资信状况进行深入、细致的调查,才能及早防范拒付风险。选择与资信良好的贸易商交易,即使在信用证中出现软条款也不会被利用。而资信不好的贸易商对待软条款往往是根据国际贸易的行情随心所欲,最终会导致受益人被拒付。实践中,对贸易伙伴资信状况的调查有多种渠道,既可以向该贸易伙伴了解或向其竞争对手调查有关信息,又可以委托资信调查机构进行调查。

(2) 慎重选择开证行。尽管开证行不是直接由受益人来选择,但是受益人可以事先与进口商商定好,由那些世界一流、信誉较好的银行作为开证行。因为这些银行很注重自身的声誉、操作很规范、服务质量较高,对于受益人来说,风险会大大降低。为了使信用证有更高的安全性,中国出口企业可要求进口商到信誉较好的大银行,如汇丰、花旗、大通、渣打、三和、三井、德意志、巴黎国民银行等开立信用证,这些银行一般会严肃认真地对待"软条款"问题。

(3) 重视合同条款的商定。信用证是以交易合同为基础而开立的,谨慎设计合同条款是防范信用证软条款的有效手段之一。只有把合同的条款约定得严谨、公平,之后在对信用证的条款进行审查时才会有参照,即使出现了与合同要求不符的信用证条款,出口商也可以合同为依据要求修改。如果进口商拒绝修改,也容易引起注意。反之,如果合同本身的条款规定就不明确,在出现了信用证软条款时就无法有理有据地要求修改,甚至可能被进口商指责为拒不履行合同。同时,在信用证中须审查的单据不宜过多,单据过多既增加了受益人的负担,也很有可能造成单证不符及矛盾。因此,出口商应牢牢把握合同中信用证条款的一个基本原则:约定应明确——不用约定的不约定,可约定可不约定的不约定,可以不通过银行审查的条款也不约定。

(4) 仔细审核信用证条款。完全相符的单据是开证行付款的前提条件,单据不符是开证行凭以拒付的唯一正当依据,所以出口商要对信用证中的单据进行严格的审核,以免被银行拒付。受益人收到信用证后,应与合同仔细核对,对信用证中的各种单据条款进行详细的审查,对每一单据的出单人、单据内容及出单日期做出明确、具体的规定;对

---

① 本部分主要参考李秀芳等(2013:319—320)。

任何不符合规定的要求应及时与开证申请人联系,提出书面申请并要求开证行修改,排除一切可能产生的不符点隐患。

(5)提高业务人员的业务素质。加强对企业内部业务人员的培养,是防范信用证风险的一个重要措施。外贸业务人员既要有高度的责任感,又要有熟练的业务技能,这就需要外贸企业加大对培训的投入。同时,外贸业务人员也应加强学习,了解和熟悉国际贸易惯例及国际商会的相关解释、相关法律和复杂的专业知识,不断积累实践经验,提高自身业务水平。

综上所述,信用证方式继承了托收方式中银行向买方交单,受买方付款/承兑的制约,实现了由银行取代进口商承担付款责任的重要转变。汇款、跟单托收和跟单信用证三种支付方式的对比如表7-11所示。

表7-11 汇款、跟单托收、跟单信用证对比

项目	汇款	跟单托收	跟单信用证
付款人的信用属性	商业信用	商业信用	银行信用
支付工具流向与款项流向	一致,顺汇	相反,逆汇	相反,逆汇
向买方交单与买方付款是否相互制约	否	是	是
买方风险	预付:大 赊账:无	中	大
卖方风险	预付:无 赊账:大	中	小
卖方资金周转	预付:快 赊账:慢且把握性小	可预期但把握性较小	可预期且把握性大

第五节 银行保函、备用信用证及相关国际惯例

一、银行保函

(一) 定义

银行保函的英文表达是 banker's letter of guarantee,术语是 L/G。

银行保函是银行或其他金融机构(担保人),应某一交易的一方当事人(委托人)的申请,向另一方当事人(受益人)开立的书面担保凭证,保证在委托人未能履行其义务的情况下,由担保人承担一定金额的支付责任或赔偿责任。

（二）银行保函的基本当事人

委托人（principal），也称申请人（applicant），即向银行提出申请，要求银行开立保函的当事人。

受益人（beneficiary），即接受保函、有权按保函条款的规定向担保银行提出索赔的当事人。

担保人（guarantor），即接受委托人的申请或委托向受益人开立保函的银行。

（三）保函属性

保函属性是指保函与其所依凭的基础合约的关系。保函的不同属性决定保函具有不同的法律效力。保函属性分为独立性和从属性。

（1）从属性保函（accessory guarantee）是指保函是依附于基础合约的附属性契约，其法律效力随基础合约的存在而存在，随基础合约的变更而变更。担保人可以凭委托人对受益人的抗辩理由来对抗受益人的索赔。担保人承担第二性的付款责任。从属性使担保人易于卷入基础合约的商业纠纷。

（2）独立性保函（independent guarantee）是指保函与其所依据的基础合约是相互独立的文件，具有各自独立的法律效力。担保人承担第一性的付款责任。独立性保函的特性体现在以下三个方面：第一，独立性保函是一项自足文件；第二，担保人处理的只是保函所规定的单据，而不是基础合约是否履行或其他事实；第三，独立性保函通常标明是不可撤销的和无条件的。

（四）银行保函的主要内容

（1）基本当事人：包括委托人、受益人、担保人等。

（2）开立保函的依据：基础合约、标书、协议等。

（3）担保金额：担保的最高限额，必须有确定的金额，一般为项目标的总额的3%～5%。

（4）要求付款的条件：法院判决书、仲裁裁决书等。

（5）保函的失效日期或失效事件：如未规定，当保函退还担保人，或受益人用书面声明解除担保人的责任时，保函失效。

（6）保函所适用的法律与司法：适用担保人营业所在地的法律。如果担保人有数处营业地，则适用其开立保函的分支机构所在地的法律。

（五）银行保函的国际惯例

根据保函的不同属性，银行保函所适用的国际惯例有两种：

（1）《合约保函统一规则》国际商会第524号出版物（Uniform Rules for Contract Bond, ICC Publication No. 524），1994年正式生效，简称URCB524，适用于从属性保函。

（2）《见索即付保函统一规则》国际商会第758号出版物（Uniform Rules for Demand Guarantees, ICC Publication No. 758），2010年颁布，简称URDG758，适用于独立性保函。

二、备用信用证

（一）定义

备用信用证(standby letter of credit)是银行根据商业合约一方(申请人)的要求向合约另一方(受益人)所出具的付款保证承诺,开证行保证申请人将履行某种义务,并在申请人未能履行该义务时,凭受益人在信用证有效期内所提交的表面上与信用证条款相符的文件或单据,向受益人支付一定金额的钱款(徐秀琼,1996:222)。

（二）备用信用证的国际惯例

1998年4月6日,国际商会以第590号出版物公布了《国际备用证惯例》(International Standby Practice 98),简称ISP98,于1999年1月1日起开始实施。ISP98共10条规则89款。

（三）备用信用证的性质

ISP98第1.06款规定:备用信用证开立之后即为一个不可撤销的、独立的、跟单的及有约束力的承诺,但无须如此声明。

据此,备用信用证具有四个性质:

(1)不可撤销性。备用信用证一经开立,开证人不得单方面修改或取消备用信用证。

(2)独立性。备用信用证不受基础交易的约束。具体地说,开证人履行付款义务不取决于:①开证人如何从申请人处获得偿付的权利和能力;②受益人如何从申请人处获得偿付的权利和能力;③备用信用证如何引述任何协议/基础交易。

(3)跟单性。备用信用证必须有单据的要求。

(4)强制性。无论申请人是否申请,开证人是否收取了费用,备用信用证都对开证人具有约束力。

（四）备用信用证与银行保函、跟单信用证的比较

备用信用证、银行保函和跟单信用证都属于银行信用,三者的比较如表7-12所示。

表7-12 备用信用证、银行保函、跟单信用证比较

项目	备用信用证	银行保函	跟单信用证
是否是自足文件	是	从属性保函:否 独立性保函:是	是
银行处理的对象	单据,不是不履约的事实	单据,不是不履约的事实	单据,不是货物
单据的性质	主观单据	主观单据	客观单据
适用情形/用于何种情况	申请人不履行义务的情况下付款	委托人不履行义务的情况下付款	受益人履行义务的情况下付款
银行的付款特性	具有或然性(备用性)	具有或然性(备用性)	具有必然性

(续表)

项目	备用信用证	银行保函	跟单信用证
银行的付款责任	第一性的付款责任	从属性保函:第二性的付款责任 独立性保函:第一性的付款责任	第一性的付款责任
付款是否有对价	不一定有对价	不一定有对价	有对价
兑付行	开证行、指定行、议付行均可	只能是担保人	开证行、指定行、议付行均可
转让性	一般不能	受益人凭单索款的权利不得转让	开证行同意即可转让
国际惯例	ISP98	从属性保函:URCB524 独立性保函:URDG758	UCP600

Q&A 7-12 支付方式的演变

Q:支付方式的演变呈现怎样的规律?

A:汇款是国际贸易采用票据支付取代金银支付后最早出现的支付方式,此后,票据支付方式沿下述四个路径演变:

其一,从付款与交单互不制约演变为付款与交单相互制约。

在汇款方式下,买方向卖方支付货款与卖方向买方交付单据这两个环节互不制约,汇款业务中的银行(汇出行和汇入行)也不需要处理汇款所使用的商业单据。在汇款方式中,要么是预付货款,要么是货到付款。如果是预付货款,则买方承担卖方不履行交货义务的风险;反之,如果是货到付款,则卖方承担买方不履行付款义务的风险。在金银支付中,"一手交钱、一手交货"的钱货交割方式体现了付款与交货的相互制约。把"一手交钱、一手交货"移植到票据支付中,用支付或承兑汇票与交付货运单据来相互制约,就形成了跟单托收。

其二,付款人的信用基础从商业信用演变为银行信用。

在汇款的货到付款方式中,卖方要承担买方不履行付款义务的风险。跟单托收方式虽然实现了付款与交单的相互制约,但是这种制约机制存在失效的可能性,卖方仍然要承担买方拒绝付款、拒绝收货的风险。汇款与跟单托收的共同缺陷是,付款人的信用属性都是商业信用。继承跟单托收中付款与交单的相互制约,再把付款人从贸易公司转变为信用等级更高的银行,就形成了跟单信用证。

不难看出,支付方式在上述两个路径的演变中,卖方的风险逐步减小,买方的风险逐步增大。首先,在汇款中的货到付款方式下,卖方能否按时收到货款,完全取决于买方的信用,如果买方在收到货物后寻找各种理由拒绝付款或拖延付款,则卖方很有可能发生钱货两空的损失。因此,在货到付款方式中,卖方的风险很大。对买方来说,可以先取得货物再付款,故买方风险为零。

其次,在托收方式下,卖方在没有收到货款时已经将货物装运,将所取得的货运单据与跟单汇票一起交银行委托收款,如果此时买方拒绝付款,则卖方要承担仓储、保险、将货物转运或转卖的费用和损失。由于买方必须进行付款或承兑才能从代收行取得货运单据,在买方付款前,货物并没有置于买方的控制之下。因此,相较于汇款,托收方式下卖方的风险有所减小,而买方的风险有所增大。

最后,在信用证方式下,卖方在收到符合双方约定的信用证之后,才将货物办理装运。信用证是开证行以自身信用提供的付款保证,因此,对卖方而言,只要提交的单据符合信用证的规定,就可以得到货款。而对于买方而言,由于在信用证方式下,银行只处理单据而不涉及货物,因此有可能发生卖方所提交的单据符合信用证规定而所交货物并不符合合同规定的情况,这时银行也已经对卖方付款,买方也必须对银行付款。因此,相较于托收,信用证方式下卖方的风险进一步减小,买方的风险进一步增大。

其三,从单纯的支付方式演变为支付方式与融资方式相结合。

汇款和 D/P 是单纯的支付方式,而 D/A、D/P·T/R 和信用证却是支付方式与融资方式的结合体。在 D/A、D/P·T/R 中,卖方为买方提供资金融通;在信用证中,银行为申请人(买方)垫付款项给受益人(卖方),也是提供资金融通。

其四,从针对必然事件演变为针对或然事件。

汇款、托收和信用证这三种支付方式都针对必然事件,也就是说,在正常情况下,卖方交货的行为是必然发生的,因而,货款收付也是必然发生的。但是,银行保函和备用信用证是针对或然事件的支付方式,也就是说,在正常情况下,款项收付很有可能不会发生。例如,对于买方支付给卖方的定金,需要有银行为卖方做出担保,万一卖方在收到定金后不履行交货义务,则银行保证向买方退还定金及相应损失。

> 中国实践

中国国际商会专家在制定 UCP600 中发挥的重要作用

2006 年 10 月 25 日,国际商会在巴黎召开秋季例会。中国银行(Bank of China)代表团是参加此次国际商会秋季例会规模最为庞大的代表团。中国银行共派出 12 位国际结算理论研究精深、实务经验丰富的专家,参会人数在国际同业中最多。国际商会银行技术与惯例委员会副主席、中国银行张燕玲副行长第一个举手投下了代表中国金融界、企业界神圣的三票。

在此次秋季例会对 UCP600 的修订中,各国累计向国际商会提出 5 000 多条意见。中国银行向国际商会中国国家委员会(ICC China)提供的 UCP 修订反馈意见最多且质量最高,共提供了 500 多条意见,得到国际商会的高度重视,在其答复中采纳最多。UCP600 中不少条款可以看到中国银行反馈意见的踪影(中国银行国际结算部,2007)。

从本次中国在 UCP 修订工作中发挥的作用可以看出,中国国家实力日益强大,在国际事务、国际规则中的话语权日渐增强,充分体现出中国作为世界贸易大国应有的地位(程军和贾浩,2007)。

本章小结

1. 国际货款收付主要涉及支付工具的使用和支付方式的选择。支付工具是指代替现金作为流通手段和支付手段的票据,主要有汇票、本票和支票三种;支付方式是指买卖双方之间债权债务的清偿方式,主要有汇款、托收、信用证、银行保函与备用信用证等。

2. 汇票是国际货款结算中使用最为广泛的主要票据。要熟练理解和掌握汇票的含义、基本内容、主要分类及其使用步骤。

3. 汇款和托收属于商业信用,跟单信用证、银行保函和备用信用证属于银行信用。要掌握每种支付方式的特点及其业务流程。每一种支付方式各有利弊,买卖双方可以根据商品、市场、价格、双方各自承担风险的能力等方面的因素,结合每种支付方式的特点,选择尽可能对自己有利的支付方式。同时,每笔交易并不局限于使用一种支付方式,买卖双方可以灵活选择多种支付方式的组合,不同支付方式的组合可以降低单一支付方式带来的风险。

4. 合同中的支付条款主要是关于支付方式的约定,它最直接地影响到卖方的收款安全;同时,由于采用不同的支付方式对买卖双方带来的风险不同,因而不同的支付方式也会影响货物价格。因此,仔细磋商并明确约定合同的支付条款,是买卖双方都必须慎重对待的问题。

重要术语

汇票 bill of exchange
本票 promissory note
支票 check
T/T
M/T
D/D
D/P
D/A
D/P·T/R
L/C

思考题

一、名词解释

汇票,本票,支票,T/T,M/T,D/D,D/P,D/A,D/P·T/R,L/C

二、简答题

1. 简述汇票、本票与支票之间的区别。
2. 什么是汇票的抬头？汇票有哪几种抬头？简述不同抬头汇票之间的区别。
3. 简述汇票的演变。
4. 简述支付方式的演变及原因。
5. 简述信用证方式的特点。
6. 简述汇款、跟单托收及信用证这三种支付方式的区别。
7. 简述 D/P、D/A、D/P·T/R 的区别。

三、案例分析

1. 中国 A 公司从外国 B 公司处进口一批货物，分两批装运，支付方式为不可撤销即期信用证。第一批货物装运后，B 公司在有效期内向银行交单议付，议付行审单无误后向 B 公司议付货款，随后开证行对议付行予以偿付。A 公司在收到第一批货物后，发现货物品质与合同不符，因而要求开证行对第二份信用证项下的单据拒绝付款，但开证行拒绝。试分析开证行这样做是否有道理。

2. 中国 C 公司向外国 D 公司出口一批货物，D 公司按时开来不可撤销即期议付信用证。该证由设在中国境内的外资银行 E 通知并保兑。C 公司在货物装运后，将全套合格单据送交银行 E 议付，收妥货款。但银行 E 向开证行索偿时，得知开证行因经营不善已宣布破产。于是，银行 E 要求 C 公司将议付的货款退还，并建议 C 公司委托银行 E 向 D 公司直接索取货款。对此，C 公司应如何处理？为什么？

参考文献

[1] 程军.UCP600 修订背景及几个关键问题[Z].中国银行培训课件,2006.

[2] 程军,贾浩.UCP600 实务精讲[M].北京:中国民主法制出版社,2007.

[3] 国际商会中国国家委员会.ICC 跟单信用证统一惯例(2007 年修订版)及关于电子交单的附则(版本 1.1)[Z].中国银行培训资料,2007.

[4] 国际商会中国国家委员会.国际贸易术语解释通则 2020[M].北京:对外经济贸易大学出版社,2020.

[5] 黎孝先.国际贸易实务[M].4 版.北京:对外经济贸易大学出版社,2007.

[6] 李秀芳,刘娟,王策.进出口贸易实务研究:策略、技巧、风险防范[M].天津:天津大学出版社,2013.

[7] 李昭华,潘小春.国际结算[M].2 版.北京:北京大学出版社,2015.

[8] 李昭华,潘小春.国际贸易实务[M].2 版.北京:北京大学出版社,2012.

[9] 沈瑞年,尹继红,庞红.国际结算[M].北京:中国人民大学出版社,1999.

[10] 苏宗祥,徐捷.国际结算[M].4 版.北京:中国金融出版社,2008.

[11] 田运银.国际贸易实务精讲[M].北京:中国海关出版社,2007.

[12] 吴百福.进出口贸易实务教程[M].修订本.上海:上海人民出版社,1996.

[13] 吴百福,徐小薇.进出口贸易实教程[M].6 版.上海:致格出版社,2011.

[14] 徐秀琼.国际结算[M].北京:中国财政经济出版社,1996.

[15] 中国银行国际结算部.UCP600 对进出口企业的影响[Z].中国银行培训课件,2007.

教辅申请说明

北京大学出版社本着"教材优先、学术为本"的出版宗旨，竭诚为广大高等院校师生服务。为更有针对性地提供服务，请您按照以下步骤通过**微信**提交教辅申请，我们会在1~2个工作日内将配套教辅资料发送到您的邮箱。

◎ 扫描下方二维码，或直接微信搜索公众号"北京大学经管书苑"，进行关注；

◎ 点击菜单栏"在线申请"—"教辅申请"，出现如右下界面：

◎ 将表格上的信息填写准确、完整后，点击提交；

◎ 信息核对无误后，教辅资源会及时发送给您；如果填写有问题，工作人员会同您联系。

温馨提示：如果您不使用微信，则可以通过以下联系方式（任选其一），将您的姓名、院校、邮箱及教材使用信息反馈给我们，工作人员会同您进一步联系。

联系方式：

北京大学出版社经济与管理图书事业部

通信地址：北京市海淀区成府路205号，100871

电子邮箱：em@pup.cn

电　　话：010-62767312

微　　信：北京大学经管书苑（pupembook）

网　　址：www.pup.cn